HR达人教你招聘、面试新法一本通（实操案例版）

张苏宁◎著

中国铁道出版社有限公司
CHINA RAILWAY PUBLISHING HOUSE CO., LTD.

图书在版编目（CIP）数据

HR达人教你招聘、面试新法一本通：实操案例版/张苏宁
著.—北京：中国铁道出版社有限公司，2020.9
ISBN 978-7-113-26844-2

Ⅰ.①H… Ⅱ.①张… Ⅲ.①企业管理-人力资源-招聘
Ⅳ.①F272.92

中国版本图书馆CIP数据核字（2020）第074896号

书　　名：HR达人教你招聘、面试新法一本通（实操案例版）
　　　　　HR DAREN JIAO NI ZHAOPIN MIANSHI XINFA YIBENTONG (SHICAO ANLI BAN)
作　　者：张苏宁

责任编辑：王　佩　　　　　　　　读者热线：(010) 63560056
责任校对：焦桂荣
责任印制：赵星辰　　　　　　　　封面设计：仙境

出版发行：中国铁道出版社有限公司（100054，北京市西城区右安门西街8号）
印　　刷：三河市兴博印务有限公司
版　　次：2020年9月第1版　2020年9月第1次印刷
开　　本：700 mm×1000 mm 1/16　印张：21.75　字数：393千
书　　号：ISBN 978-7-113-26844-2
定　　价：69.80元

序

老 HR 的情怀

招聘是企业人力资源管理中的常设性工作，也是企业人力资源管理的基础工作，更是企业发展中人力资源管理的重要环节。随着社会经济的高速发展，社会人力资源的成分发生了很大的变化，人力资源对职业的追求与以往有很大的不同，人力资源成本也已成为企业发展中的负担，要求人力资源管理如何由"成本中心"向"利润中心"转型，内外部的变化和发展的要求也给招聘工作带来很大的难度，招人难、用人难、留人难，企业招聘工作越来越难成为常态。

那么，如何在越来越难的常态下，做好企业的招聘工作呢？应做到招人、用人时，人岗匹配、人尽其用，让每一位招聘入职的员工，成为企业的有效资源和财富。我的挚友张苏宁，一位有着丰富的企业人力资源管理实操经验的老 HR，以他 30 多年在世界 500 强等企业担任HRVP、CHO、HRD 高管职位的经历，由浅入深地编写了本书，耐心细致地娓娓道来，教你如何轻松做招聘。

本书不仅是招聘新人、招聘专员以及招聘主管的工作入门指导书，也是招聘经理、总监的工作参考书，更为非人力资源管理各级领导及决策人员选人、用人提供参考借鉴。

本书凝聚了苏宁的经验以及理论和实践相结合的知识沉淀，也凝聚了一名老 HR 的智慧结晶，从中让我看到了苏宁对人力资源管理事业的尊重和执着。

本书不仅在经验上可以对各级招聘从业人员进行技能指导、经验传授，更可以在敬业精神上给予招聘从业人员真诚告诫。"工匠精神"不仅仅体现在制造业，亦体现在人力资源管理者的身上。人力资源管理者除了具有相应的专业技能外，更要有文化的沉淀、思维的创新、知识的跨界、能力的综合、执业的艺术，只有这样才能做好看似简单，实则不易的人力资源管理招聘工作。

我们都明白，人是企业最宝贵的财富，未来的企业竞争是人才的竞争。但如何寻觅到与企业发展相匹配的高效人才，如何通过招聘将企业人力资源管理由"成本中心"向"利润中心"转型，还需要各级人力资源管理者在掌握技能之后，根据各自企业的实际情况，在人力资源管理工作中不断创新模式，在科学发展中取得良好成效。通过研究，形成新的经验，以丰富我国人力资源管理理论，不断推进我国人力资源管理健康发展。

由此看，本书值得一读。

中国管理科学学会人力资源管理专业委员会主任委员

彭敏智

二〇一九年十二月二十八日

前 言

　　《老 HR 教你轻松做招聘（实操案例版）》自 2017 年出版发行后，在市场上很受广大读者的欢迎，先后六次重印，依然供不应求。鉴于读者厚爱，出版社决定再版发行，于是，便有了这本《HR 达人教你招聘、面试新法一本通（实操案例版）》。

　　这几年，宏观经济形势发生了很大的变化，产业结构调整和新技术的发展，对企业战略发展提供了新的动能，也给企业人力资源管理工作带来了新的挑战。新的政治和经济形势，要求企业人力资源管理必须适应组织变革需要和业务发展要求，提高管理效能。这看似简单的描述，在现实职场上，却成了我们每个职业经理人不得不面对的尖锐问题。

　　我和一些在企业（包括在世界 500 强或著名企业）担任高阶职位（或"前高管"）的朋友在私下聊天时发现，他们常常会表现出相当的心理压力和忧虑。他们最常问我的一个问题就是：如何面对和解决"职场中年危机"？他们身居高职位，对管理战略、模型、模式如数家珍，对管理之"道"口若悬河。在外人看起来精通"管理之道"、非常"风光无限"的他们，内心却充满恐惧和担忧，甚至因此而抑郁。

　　"能否马上找到一份工作，我没有把握。"

　　"我不知道能不能适应不同类型的企业。"

　　"我现在发觉：我懂的，好像都没用。"

　　"挺美慕那些有技术的，在哪里都可以靠技术吃饭。"

　　以上是他们和我说的心里话。

　　他们中的很多人以"专家"、"大咖"、"×高管"（或"前×高管"）的头衔活跃在国内各种高端论坛上。他们热衷于在所谓的"高端论坛"

大谈特谈管理的"道"，但为什么私下依然如此的焦虑呢？追根穷源，知"道"不懂"道"、"道"无"术"支持，这正是他们焦虑之处！他们喜欢谈"道"只是为了显示高深，更是为了掩盖他们对"术"的生疏。他们也担心：谈属于执行层的"术"会影响他们的高大上形象、降低他们的身段。其实这是一种错误！我认为："术"是"道"的基础，"道"是"术"的精练。没有"术"的基础，"道"是空中阁楼。检验一个人是否真才实学，重要的是看他是否"能术懂道"，而非仅仅"说道"。当真正精通"术"了，并能从"术"中领悟到"道"，这样的"道"才是真正有价值的。

我们经常会在各种场合听到"管理是一门艺术"，但却很少（甚至从未）听到对其的质疑，似乎"管理是艺术"已成公理、共识。但我的经验和体会告诉我："管理是技术，不是艺术！"也许有很多朋友会用戴尔·卡耐基的论点来反驳我的观点，比如：沟通的艺术、领导的艺术、激励的艺术、授权的艺术等。

什么是艺术？艺术是人类以情感和想象为特性来把握和反映世界的一种特殊方式。艺术是人的知识、情感、理想、意念综合心理活动的有机产物。米开朗琪罗的《大卫》是艺术、梵·高的《呐喊》和毕加索的《格尔尼卡》也是艺术，但两者截然不同。交响乐和摇滚乐、芭蕾舞《天鹅湖》和现代行为艺术同为艺术，但差别甚远。艺术是一种感知，并不受某一定之规或标准格式约束和限制。

而技术则不同，它有一定之规，它必须遵循某种固定的标准和格式，需要行为者具备必要的技能，而且其水准随着行为者技能的提升而提升。当然，管理会涉及诸如：沟通的艺术、领导的艺术等。但正如建筑学和土木工程（结构）一样，建筑学有技术成分但本质是艺术；土木工程有艺术元素但本质是工程技术。艺术是艺术家独立创造的与众不同的特质，而技术是技术的共性提炼和总结的固化行动，从这个意义上说，招聘的本质还是技术！

一个有助于理解"管理是技术，不是艺术"的论题是：你认为"经理是天生的"，还是"后天培养出来的"？艺术家是天生的，技术是可以后天训练的！

每个人都有可能成为"招聘专家"，因为"招聘是技术"！

本书是一本介绍"招聘、面试技术"的作业指导书。目的是通过分享我多年来在 HR 领域的实践所获得经验体会，提供一个清晰的、结构化的和有趣的、实用的招聘实操的指导，帮助广大读者从中获得收益。

在本书中，我秉承多年来一贯的原则：原创、独特、实操、指导、实用、简单、易懂。书中的内容全部来自我 30 多年的人力资源实践，确保独家、原创。因此，本书中的核心经验、技巧、秘诀等，都是读者无法从其他渠道获得的。

本书保持了原有的主体顺序，但借这次再版的机会，我对全书的结构做了重构和优化。在内容部分也有大量的完善和补充，新增内容超过40%。在语言风格上也更贴近新生代读者。

本书共有十二章。

第一章（三生三世：职场招聘）展现我对招聘历史和发展的研究成果，从古罗马军队招募、世界上第一个招聘广告的真假，到招聘战略与法律支持；

第二章（前期准备：招聘的起跑线）讲述招聘流程、招聘审批、怎样写职位描述和如何与业务部门进行沟通；

第三章（简历：审阅和判断"五步法"）详细讲述了如何"一天看2 000 份简历"的快速筛选简历的步骤和技巧；

第四章（面试：从菜鸟到专家）以"面试教科书"的逻辑，介绍了面试的步骤和流程、面试"硬核方程式"、面试怎么提问以及专家级的面试要诀和戒律；

第五章（定薪和录用：专家的实操内功）讨论了怎样让"定薪难"变容易？如何做背调？如何处理录用中遇到的各式难题；

第六章（防风险：从入职管理开始）则论述了程式化入职管理体系、劳动合同签订与风险管控、入职管理和入职培训实操指南，以及试用期管理和风险管控；

第七章（离职管理：告别生硬）讨论了离职程序和制度、离职手续办理实操、离职访谈的沟通技巧以及员工离职和解除员工劳动合同的风险管控实战；

第八章（招聘心经：HR 帝教你）重点讨论了在招聘过程中的心理战术的应用。如何将心理暗示充分运用在职位描述中，如何解读候选人在面试中回答的"话外音"，如何听出他的价值观、判断他的实操能力，如何用心理战术进行薪资谈判等；

第九章（肢体语言解读："主"要看气质）介绍了如何解读候选人的肢体语言，以及面试官对肢体语言的分析；

第十章（面试官工作坊：C 位出道）手把手地教你如何组织"面试官工作坊"，并给出详细的流程、方案、教案 PPT 实例、工作坊游戏和如何实操练习与点评；

第十一章（校园招聘与"新生代"）则介绍了现行校园招聘存在的难题及对策、新生代个性特质和职场特征，以及新生代招聘对策；

第十二章（数字化时代：可能招了阿尔法狗）则阐述了数字化时代招聘的挑战、机遇和动力，人工智能、区块链、物联网技术等如何在运用到未来的招聘中。

本书的写作得到了很多业内朋友的支持和帮助。在此，我首先要感谢王佩编辑，她的为人和专业精神给我留下了深刻的印象。没有她的鼓励和支持，本书就没有可能完成和问世；我还要感谢孙文亮、鲍贤文、穗昕、唐娟霞、张全对、乔新丰、张贞、刘冬梅、杨希才等业内实操大咖，书中融合了他们的经验和智慧。我还要特别感谢 Mr. Bokai Colin Zhang（张博恺），他所作的精美插图，为本书增色很多。

张苏宁（FRSA MBA）

注：书中的附录1、附录2的内容请扫描下方二维码或输入以下链接地址获取。

① http://upload.m.crphdm.com/2020/0716/1594865869326.pdf

② 百度下载链接地址和二维码如下所示：

https://pan.baidu.com/s/1JZKcJOx1dHH9MJTUPzvrkg 提取码：fhfe

目录

第三章　简历：审阅和判断"五步法"

第四章　面试：从"菜鸟"到专家

第七章　**离职管理：告别生硬**

第八章　招聘心经："HR帝"教你

第十一章　校园招聘与新生代

第十二章　数字化时代：可能招了阿尔法狗

附录 1 刁钻面试问题 100 例（节选）

附录 2 HR 帝破解招聘实操难题 60 例（节选）

第一章

三生三世：职场招聘

ATS光伏科技

ATS 光伏科技是一家成立于 5 年前的小公司，主要生产电子元器件。由于市场的变化，他们决定投产太阳能组件。无疑这个变化是巨大的，为此他们新成立了组件制造事业部，这个事业部与其他部门完全不同。同时，老板希望今年能够在新三板挂牌，以获得进一步的投资，扩张产能。要想在新三板挂牌，过去那种"跟着感觉走"的管理模式必须改变，制度和体系需要完善，管理需要走向正规化。除此以外，招人是个大问题。特别是在短期内大规模的人员招聘，并非一件轻松的事情。今天，人力资源总监 Colin 忙完了手头的工作，坐到办工作前开始考虑一些问题。

（1）操作工从哪里来，怎么招，自己找还是委托劳务中介公司？

（2）现在公司的残疾人员工比例不足，怎么解决？哪些工作适合残疾人？

（3）需要一些外籍的高管加入，这些手续怎么办？

（4）是否可以从内部其他制造事业部调一些员工过来？

（5）需不需要重新修改招聘制度、招聘流程？

（6）怎样合理做好人才信用法律风险防范？

ATS 光伏科技 Colin 的问题，我们每一个人力资源总监或经理都会遇到。如何建立健全招聘规章制度，优化招聘体系流程，以提高招聘工作的效率？本章将从招聘的基本概念和原理入手，重点讨论招聘制度的建立、招聘流程的设计以及招聘中的典型法律风险管控等问题，帮助企业 HR 招聘主管们应对招聘挑战。

第一节　招聘的前世今生

就人力资源管理而言，招聘模块是一个非常关键、重要而且技术性很强的工作。我们似乎对"招聘"耳熟能详，但真正遇到有关招聘制度建立、流程完善、招聘工作指导手册设计这些实际问题的时候，大都又不知从何下手。甚至对于"招聘是什么？作用何在？正确的流程是什么？招聘需不需要战略"等这些基本问题，能说出一二的人可能也是凤毛麟角。

一、明明白白话招聘

1. 招聘的定义

"招聘"指为组织中的职位空缺去吸引、选择、录用合适候选人（包括有薪、无薪和公益角色）的全过程。招聘主要由业务部门经理、人力资源招聘主管（包括政府的就业机构、猎头、第三方劳务中介和招聘专家顾问）、专家共同负责，采用有效方式从组织内部或者外部各个渠道，按时按质寻找和雇用合适候选人。招聘主要有七个基本步骤：分析职位需求、设计职位描述（Job Description，简称 JD）、发布招聘广告、筛选简历、选择候选人、聘用决定以及帮助新员工融入组织。招聘是人力资源管理的核心环节。

招聘的关键在于灵活、创新、快捷、多样、反馈、支持。"灵活"指不同的招聘关键点应该有不同的衡量标准；"创新"指采用与众不同的方法建立雇主品牌，获取优秀候选人青睐；"快捷"方能抓住机会，动作迟缓就可能失去优秀的候选人；"多样"的招聘解决方案有助于满足业务部门的工作需要；"反馈"机制有助于及时收集各方意见，改进招聘工作；"支持"指招聘工作必须获得高层的支持。

2. 招聘的作用

招聘在求职者和有职位空缺的组织之间建立关联。一方面它能够刺激和鼓励人们申请工作、参加工作，对促进就业具有积极作用；另一方面招聘也有负面效应，对于别的组织来说，它可能导致优秀员工离职。就招聘具体过程而言，录用和拒绝是并存的，对于被录用者来说是好事，但对于被拒绝的应聘者来说，是一个痛苦的经历。

招聘的主要作用包括如下内容。

（1）招聘是企业建立和增强竞争优势的重要组成部分。它通过为企业增加新鲜"血液"，来增强企业的活力和竞争力。

（2）招聘对企业的品牌宣传有强有力的作用。招聘本身就是一个企业雇主品牌的营销过程。

（3）招聘是内部晋升和人才识别的极好机会。有助于帮助内部员工职业发展，有助于留住优秀的人才。

（4）招聘能够促进组织内部的交流和协调。招聘工作涉及业务部门、人力资源部门以及很多其他相关部门，只有紧密合作才能实现招聘目标。

（5）招聘有助于提升人力资源管理水平。招聘中需要对应聘者的价值观、经验和技能进行评估。看其是否符合岗位需求，是否能够适应本企业文化、价值观，是否与企业价值观一致。这种判断和评价技能，有助于增强组织的能力。

3. 影响招聘的主要因素

对招聘产生影响的主要因素包括如下内容。

（1）企业规模大小。规模大的企业名气大，对求职者的吸引力强，能够吸引更多的应聘者。另外，企业规模大，需要招聘的人也多，有能力支付较高的招聘成本，小公司则不然。

（2）就业条件。经济欠发达地区就业机会有限，求职人数多但合格的候选人较少，缺乏高端人才。

（3）工资和福利。工资高福利好的企业能够吸引更多的应聘者，也能留住员工，相对招聘需求就弱；工资低的企业，员工的流失率高，相对招聘需求就强。

（4）工作条件。工作条件决定员工的工作满意度。工作条件好的企业员工不愿意离开，招聘工作量就小。反之，工作条件不好的企业，招聘就会忙的昏天黑地。

（5）发展状况。发展迅速的企业招聘量大，处于发展停滞状态的企业招聘量小。

二、 你所不知的 "招聘历史故事"

如今，当我们谈到招聘、找工作，首先出现在我们脑海中的可能是招聘网站、手机招聘 App。事实上，互联网普及只有不到 20 年，移动互联历史更短。在此以前怎样招聘？如何找工作？招聘从哪里来？这是个有趣的话题！这让我想起《西游记》里的唐僧收编孙悟空、猪八戒、沙僧和白龙马一起去西天取经的故事。虽然只是神话小说，但那绝对是典型的 "招聘" 活动！

招聘是随着组织的需求而诞生的。古代金字塔堆砌、长城建造、古罗马远征军、京杭大运河开凿，这些巨型古代工程、战争无一不和招聘有相当大的关联。

在大英博物馆的收藏品中，有一件和招聘相关的古老文件。这是公元前 55 年由恺撒大帝亲笔签署的一项法令，承诺将给予介绍他人加盟罗马军队的士兵 300 Sestertii（一种发行极少的银币）的奖励。这笔奖励非常可观，300 Sestertii 相当于一个士兵年薪的三分之一。这是已知的最早的 "员工推荐奖励制度" 的例子。

到了近代，在工业革命之前，那些专门从事贸易和采矿业主开始招聘本地劳工为他们工作，招聘贵族或杰出人士担任管理岗位。19 世纪下半叶，"第二次工业革命" 诞生了现代意义上的公司。随着公司规模的扩大和技术的发展，工作流程更具体、分工更细，有生产、经营、开发、管理，因此对人才的需求变得更细、要求更高。这些需求呼唤着现代招募行业的出现。

有一则被认为是近代史上最具代表性的招聘广告。英国著名探险家欧内斯特·沙克尔顿（Ernest Shackleton，1874年2月15日—1922年1月5日）发布了招聘启事："招聘人手参与极危险的旅程，赴南极探险。薪酬微薄，需在极度苦寒、危机四伏且数月不见天日的地段工作。不保证安全返航，如若成功唯一可获得的仅有荣誉。"这则招聘广告被誉为有史以来最好的文案典范之一。

事实上，这份广告的真实性是存有争议的。最早介绍这则广告的是朱利安·沃特金斯（Julian Watkins）在1949年撰写的《100个最伟大的广告：1852—1958》。书中极简短地介绍说，该广告在1900年伦敦某份报纸上刊登，并没有更多细节。但事实是1901年之前沙克尔顿并没有与他的合伙人罗伯特斯科特开始他的南极远征，这个日期显然是错误的。后来在沙克尔顿的传记中，说这则广告刊登于1913年12月29日的《泰晤士报》上，而当天的《泰晤士报》上并没有发现该广告。一些极地历史学家曾经悬赏发现该广告原件的人，但至今无人认领。

其实，沙克尔顿刊登招聘广告是没有意义的，他的探险队的新闻报道量已经给了他足够的知名度来选择同伴。曾经有一位弗兰克·卫斯理（Frank Worsley）的人后来回忆起他是如何找到远征团队在伦敦的办公室并决定申请时，并没有提到他看到了该广告。因此几乎可以肯定这则广告只是一个传说。但无论如何，这个传说让招聘和广告有了一个积极善意的联结。

1940年，现代意义上的招聘行业诞生。由于二战已爆发，很多人离开他们的工作岗位加入军队参战，因此空出来很多职位需要人员去填补。而当时人才极度缺乏，职业中介（猎头）应运而生。二战结束后，大批士兵退伍需要回到工作岗位，这时职业中介机构（猎头）生意红火，他们帮助士兵寻找工作，为此大赚了一笔。

到了20世纪70年代，世界经济的极速发展导致了企业对员工大量需求。中小型公司建立了自己的招聘团队。那时候没有Google，没有招聘网站，招聘的最好办法就是在报纸上登个招聘启事，简单和直接。但传播范围受报纸发行量的限制，招聘效果和效率并不如愿。而大型企业则采用招聘业务外包的方式。招聘外包效果不错，但成本较高。这种现象一直持续到20

世纪 90 年代后期。

20 世纪 90 年代，互联网开始进入民用领域。于是，出现了一些在线招聘网站。如中国人才热线等。中国人才热线（www.cjol.com）成立于 1997年 10 月，由"西部人才网"更名而来，是国内比较早且比较知名的在线招聘网站。中国人才热线首创国内网上人才市场会员制收费模式，曾经在国内在线招聘网站排名第一。但由于种种原因而沉沦下去，被后来者前程无忧远远甩在后头。虽然后来被 JobDB 收购，但还是没能逃脱跌出国内在线招聘平台前三的厄运。

早年的网上招聘其实是传统纸媒招聘的网页版，甚至在线招聘广告照搬报纸上的招聘广告，只不过是在线访问而已。随着互联网技术的发展和人们生活习惯的改变，网络社交平台开始被赋予招聘的功能。最著名的例子就是领英（LinkedIn）。LinkedIn 可以通过请求连接（三度人际关系网以内），扩展个人职业社交网络。这种社交平台更贴近企业的实际需求和应聘者的期望。深受企业招聘主管和应聘者的喜爱。

三、追根溯源现代招聘制度

一个非常有趣的事情是，我们可以在古罗马军队招募中发现很多现代招聘制度的影子。比如：招聘合格人才、公平就业机会、雇主品牌建设、赔偿金等。

1. 招聘优秀人才

我们今天的"招聘优秀人才"的原则可以追溯到古罗马军队的招募。在古罗马，士兵的招聘标准很高。首先必须是罗马公民；其次要能穿着全套制服和盔甲、扛着武器并携带 60 磅的物资走 28 千米。因为罗马军队内部等级分明，所以招聘采用等级制，但并非每个公民都能应聘所有的职位。依据当时法律，罗马公民分为五等：最富有的一等公民加入军队装备最全，全副武装携带长矛和剑并配备了头盔和盔甲；而最低的五等公民则没有盔甲，他们唯一的武器是绳索。

2．平等就业机会

随着战争的加剧，上流社会的军官们更愿意去从事商业或其他职业的工作。军队内部严重缺员，军队招募压力巨大。因此为了让军队保持战斗力，罗马人放弃了过去的等级制军队招聘体制，对于老兵还有一些特别的鼓励政策，比如：退伍制度等。平等就业体制开始形成。

不仅如此，为满足与类似凶猛的迦太基（Carthage，位于非洲北海岸，今突尼斯一带，与罗马隔海相望。在布匿战争中被罗马打败而灭亡）战斗的需要，罗马人开始接受非公民入伍。其实最初接受非公民入伍的目的是获得更多的士兵以对付汉尼拔（Hannibal，公元前247—183和181之间，迦太基是历史上最伟大的军事指挥官之一）的第一次战斗，因此它后来被称为H1-B计划。接受非公民入伍意味着罗马军队的大门对每个人打开。但非公民招募计划规定：军团必须证明候选人符合士兵标准、满足入伍要求，并支付了工资，而且没有罗马公民可以被征用从事此项服务。后来，许多在与汉尼拔战争中存活下来的非罗马公民最后成了拉丁美洲公民。

这项招聘制度在欧洲留存至今。在英国，如果你需要雇用一个非英国和非欧盟公民，雇主必须在报纸上连续刊登两次广告，并且证明：没有合格的英国或欧盟公民能够胜任此项工作，才可以雇用非英国或非欧盟公民。在英国连续工作五年以上，便可以获得永久居住资格（绿卡），并在一年后有资格申请成为英国公民。

3．奖金和补偿金

由于军队条件艰苦，对士兵的生活和寿命会有潜在的影响，而且有时候会发生因公致残、战死沙场的问题。因此罗马军队以高工资来吸引优秀人才。当时罗马军队中的士兵每人每年的工资是10～12个金币。受伤的士兵出院后还会获得200枚金币或者等值的土地作为补偿，这相当于一个士兵15～20年的年薪收入，类似于现今的"工伤赔偿金"和"离职补偿"。

罗马军队还规定：打胜仗可以拿到几枚金币作为奖金，并且能够分得一定份额的战利品，即使战败了也有奖励。卡利古拉（Caligula）这位罗马帝国第三位皇帝在入侵英国失败后，竟然给所有士兵每人4枚金币作为"留任奖金"。这应当是现代绩效奖励制度和"留任计划"的起源。

4．雇主品牌

罗马军队为了吸引人们参军，开始积极主动地宣传他们的标志。军队标志是一个非常特别的金色雄鹰，并配上字母 SPQR。SPQR 是"参议院和罗马人民"的字母缩写，标志着士兵属于帝国和罗马人民，代表着战士是在为帝国而战、为罗马人民而战，这个标志代表着罗马荣誉。加入罗马军队后，便可获得这个标志的文身。这就意味着，该士兵不但已经成为一个精英集团的一部分，而且这个标志纹在士兵的身体上很容易识别，还有助于防止士兵开小差当逃兵。

5．临时雇员

在罗马元首制时代（公元前 30 年—公元 284 年），当军力不足时，罗马军团就会聘请雇用兵。这些非罗马军人不论地位高低，一律称之为 Auxilia（拉丁语，意思是"帮助"），也称作"公民后援兵团"。"公民后援兵团"通常只在有短期需要时才会招募。当然，由于罗马势力范围的扩张，始终处于战争状态。这些 Auxilia 实际上成了正规军。

6．招聘责任制

在很长一段时间内，罗马军队中的所有招聘被指定由参议院议长或者领事直接负责，各省省长和部队指挥官均无权在现场招聘任何人。

由此看来，现代招聘制度的历史发展源远流长，是在前人的经验和做法中演变而来。

四、世界有多大，招聘走多远

招聘与经济发展已经紧密地捆绑在一起。发展离不开招聘，招聘助力发展。未来，随着经济的发展，招聘需求与供给之间的差距将会日益扩大，社会对招聘的要求更高。招聘的竞争更激烈、挑战更强烈。根据专家预测，招聘将会呈现以下六个主要趋势。

（1）对招聘质量要求更高。优秀人才是提高组织效能、确保组织成功的关键。未来，候选人质量将成为重要的因素，招聘质量将成为衡量招聘团队表现最有价值的指标。

（2）社交网络分量更重。随着技术的发展，社交网络将成为招聘获得人才的一个不可缺失的重要资源。

（3）由被动"等、搜"向主动"挖、猎"转变。现在招聘基本上是采用"等应聘者上门应聘"或"搜在找工作的候选人"方法。这两种方法遇到的都是主动找工作的人。优秀人才通常很少会出现在求职市场上，他们一般不会主动找工作。所以未来招聘的重点应当在于"挖、猎"那些在职的优质候选人。

（4）重视"人才品牌"和"雇主品牌"。雇主品牌增加吸引优质人才的能力，人才品牌提升专业人士在职场上的竞争力。

（5）移动招聘广泛应用。人们在手机终端花费的时间越来越多，利用移动终端进行招聘，招聘人员需要增加他们移动招募的行为，以匹配对候选人的需求。

（6）智能招聘技术普及。人工智能 AI 技术的发展，促进了招聘的智能化技术和工具的开发和应用，招聘工作效率获得突飞猛进的提升。

第二节　招聘战略，你的坚强后盾

招聘是人力资源管理中实操性最强的模块之一，但我们很多招聘同仁在实践中只是更多地关注"招聘技术"：到哪里找人、找什么样的人、怎样才能找到好人等，而忽视在战略层面对招聘的规划，导致我们常常抱怨"招聘难"。

一、蜀道难，招聘也难

招聘难，难在哪里？有一句话非常形象而且准确：要的人难找、找的人不行、行的人不来、来的人难留。

（1）要的人难找。"人难招"是招聘经理们面临的共同难题。有时候，一个职位可能半年、一年也找不到一个合适候选人。HR们真的很困惑：优秀人才都去哪儿了？其实，造成这个局面的原因主要有几点：一是我们的人才结构有问题。各个大学没有自己的特长专业，导致市场要的人没有，而曾经热门的专业人才大量过剩。二是办企业赶时髦，百年老店难做，追求短期利益。前几年"互联网金融"热门，大家一窝蜂办P2P企业，必然导致某类人才缺口很大，市场上人才供不应求。三是户口限制和房价"高企"，导致区域的人才均衡性较差，边远地区的人才数量和质量不如沿海和长三角等经济发达地区。四是整个社会浮躁心态促使人们热衷于华丽包装而忽视对自身实力的提升，导致人才质量不能适应企业快速发展对人才质量的要求。

（2）找的人不行。一方面是招聘经理感叹"人难招"，另一方面却是市场上大量的求职者找不到合适的工作。市场上大量的求职者与企业需求并不匹配。这种严重的不对称和不均衡，构成了当下招聘就业市场的主旋律。同时，技术和行业的快速发展，也会催生出一些新型的、跨界的职位，比如，懂HR专业的软件工程师，或者是懂IT开发技术的供应链专家。这对人才的综合能力、知识技能结构提出新的要求，而市场上合格的人数寥寥无几。

（3）行的人不来。好不容易找到一位看起来合适的候选人，约了五个人面试最终却只来了一个，过五关斩六将最后接了offer（Offer Vetter，通知）后却又变卦不来了。这种被"放鸽子"的情况，现在已经成了招聘经理们遭遇的"新常态"。招聘经理们私下自嘲的："没有被放过'鸽子'招聘不是真招聘"已不是戏言。另一方面，市场上对优秀人才的争夺十分激烈。优秀人才一手拿几个offer，借此抬高身价。有些企业求才若渴，特别是一些财大气粗的著名公司采用价格策略，用远远高于市场值的价格吸引人。

（4）来的人难留。人才流动增加，导致人才难留。一是市场不成熟，市场规则或未建立或被轻视，竞争者相互挖墙脚，人才的恶性竞争并不鲜见。蹲守在竞争对手公司附近宾馆面试员工，大概是为数不少的招聘经理的经历。二是职业经理人制度尚未成熟，职业经理人的基本素质有待提高，职业精神严重缺乏。逐利虽然并没有错，但职业道德无人提及。缺乏基本职业道德的"职业经理人"绝不鲜见。

二、招聘也是需要战略的

毫无疑问，招聘经理平常遇到的这些头疼问题，往往和未能在招聘战略层面思考问题有关。招聘"术"很重要，但如果缺少"道"的提升，则"术"是盲目和漂浮的，导致"只知其然，而不知其所以然"。古话说得好："道为术之灵，术为道之体，以道统术，以术得道。"所以，不应当忽视对招聘"道"的关注。

具体说，招聘战略基本原理包括以下几点。

（1）一个定义明确的战略。这是招聘工作的基础，包括品牌信息、目标候选人、平台和资源、最有效的方法（责任人、工作内容、工作方法、完成期限）。如果定义不清将导致资源浪费和低效率。

（2）人才库和人才管道。最有效的招聘方法是建立一个稳固的候选人才库和人才输送管道。

（3）竞争策略。制订与你对手竞争的策略，用最有效的招聘策略来战胜对手的人才竞争。而且不断对标行业龙头老大，比较你与竞争对手之间的差距。

（4）雇主品牌。具有影响力和最能持久推进招聘战略的是建立雇主品牌。通过树立最佳雇主的美好形象，吸引潜在候选人。

（5）全球化。高级人才可能不在你的周围，也许远在他国。全球化有助于发现最佳候选人。

（6）盯住"实操者"。招聘的目标在于有价值的能够实操的候选人，而不是满口跑火车的"空谈者"，而这些优秀的候选人很可能就在你的竞争对手那里，需要我们去"挖、猎"。

（7）速度要快。遇到合适候选人，要迅速决策，慢一拍，优秀人才可能就会被竞争对手抢去。研究表明，顶级候选人在市场上停留的时间不及常规人才的一半。

（8）资源至关重要。如果没有吸引顶尖候选人的资源，你不可能有高质量的招聘成果。资源有很多，但需要分级分类，在低层级的资源中寻找顶尖人才肯定是浪费时间。

（9）基于数据做决定。任何招聘决定应当基于数据，而不是基于感觉和情绪。基于客观数据做出的决定有助于消除人为因素，使招聘结果更可靠，质量更高。

（10）建立招聘文化。创立"招聘文化"，让每一个员工都是雇主品牌的宣传者、人才的搜寻者。让每一个员工都成为7×24的"兼职招聘官"。

（11）候选人为中心。招聘是一个"推销"职位的工作，候选人是"客户"。要真正做好招聘，必须给候选人以最佳的客户体验。

（12）优先工作和目标。所谓招聘的高效率就是根据所招聘职位对业务影响大小排列招聘优先顺序，最大限度地提高资源利用率。

（13）招聘经理的执行力。招聘经理的执行力直接影响着招聘结果的质量。因此，必须加强对招聘经理的培训、考核和管理。

（14）差异化。招聘必须包含有差异化和个性化，以满足各种各类优秀人才的不同需要。差异化也是提高客户体验的方法之一。

（15）关系。建立与潜在候选人良好的互动关系有助于增加候选人对公司和招聘的信任，提高招聘效能。而且这种关系不会随着招聘流程的结束而结束。

（16）技术。新技术的使用可以提高招聘效率，降低成本，提升招聘能力。

（17）合作。招聘流程必须与人力资源其他模块进行密切合作，争取员工关系、薪酬和福利等模块的支持。

（18）正确对待人才短缺。虽然人才短缺带有一定的普遍性。但需要看到，人才短缺是相对的。取决于你的雇主形象、你的工作条件、薪资情况等。如果雇主品牌好、项目好、薪资有相当的竞争力，就能吸引到更多的优秀人才。

（19）远程办公。随着网络技术的发展，承诺候选人远程办公，无疑可以极大地提升公司的竞争优势。也可以吸引到更多的优秀候选人加入公司。

（20）考评和奖励。对招聘流程的参与者进行考评和奖励无疑会对改善招聘质量、提高招聘水平有明显的促进作用。特别是当这种奖励来自高层的时候。奖励并不仅仅意味着物质奖励，很多时候精神奖励可能会产生意想不到的效果。

三、"有杀伤力"的招聘创新战略

如果你想获得人才竞争优势，你需要通过有效的招聘战略，吸引和拥有行业的顶尖人才。"高（端）、精（英）、（顶）尖"人才的获取，又依仗着创新招聘战略的支持。以下将介绍一些创新的招聘战略和实践。这些创新的招聘战略和实践被分解为三个战略领域：雇主品牌创新、候选人评估标准创新和采购渠道创新。

（1）雇主品牌创新

① 视频广告、公众号、AI（Artificial Intelligence，人工智能）技术，快速建立和提升雇主品牌。

雇主品牌的建立和传播大家都比较熟悉和重视。在当今时代，我们需要关注利用新技术、新工具、新手段在"雇主品牌"传播渠道和方法上进行创新。例如，利用 AI 技术、公众号、无人机等媒介工具和方法，快速建立和提升雇主品牌。

② 向候选人"品牌化"你的业务。

除了品牌宣传媒介和渠道的创新，更多的还是内容创新。要真正理解和区分雇主品牌和企业品牌或产品品牌之间的不同。"雇主品牌"是以潜在的候选人为目标对象的企业雇主形象，雇主品牌显示了在本企业工作的感觉。而企业品牌和产品品牌宣传则是以消费者为目标对象针对产品销售进行的宣传。绝不能简单用来作为雇主品牌宣传素材。

③ 让办公环境和场所更有特点。

有个性的开放式办公室颇受新生代的喜好和欢迎。考虑这些特征，如果你的公司是以 95 后、00 后新生代为主，那也许应当将办公环境设置成含有咖啡厅、健身厅、讨论区，以及有更多共享空间的样子，并在你的公司网站上、招聘宣传册上展示办公环境照片，使其成为招聘的一部分！

④ 有针对性的招聘过程。

80 后、85 后一般倾向于采取传统的招聘面试方法。直接电话沟通、格式化的 JD 以及"标准"的面试过程是他们熟悉和能够轻松应对的，而新生代则对传统的招聘过程存在"潜在"的抵触，更喜欢使用新的有个性的面试招聘方式，个性化招聘工作，特别是让社交媒体在招聘中发挥更大的作用，是个值得重视的招聘战略。

（2）候选人评估标准创新

① 创业公司不同的招聘战略。

创业公司需要一个完全不同于成熟企业的招聘战略。首先，你的公司不知名、没有那么多钱用"高薪"招聘经验丰富的雇员。你需要候选人对业务和创业有极大的热情。因此，要利用不同的招聘策略来吸引候选人。例如，使用股权、期权等承诺来吸引好的候选人作为创业合伙人。

② 雇用其他公司不考虑聘用的专业人士。

在招聘广告中我们经常看到"40 岁以下、35 岁以下"等字眼。在职场上"中年危机"已经普遍存在。企业特别是创新企业似乎更愿意考虑新生代。因为新生代更懂得他们的目标客户群体——新生代。但我们也应当看到"中年员工"的职业功力扎实，他们知道"技术"是怎么回事、知道如何有效地利用"技术"。他们知其然，也知其所以然，而有别于新生代只会依赖技术而缺乏操纵技术的能力。因此，招别人忽视的，可能给你带来与众不同的竞争力。

（3）候选人采购渠道创新

① 使用社交媒体进行招聘。

利用微信、微博、社区等社交媒体在招聘上的应用已经相当普遍。但在使用社交媒体进行招聘时，我们依然无法克服传播受限、朋友圈和招聘对象吻合度不高、人数不多、目标对象不明确等问题，导致社交媒体招聘效果有限。其实，我们需要尝试创新的方式。例如，在专业微信群里找技术人才，在专家微信圈里找专家，效果定会倍增。

② 使用企业自己的内部网络。

业务部门对行业和领域最熟悉，并且具有业内的朋友圈，发挥他们的能动性进行人才推荐非常有效而且简便。很多人担心拉帮结派、徇私舞弊。的确，有这种可能性，但只要我们的企业文化主流正能量，只要我们人力把好招聘标准和日常工作纪律执行，应当可以相对好地避免。

③ 瞄准你的人才竞争对手

"挖人"是很多招聘经理经常做的事，也有人对此不屑一顾，鄙视。就我个人观点而言，我并不赞同去竞争对手那里去"挖人"，特别反对不择手段去"挖人"。但这不影响我提出"应当密切关注竞争对手人才流动"的建议。当一些优秀人才因为各种原因从竞争对手离开时，这就是你的机会。当然，要注意对是否优秀人才的判别，需要对离开原因进行了解。如果是有瑕疵的人才，自然你也不能"饥不择食"地选择。当然我们很难忽视这样的观点："当你直接从竞争对手那里招聘优秀人才时，你的公司会变得更好，而竞争对手变得更弱。"我更愿意把它看成是竞争战略，而非招聘战略。

④ 打入内部。

如果你想招门店销售，去一些手机商店、大型商业中心的服装销售门店去与销售员交谈，看看他们如何与客户交流，把买东西当成初试过程。或者买个产品，看看他如何处理跟踪服务甚至退货，给他们一个测试。如果有中意的销售员，试探试探他是否愿意。还有一些招聘经理以找工作的名义打入竞争对手的内部发现人才，那就真有点"无间道"的味道。

⑤ 重视开发人才渠道。

开发人才渠道是招聘最具战略性的方法之一。它可以让企业在实际需要人才之前确定最佳招聘方向，以便有更多的时间来推销职位，鉴别人才。当然，人才的渠道在哪里，如何开发，则不同的企业、行业具有不同的方法和特点。

⑥ 远程校招也许有新的不同。

校招越来越热，但同学们的热情似乎不如以前那样高涨。而且，"几家欢乐几家愁"成了校招普遍现象。其原因在于：一是我们更多的企业校招并非为招聘而在于"做市场"，让同学们失去信任；二是一些大公司以不合情理的"高工资"恶性竞争，其他公司校招则"门可罗雀"。如果我们的目光不再仅仅盯住 985、211，试试那些边远大学，试试采用远程校招的方式，也许有新的不同。远程校招，还可以吸引到世界各地的优秀学生。

第三节　招聘，不能太随意

招聘体系是企业提高招聘管理水平的基础。它规范企业招聘行为，保证企业招聘工作的一致性、延续性与有效性。一个健康高效的招聘体系能够确保企业招聘工作按照设计的理想路径进行，实现高效招聘。而招聘制度也是企业招聘体系的一个重要组成部分。因此，我们应当关注招聘制度的建立。

一、有规矩，才有方圆

招聘制度是企业招聘工作的法律，俗话说："有规矩，才有方圆"。根据其作用，招聘制度可分为：基本制度和进阶制度。基本制度是企业对于招聘工作的基本规范性操作文件；进阶制度是为了解决企业在招聘过程中遇到的一些实际问题而制定的有针对性的实施制度。

1．基本制度

制定基本招聘制度的目的是将招聘管理书面化、流程化、规范化。使企业每个参与招聘工作的员工都能够在同一个平台上操作、在同一个流程中运行。而且当一个新的员工加入企业招聘团队中时，能够迅速了解和投入招聘工作。基本招聘制度通常包括：招聘原则、招聘计划制定、招聘职责、渠道管理、招聘流程以及试用期管理等几个组成部分。

（1）招聘原则。招聘原则是企业招聘工作的总体规范和方针，其主要作用是规范企业招聘选择的行为。招聘原则通常与公司的企业文化、法律法规、人才管理战略相关。但招聘原则与招聘岗位的具体需求无关。

（2）招聘计划制定。招聘计划制定包括年度人力资源规划、招聘需求、招聘申请、优先顺序等内容。如果企业规模较大，上述内容可以单独制定制度来规范。该项内容主要是规范招聘计划的制定操作。例如，怎样制定人力资源预算、何时提出以及怎样提出招聘申请、如何统一管理招聘需求等。

（3）招聘职责。招聘基本制度中明确招聘相关各方的职责内容。从企业高层到招聘专员，各自职责分清。在规定招聘职责时要充分考虑特殊招聘状况，如招聘冻结、超预算招聘等各级授权审批的变化及其灵活性。以适应各种不同情况的发生。

（4）渠道管理。这个部分主要规范对网站、猎头、中介以及派遣公司的管理，包括怎样选择招聘渠道、如何引进新的招聘渠道、如何对招聘渠道进行评估等。

（5）招聘流程。招聘流程主要规定如何启动招聘、何时发布招聘广告、如何选择招聘渠道、如何进行简历筛选、如何组织面试、如何做出录用决定、如何进行背景调查、如何进行入职管理等。

（6）试用期管理。试用期管理有助于让新人可以迅速融入团队。在试用期管理主要包括：试用期管理的各方职责、试用期培训、试用期考核、上岗流程、转正流程、试用离职和辞退等。

需要我们注意的是，基本招聘制度的制定应当与企业实际操作流程保持一致，以此提升企业招聘制度的有效性与效率。

2. 进阶制度

除了招聘基本制度外，我们还应当制定一些相关进阶招聘制度，以解决企业在招聘过程中遇到的一些实际问题。例如，是否鼓励内部员工推荐、如何进行内部招聘、企业内部异动如何进行等。

（1）内部员工推荐制度

内部员工推荐人才在西方国家非常流行。我们到海外公司办公室去参观，在内部公告栏中你会看到很多内部招聘信息和启事。过去，在国内为了回避任人唯亲、小团体等问题，一般情况下是反对内部员工推荐候选人的。但近年来，随着职业经理人制度的推广以及观念的更新，国内企业也开始把通过内部员工推荐人才作为扩展人才招聘渠道的有效途径。因此，制定相应的内部员工推荐制度显得十分必要。在制定内部员工推荐制度时要注意以下几点。

- 要规避 HR 员工与用人部门经理的职权滥用风险，规定内部员工推荐制度不适用于具有招聘职能的员工，如人力资源招聘组成员等。
- 要设定公平招聘规则，推荐人应当回避所有与该候选人相关的招聘流程，减少招聘过程中任人唯亲的不公平、不公正的风险。
- 要设定内部推荐奖励政策，对成功推荐予以奖励。奖励设计既要考虑到举荐成功对举荐人的有效激励，也应规避被举荐者不稳定带来的损失。通常情况下都会设置 3 ～ 6 个月的期限来支付推荐奖金。

（2）内部招聘制度

内部招聘是个一举多得的事情：一来给内部员工一条职业发展的途径，有助于人才保留、内部竞争；二来缩短招聘流程，提高招聘效率；三是内部员工对企业文化非常熟悉，适应新岗位较快；四是内部人才调剂有助于部门间横向协调和部门合作，有助于提升内部绩效。在制定内部招聘制度时要注意以下几点。

- 公平性。制定制度时要规范内部招聘流程，将可能产生暗箱操作的因素降到最低，如公开发布内部招聘职位、应聘要求、应聘流程等。
- 激励性。制定政策时要对于应征者在公司内的近期表现、工作能力等做出硬性规定，同时也要兼顾内部人才的真实表现，预防出现部门打压员工或者踢皮球的现象。
- 适用性。内部招聘应当规定哪些岗位可以内部招聘、哪些岗位不适用内部招聘，降低滥竽充数的风险。

（3）新员工入职及培训制度

招聘工作不只是止于 offer 发放、新员工入职。招聘工作需要适当后延至"试用期"结束。我一直对我的招聘团队有一个要求：招聘要对新入职的员工"扶上马送一程"！因此，利用"试用期"帮助新员工快速融入企业，适应工作环境，是一个十分重要的工作内容。新员工入职及培训制度就是为了有效地指引内部相关部门和人员对新员工进行有效的培训与管理。新员工入职与培训制度通常由两大部分组成：一是入职流程和制度；二是新员工入职培训制度。具体应包含以下几个方面。

● 新员工入职前的行政准备，包括办公室、办公用品、宿舍安置、工牌工号、网络权限开通、门禁和员工卡等。这里要规定好不同职级和岗位的配置标准，负责落实的相关责任部门和责任人、完成的时间节点等。

● 新员工入职流程制度内容包括入职必需文件、入职手续办理、入职审查、员工入职体检、员工档案建立、新员工介绍等。此项应当详细规定。

● 与基本招聘制度中的《试用期管理制度》不同，新员工试用期评估方法与流程主要从操作层面规定，如何进行试用期评估。例如，对新员工的评估和考核多长时间评估一次，怎样评估，如何反馈，如何做好书面记录等。

● 新员工培训制度包括：新人培训内容、培训方式、培训时长、培训形式；规定哪些是必修课、哪些是选修课，是否在线课程或者课堂教学、哪些是在岗培训，以及培训要求、培训考试方法、通过的标准等，确保新员工培训不流于形式，真正发挥作用。

二、你可能用了错的招聘流程

如果说招聘制度是招聘工作的指导方针，那招聘流程就是招聘的作业指导。在实践中，很多企业存在着招聘流程不完善，甚至使用错误流程的情况，需要引起注意。招聘流程主要规定在招聘活动中如何管理各个招聘阶段与环节，确保整个招聘活动的顺畅。招聘的基本流程主要包括"招聘需求确定""候选人甄选"与"录用"三个大部分。其中含有招聘需求提出、岗位分析、职位描述撰写、招聘渠道选择、简历收集、简历筛选、面试、复试、终试、背景调查、录用等几个关键环节。

1. 招聘需求确定

招聘因招聘需求的提出而启动，招聘需求的确定是招聘活动的开始。

招聘需求的确定包括需求提出、需求批准、职位描述确认和优先顺序级别等几个环节。

（1）招聘需求提出。招聘需求由用人单位以书面形式正式提出。通常包括职位名称、招聘人数、主要职责、经验和资历需求、主要工作内容、编制情况（编制内或编制外、替补或新增）、入职时间、职务级别等。人力资源招聘部门对用人部门提出的招聘需求进行简单的程序性和必要性分析后，根据招聘流程文件和相关制度确认是否正式启动招聘流程。

（2）招聘审批。招聘审批有两个不同流程：一是编制内招聘申请的审批。如果用人部门所提出人员招聘需求是在编制内或者是缺员替补，这种不增加编制的招聘需求的审批相对简单，只需要招聘总监进行形式性审核后直接进入招聘流程。二是编制外的招聘，涉及增加人员编制，这就需要另行申请增加编制。没有编制的招聘需求不应当直接激发招聘流程。

（3）职位描述（JD）确定。一般情况下，职位描述由用人部门撰写。人力资源招聘部门应当根据职位描述（JD）和用人部门进行深入细致的讨论，清晰用人部门对该职位候选人的要求、该职位的主要职责和工作内容，看看用人部门还有没有未能写入JD的其他隐形要求和标准等。

（4）招聘优先顺序分析。招聘的优先顺序是招聘部门根据内部的招聘项目进行整体规划的过程。以确保招聘工作有条不紊、按时按需、高质高效。招聘优先顺序通常是根据所招聘职位在整个公司业务中的重要地位、职位需求的紧急情况、招聘需求中的入职日期而定。

2. 候选人甄选

候选人甄选是招聘流程中工作量最大，而且挑战最多的一个环节。这里涉及简历筛选、候选人信息收集、面试次序安排、最终候选人的确认等重要环节。

（1）渠道选择。招聘渠道选择解决的是到哪里找候选人的问题。招聘渠道包括在线招聘网站、招聘会、人才市场、社交网络平台（LinkedIn、微信、QQ、微博）、第三方招聘媒介（猎头、中介公司）、校园招聘等。

（2）简历筛选。通过对各招聘渠道收集来的应聘者的简历进行筛选。

筛选的标准主要依据职位描述中的资历和经验需求以及该职位的职责内容进行，包括粗筛、细选、精读、研判等几个环节。招聘部门负责对简历进行筛选。招聘部门将认为初步合适的简历发送给用人部门进行专业经验的筛选。

（3）面试。面试主要有初试、复试、终试三个环节。但很多时候每一个环节都可能有几轮，由不同的面试官来主持。初试通常由业务部门负责进行，重点考核应聘者的业务能力和经验；复试通常由业务部门主管领导、人力资源招聘部门进行，主要考查应聘者的职业精神、文化适应性、个性特质和领导风格等软性要素；终试通常由具有录用决策权的最高管理层进行，终试面试官根据公司的授权级别规则来确定。

（4）测试。在很多公司的招聘流程中，会对应聘者进行各种不同的书面考试和各种测试。IQ/EQ测试、业务能力考试、MBTI职业性格测试[1]、霍兰德职业兴趣测试、九型人格测试等。这些测试数据将会给面试提供一些参考。

3. 录用决定

当应聘者经过层层面试、测试，最后通过终试，成为正式候选人，招聘流程则进入最后阶段——录用阶段。录用阶段包括薪资谈判、背景调查、offer发放和接受、入职等环节。

（1）薪资谈判。薪资谈判是招聘过程中最具有技巧的工作之一。薪资确定的难度在于：定高了会打乱内部薪酬体系，企业吃亏；定低了候选人不接受，招聘不成功！因此，薪酬谈判的关键是能够找到一个企业和候选人双方都能接受的平衡点。薪酬谈判的作用就变得越发重要。通常薪资确定的参考要素包括市场值、内部薪酬平衡点（价值点）、候选人本人期望值、其他福利（含非现金性福利）。

（2）背景调查。背景调查是对候选人的个人基本信息、过往经历和道德表现等做一个全面的调查核实。背景调查的内容包括候选人教育背景（学

---

[1] 20世纪40年代，美国一对母女在荣格的心理学类型理论的基础上提出了一套个性测验模型。伊莎贝尔·迈尔斯（Isabel Myers）和凯瑟琳·布里格斯（Katharine Briggs）把这套理论模型以她们的名字命名，叫作Myers-Briggs类型指标MBTI。

历、培训、资质证书等）、工作经历（任职时间、职位、工作内容、表现、人际关系、离职原因等）、犯罪记录、工作许可（外籍雇员）、服兵役情况（在海外公司）、财务信息（个人信用情况、银行贷款、纳税情况等）、健康状况以及其他方面调查（个性特征、管理风格、诚信表现等）。背景调查可以由招聘部门自行组织进行，也可以委托第三方专业公司进行。需要注意的是，进行背景调查之前，应当获得被调查人的书面同意。

（3）录用审批。当对候选人背景调查完成后，将进行内部录用审批流程。也就是根据内部招聘流程，正式 offer 发出之前，必须获得相关有权批准录用的高管对该候选人的录用批准。录用审批表上应当包括以下信息：录用职位、职级、拟定薪资、汇报线、各面试官面试意见、背景调查结果等。

（4）offer 发出和确认。当内部招聘审批流程完成后，招聘部门将向候选人发出 offer。offer 上除了包含录用职位、职级、拟定薪资、福利待遇、汇报线等信息外，还应注明 offer 的有效期（通常为一周），并明示候选人"应当在收到 offer 之日起 ×× 个工作日（通常 3 ～ 5 个工作日）内书面回复：接受 offer，逾期未答复，视同拒绝 offer"。

总之，招聘流程应当是可以让参与招聘的人清晰了解并且跟进招聘进展的工具，在设置流程时要根据公司的具体情况，将各环节所需要的工具、表格等标准化，这样让整个招聘过程变得透明，方便 HR 招聘管理，减少过程浪费。

三、招聘"法商"

招聘是企业人力资源的日常工作，也是一项技术性很强的工作。招聘主管往往比较多地关注招聘技术的提高，而忽视招聘中法律风险的规避。其实，招聘过程中会涉及很多法律风险，需要我们在工作中加以关注和重视。

1. 招聘中的歧视风险

当我们打开招聘网站，当我们走进招聘会、人才市场，看到招聘启事上"×× 周岁以下""限男性""女性已婚已育优先""本市户籍""身高 1 米 65 以上"等"应聘条件"一定不陌生，甚至已经熟视无睹。因为这出自招聘人员之手。

但很少有人思考：这些用词、限定条件真的合适吗？符合主流价值观吗？合法吗？

有一个典型的案例：2013 年 9 月，美国司法部向某知名网络公司发出44 400 美元的民事罚款。起因是该公司在网上发布的应用程序开发工程师的招聘广告中，明确表明会优先考虑那些拥有 F-1[①] 和 H-1B[②] 临时签证的人。美国司法部认为，该招聘广告违反了美国联邦移民与国籍法中的反歧视条款。

2014 年 11 月的"就业性别歧视第一案"开了国内通过法律手段反就业歧视的先河。浙江某女大学生因"招聘单位'限招男性'为由拒绝她应聘"向法院提起诉讼。最终法院认定：被告单位侵犯了当事人平等就业权，判决被告单位赔偿该女大学生 2 000 元精神抚慰金。

"就业性别歧视第一案"虽然损害赔偿金额不高，但意义非凡，这给人力资源工作者拉响了警钟。作为一名专业的招聘工作者要有法律风险管理意识，在思想上必须对公平就业高度重视，在行动上要定期对公司制度、流程、表单、职位描述、职位广告等做彻底的回顾，同时对所有参与招聘流程的相关人员加以培训并提高全体员工对公平就业的认识。之前发生的在线上媒体引起轰动的某著名公司"校园招聘歧视风波"给了我们一个警示。

另外，虽然很少会遇到应聘者就歧视问题向我们提出挑战，但无论如何我们应当知道：歧视是一项不道德、反人类的行为，并且在很多国家是犯罪的行为。作为有职业精神、有道德的人力资源从业人员，我们应当有意识地去避免、去抵抗、去消除我们生活和工作中的歧视现象。提升全民族的道德观和责任感，从我做起、从现在做起。

2. 劳务派遣和劳务外包的法律风险管控

自从 2014 年 3 月出台的《劳务派遣暂行规定》中规定：用工单位"使

① F1 签证：美国签发给全日制在美国读书的学生签证。
② H-1B 签证：美国最主要的工作签证类别，发放给美国公司雇用的外国籍有专业技能的员工，属于非移民签证的一种。

用的被派遣劳动者数量不得超过其用工总量的 10%"后，劳务外包变得红火起来。从"劳务派遣"到"劳务外包"，企业存在哪些法律风险？

（1）劳务派遣的法律连带责任。作为用工单位应对劳务派遣公司的资质审查负有责任。如果因劳务派遣公司资质不符合《中华人民共和国劳动合同法》（以下简称《劳动合同法》）规定的条件，导致劳务派遣协议无效，用工单位承担与该被派遣员工成立劳动关系的责任；如果被派遣员工在工作中受到伤害，用工单位和劳务派遣公司承担连带赔偿责任。

（2）劳务派遣中的"同工同酬"风险。《劳动合同法》规定："被派遣劳动者享有与用工单位的劳动者同工同酬的权利。用工单位应当按照同工同酬原则，对被派遣劳动者与本单位同类岗位的劳动者实行相同的劳动报酬分配办法。用工单位无同类岗位劳动者的，参照用工单位所在地相同或者相近岗位劳动者的劳动报酬确定。"而在劳务派遣实践中，很多用工单位向劳务派遣公司支付被派遣员工工资，然后再由劳务派遣公司向被派遣员工支付工资，这种做法存在较大的法律风险。

（3）劳务派遣和劳务外包的区别。

① 适用的法律不同。劳务派遣适用《劳动合同法》；劳务外包适用《合同法》。

② 主体不同。劳务外包可以是个人，但劳务派遣必须是合法设立的法人实体。

③ 管理的责任主体不同。用工单位不参与劳务外包的员工管理，工作时间和形式由劳务外包单位自己安排；劳务派遣的员工必须按照用工单位确定的工作形式和工作时间进行工作。

④ 标的不同。劳务派遣标的是"劳动力"；劳务外包标的是"劳务"。

⑤ 法律后果不同。劳务外包适用《合同法》，发包单位对劳务外包员工基本上不承担责任。

（4）假"劳务外包"实"劳务派遣"的风险。一般公司会采用劳务外包以降低劳务派遣的比例。只是在签订劳务外包合同时，特别要注意合同是以"事"作为标的，费用结算根据工作内容和工作量来结算，一定不能出现以"人"作为标的，按月根据人数及在岗位的时间结算费用的内容，否则依然会计入劳务派遣的比例。同时，在可能的情况下，工作尽量在用工单位以外的地点完成，否则也可能被视同劳务派遣。

3. 外籍人员聘用的风险管控

随着我国对外开放和经济全球化的发展，外籍人员在中国就业人数激增，聘用外籍人员的法律风险管控越来越突出。那么，我们在聘用外籍人员时应当注意哪些问题，需要防范哪些法律风险呢？

（1）雇用外籍人员三证要齐。

雇用外籍员工在中国境内工作，首先外籍人员应持职业签证入境（有互免签证协议的，按协议办理），必须依法取得"中华人民共和国外国人就业许可证书""外国人就业证"和"外国人居留证件"，"三证齐全"方可在中国境内就业，否则视为违法。而且，外籍人员工作单位必须和其就业证注明的单位一致。职业未变但工作单位变了，必须办理就业证变更手续；工作区域变化或在区域内改变职业和工作单位的，也需要重新办理就业许可手续。

根据《外国人在中国就业管理规定》，外国人在中国就业须具备下列条件：就业的岗位必须属于有特殊需求、国内暂缺适当人员的岗位，同时必须满足年满18周岁、身体健康，具有从事相关岗位必需的专业技能和工作经历、无犯罪记录、持有有效护照或其他国际旅行证件等要求。

（2）聘用外籍人员必须依法签订劳动合同。

根据《外国人在中国就业管理规定》规定，聘用外籍人员应当签订劳动合同，并且劳动合同期限不得超过五年。但对于劳动合同内容的约定，是否可以突破《劳动合同法》《中华人民共和国劳动法》（以下简称《劳动法》）的相关规定，各地有不同观点，尚存争议。但普遍的倾向是可以自主约定一些内容，以全面地限制和规范外籍员工的行为。当被聘用的外籍员工的劳动合同被解除后，用人单位应当及时向劳动保障部门、公安部门备案，同时交还该外籍员工的就业证和居留证。

（3）外籍员工的劳动管理问题要慎重。

根据《外国人在中国就业管理规定》的规定，外籍员工的工作时间、休息、休假、劳动安全卫生以及社会保险按国家有关规定执行。外籍员工的最低工资不得低于当地最低工资标准；外籍员工依法享受中国国家法律规定的年休假、法定节假日、婚假、产假等法定假期；外籍员工有获得加班工资权利；要依法为外籍员工缴纳社保（《社会保险法》规定）。外籍员工的劳动合同争议不适用于《劳动合同法》。离职补偿问题一般可以通过双方协商解决。如果双方协商一致约定无加班工资，必须在合同中明确注明：双方一致同意！

（4）非法雇用外籍员工的法律风险。

所谓非法雇用外籍员工指：一是雇用无合法手续和证件的外籍员工；二是用人单位本身不具备雇用外籍员工的主体资格。根据相关法律规定：聘用外国人的用人单位必须是依法设立的企业法人、社团法人、民办非企业单位等，中国境内的个体经济组织和公民个人不得聘用外国人。如果用人单位非法雇用外籍员工，将面临最高 10 万元的罚款，并责令其承担遣送私自雇用外国人的全部费用。因此，用人单位必须谨慎对待雇用外籍员工的每个环节、每个细节，包括外籍人员的相关证件、文件、个人信息，不能出错。同时也要注意"三证"的有效期和范围，注意及时办理相关延期、变更和挂失等手续。

第二章

前期准备：招聘的起跑线

开篇案例

James的苦恼

James刚刚加入某著名电子制造公司，担任招聘主管。这是一家以生产电子元器件为主的大型上市公司，处于行业龙头地位。由于受经济低迷和消费降级的影响，效益大不如从前。有一些员工选择辞职离开，因此招聘工作量大大增加。

一天，OEM总监Tony来找James抱怨，最近他们部门连续走了两个人，可到现在一个补充的人也没有到位，影响了他们的业务开展。James深感愧疚和自责。于是，立即开始了这两个职位的招聘工作。白天搜简历，晚上给候选人打电话沟通，周末安排与候选人接触、面试。忙了十来天，终于找到了两位比较合适，Tony也很满意的候选人。

正当James准备给候选人发放offer时，公司的一位高层发火了："谁让招的？OEM人那么多，我还要减他的人呢！乱弹琴！"这一下让James成了"汉堡包"：用人部门主管领导抱怨招聘部门不给及时招人影响业务，而高层领导不同意用人部门增补人员。

这让James感到十分委屈："业务部门常常以工作多、时间紧、人手不够、忙不过来为由，向人力资源招聘部门提出招聘要求。如果招聘没能在短时间内招到人，业务部门不满意，他们马上就投诉到老板那边。我牺牲了休息时间努力工作，到头来不仅不落好，反而挨批评。这是何苦呢！"他觉得招聘是个吃力不讨好、两头受夹板气的角色。James陷入了沉思……

在这个案例中，James忽视了一个重要的流程节点：招聘需求的申请和批准手续。

　　招聘是一项非常严谨而且烦琐的工作。从简历的筛选、面试、测评、复试、背调到最终确定录用，环环相扣。招聘工作的有条不紊和高效率，是建立在"认真而充分的招聘前期准备工作"基础上的。所以说"招聘前期准备是招聘工作的起跑线"一点不为过。本章将重点讨论招聘申请的审批流程、JD 的写作、业务部门沟通以及发现候选人资源渠道等招聘的前期准备工作。

第一节　招聘审批，不只是权力

　　很多时候，业务部门往往对"招聘申请的审批"流程有抵触，认为这纯属不必要的"为流程而流程"，是 HR 部门在"卡"他们，会影响工作效率。人力资源的同事有时候也会有同感。但当遇到诸如本章"开篇案例"中 James 面临的相同场景时，往往又会想狠狠地强化这项"权力"。其实，这是招聘常态。有时候，可能某个职位需求本身只是业务部门经理自己的主张，临时起意要求的，而高层并未批准。但这就导致一系列招聘工作白做，造成招聘成本的不必要增加。因此招聘申请审批流程是一个必不可少的环节。

一、有申请，才有招聘

　　招聘需求通常发生在业务工作太忙、人手不够、原岗位人员离职需替补、新增工作任务或新设立部门等情况下。无论哪种情况，要想启动招聘，需要经过一定的申请流程。这是招聘的必要和前置环节。招聘申请的审批是对用人部门的人力需求的正式确认，也是招聘工作的基本依据。那么，招聘申请的审批主要审什么呢？

　　如果是业务工作太多忙不过来的情形，需要考虑的是现有人员的工作效率及工作饱和度。一般说来，每个人的工作饱和度超过 60% ～ 70% 的，可以认为是工作量大，应当考虑通过增加人手来缓解。如果员工的工作饱和度低于 50% 却还有工作完不成的情况，那就是该部门员工的工作效率低。

需要考虑的是换人，而不是简单地增加人手。

如果是原岗位人员离职，需要替补的招聘需求，不管是业务部门领导还是人力资源部门，审核时需要考虑离职人员在团队中的分量。是采用内部结构调整取消该岗位，还是由其他员工兼任，或者内部调剂一位员工顶替？上述方案无解时，最后才是"招聘新人"的方案。单纯地采用"出一进一"的办法，显然是简单、粗暴的。对于机构臃肿的部门，"一进一出"会助长低效率；对于原本人员就很精简的部门，"一进一出"也许并不能满足新业务发展；对于业务薄弱需要加强的部门，自然要"进大于出"；另外从成本控制的角度，"一进一出"可能导致企业"吃亏"。比如，"出"了一个月薪 5 000 元的，"进"一个月薪 2 万元、水平并未提高多少的，还不如"不进不出"！

这些，都是需要在招聘申请审批时考虑的。

如果因为工作任务的增加或新设立部门岗位而提出的招聘需求，则需要考虑是否应当增加人员编制、增加多少编制、人工成本增加多少、人员需要何时到位等。并且根据这些，设计出合适的招聘方案。

人力资源部门承担着全企业人力成本控制的责任，因此对于业务部门提出招聘需求要仔细审核，给予专业分析，确立最终招聘申请是否可行。

二、情形不同，流程不同

招聘审批的流程分为：有编制的招聘需求申请和无编制的招聘需求申请两个类型。这两个招聘申请流程有所不同。

对于有编制的招聘需求的审批相对比较简单。由业务部门提出招聘申请，由部门第一责任人同意后，经人力资源招聘总监批准即可。审批主要内容在于招聘申请的形式要件，包括职位描述、任职资格、岗位职责、人数需求等。招聘申请批准后再开始实施招聘工作。

对于新增岗位，即在没有编制的情况下的招聘申请，首先应当经过增加编制申请流程，获得编制增加的批准后，再行招聘申请。

新增岗位的审批流程如下图。

用人部门申请 ➡ HR BP 审议 ➡ 业务主管领导批准 ➡ HROD批准 ➡ CHO批准

三、招聘审批，谁做主

不同的企业，招聘申请的审批形式也不一样，会因企业所在行业、规模以及管理要求等要素的不同而有所区别。招聘申请的形式一般分为书面形式、在线方式和特殊情形。

（1）书面形式：招聘申请的审批必须采用书面审批流程。一般是业务部门书面形式提出招聘申请，申请中必须写明招聘的理由、岗位、人数，对人员的简单要求，招聘的时效性等内容。人力资源部门就招聘成本、人力成本以及人员编制上提供相应的数据，供领导审批招聘申请时参考。

（2）在线方式：现在大部分企业都有自己的 OA 系统、企业邮箱，所以通过 OA 系统、电子邮件甚至企业微信、钉钉等在线工具审批，也被相当多的企业接受和认可。

（3）特殊情形：对于一些特殊情况，例如领导出差、通信系统不畅等原因，导致审批不能，而招聘需求又十分紧急的情况，通常会采用不同的审批形式，如电话、短信、微信、授权他人审批甚至口头指令等。但一旦特殊情况解除或领导出差归来，应当在第一时间进行书面补签手续。

不管是纸质的招聘申请还是邮件，系统的申请在整个招聘工作结束后均需要存档保管，一般存档期 3 ～ 5 年，为今后回查核对资料提供便利。

第二节　职位描述，深入了解下

JD 是企业招聘员工的一份广告，它是吸引优秀应聘者的"磁铁"。一份好的 JD，会让求职者在短时间内快速了解职位功能和职责，了解企业，让求职者对企业产生良好的第一印象，产生应聘的冲动。如果一个 JD 写的平淡无奇、措辞不准或信息不全，让求职者云里雾里，自然不能吸引优秀应聘者应聘，失去了 JD 的效能，大大影响招聘工作的质量。

JD 通常包括四个组成部分：职位概述、岗位职责、任职资格和经验需求、公司简介。

一、职位概述，写得明明白白

职位概述包括：职位名称、工作地点、合同类型、汇报关系、薪酬信息、开始时间等重要信息。

职位名称：直观明确地标明招聘的职位和相应的职位等级，如作业员、生产管理、生产总监等。

工作地点：主要指该职位实际工作地点，有时候也会标注可能的其他工作地点。

合同类型：包括固定期限劳动合同、无固定期限劳动合同和以完成一定工作任务为期限的劳动合同。

汇报关系：主要指上级汇报线和下级被汇报线。汇报线展示着该职位在企业中的职级和地位。

薪酬信息：月薪或年薪范围（有的企业招聘广告会清晰地标明该职位的薪资范围，有的则标注为"面议"）。

开始时间：指企业期望该职位候选人实际到岗开始工作时间。一般情况下为"立即"。

二、岗位职责，需求侧的传说

岗位职责注明的是所招聘岗位的主要工作内容以及承担的责任范围，包括执行权限、管理权限等。在写岗位主要职责描述时需要注意的是：应当尽可能准确、细致、完整地将本职位的职责内容、主要工作项目、工作权限范围等描述清楚。文字简单明了，并使用浅显易懂的文字，内容要越具体越好，避免形式化、书面化。更不适合用过多的形容词或夸大事实。简明扼要地描述重点，让求职者一目了然。

三、资格经验需求，是地平线也是风景线

对应聘者资格和经验的要求，包括专业技术要求、执业资格、相关上岗证书、实战经验年限、专业能力层级以及专业学历要求等。这意味着满足任职资格和经验要求的候选人是能够胜任该项工作的。

任职资格分为必要条件和充分条件。必要条件是能够胜任该岗位职能的最低资格和资历要求。充分条件是用人单位希望候选人能够达到的一些加分项。满足充分条件的候选人能够比较圆满地实现该岗位的职能，可以相对出色地完成该职位所承担的工作任务。

四、别忘了招聘单位

JD 中的企业简介包括企业背景、行业地位、企业文化等。写好 JD 中的企业简介部分可以对提升企业品牌，扩大企业知名度起到很好的效果，更有利于吸引求职者的青睐。

但需要注意的是，一些企业经常直接把市场部做市场宣传的"公司简介"用于招聘，这是不妥的。市场部做市场宣传的"企业简介"重点是宣传企业产品，目标对象是客户。而 JD 中的"企业简介"重点是宣传企业文化和工作环境，目标对象是应聘者。目的不同、对象不同，写作方法和内容也应当不同，不可简单"拿来"应用。

另外需要特别注意的是，每个岗位的职位描述并非一成不变，不能简

单地拿出几年前的 JD 来"修修补补又一年"。在岗位要求变化的时候，职位描述也需要相应修改和调整。职位描述一般由业务部门起草，人力资源部门适当进行完善修改。

第三节　JD沟通，一个不可忽视的环节

在招聘上，用人部门与人力资源部门之间是客户与供应商的关系。用人部门是提出招聘需求的客户，人力资源部门是提供服务的供应商。因此在正式招聘开始之前，与业务部门进行 JD 沟通是一个不可忽视的环节。通过 JD 沟通，充分理解和清晰业务部门对候选人的要求，充分理解该职位的主要职责和工作内容，在实施招聘的时候可以少走弯路，精准有效地完成招聘工作。

一、沟通不是"纯净水"

与用人部门沟通什么呢？主要是针对 JD 的内容，逐一进行沟通，以加深招聘人员对职位描述的理解。通过沟通，看看招聘人员对 JD 中每一条岗位职责的理解是否准确、是否充分体现了用人单位的意图，对用人部门提出的任职资格和经验需求是否准确和完整？等等。同时还要了解用人部门有没有在职务描述上未写的隐性需求。

案例： 一个制造型企业的财务部门，财务总监需要招聘一个财务部助理，向人力资源部门提出了招聘需求，招聘专员小王根据助理岗位的共性要求进行招聘，要求有大专学历以上、财务专业、有会计上岗证、熟练操作办公自动化软件、对数字敏感、懂得财务政策等。

小王通过层层筛选，最后确定终试的候选人情况为：女性，26 岁，未婚，大学本科学历，财会专业，英语六级，口语流利，曾经在会计师事务所从事过两年助理工作。这个看似很符合要求的候选人，被财务总监拒绝了！

小王觉得候选人完全符合岗位职责要求，不知为什么会被拒。去找财务总监询问理由，财务总监给出的理由是：这个候选人的价值观不符合我

的要求！原来这位财务总监做事严谨，对下属要求一丝不苟。而该候选人性格外向，和财务总监风格不搭。

这时候，小王才意识到自身的问题。如果在实施招聘前与业务部门进行过详细沟通，就不至于出现类似的问题。

二、怎么沟通最高效

招聘主管在与业务部门进行 JD 沟通之前必须做好充分准备。首先应当对职位描述进行仔细分析和研判，发现 JD 中的疑惑和清晰度不够的地方，以便在 JD 沟通时提出。

同时，也要了解用人部门的整体情况、团队文化、部门负责人的管理风格和个人喜好等，便于招聘过程中对隐性要求的理解和把握。

JD 沟通时要提前与用人部门领导确定好沟通时间、时限和方式。通常招聘沟通主要在用人部门负责人和该岗位的直接主管上级之间进行。

在与业务部门的沟通中，要注意角色定位。沟通中要充分体现为客户服务、重视的态度，要有认真、仔细、专业的分析，要多注意倾听，要阐述个人的理解并与沟通者确认，避免产生理解性的误区。沟通结束后，招聘主管要迅速整理出沟通结论，按照重要程度进行排序，以便在招聘中参考。

第三章

简历：审阅和判断“五步法”

真的一天可以看2 000份简历吗？

2012 年，我在新加坡一家能源上市公司担任全球人力资源总监。刚刚到任时，正处于全球快速扩张阶段，全球人员招聘量极大。招聘团队每个成员忙得头昏脑涨、不亦乐乎。

Grace 是一位新来的招聘主管。一天，她到我办公室向我提出建议：能不能外委一些职位给猎头公司？因为实在忙不过来。而背景是那年我们的猎头费预算有限，公司老板也决不会同意增加猎头费用。我从锻炼队伍的角度考虑，也是倾向于不使用猎头，我们招聘团队自主完成招聘任务。

我问："你一天可以看多少份简历？"

她回答我："20 多份。"

我提议："你能不能试试一天看 2 000 份简历？"

Grace 被我的提议惊呆了："什么？ Sunny，你说什么，2 000 份？ You must be joking!"

我笑了，告诉了她我的方法……

当我离开了那家公司两年后再次遇到 Grace 的时候，她迫不及待地告诉我："Sunny，我现在真的能看 2 000 份简历了。"

筛选简历是招聘工作的一个核心环节，也是招聘人员的一个基本功。没有人会认为自己不会筛简历、看简历。但问题的关键是：怎样才能快速地从众多简历中发现一个"最合适"的应聘者？这一点是技术！没有经验的招聘官可能花了一周的时间，在无意中淘汰了相当多的"优秀应聘者"后选了一个"普通者"。而经验丰富的招聘官在一天甚至几个小时里很快发现了几个合适的应聘者。这里有两个看点：一是看简历的速度；二是看简历的准确度。

我一直都希望我的招聘团队一天能够看 2 000 份简历！平均到每份简历只有 15 秒。如何在平均 15 秒内准确研判一份简历，发现合适的候选人？这是本章将要解决的问题。

怎样快速高效地筛选简历？我总结出"简历审阅和判断五步法"：简历初筛、简历细选、简历精读、简历研判、简历匹配和善后。这里我简称为"审判"。虽然有点刺眼，却是形象而且准确。这一章将详细介绍"简历审判五步法"：怎样一秒初筛简历，六秒细选简历，以及如何精读简历、研判简历，如何进行简历的匹配和善后处理。

第一节　"简历自由"的通路

每当我在一些 HR 论坛上讲出"一天 2 000 份简历"时，就会被问道："我到哪里去找这么多简历呢？"这看起来似乎是个简单问题，但事实上，这个问题的确困扰着很多招聘同仁。

一、在线资源"老三样"

大家已经非常熟悉和习惯于使用在线资源来进行招聘。缴纳一定的费用后获得简历下载权限和职位发布权限，或者通过关键词在在线简历库中搜索应聘者。常用的前程无忧、智联招聘、中华英才是在线招聘平台的"老三样"，加上后来的领英、猎聘、BOSS 直聘、拉钩、58 同城、大街。还有各类专业、行业招聘网站、各地区域性的招聘网站。

不同的在线资源各有其优势和局限性。前程无忧简历量大覆盖面广，但质量和更新速度似乎有欠缺。智联招聘专业技术人才的简历较多，但高端和管理类不足；对于各类专业类和行业类招聘网站以及区域性的招聘网站，针对性非常强，但数据量一直是这一类网站的短板。因此，使用在线资源搜寻简历应当有针对性，以免浪费时间。

我经常可以听到招聘同仁的抱怨："老三样"过气了，互联网招聘过时了。

二、老方法与新心经

使用专业猎头是老套路。对于一些高端、专业性强、很难招的职位，我们常常会使用专业猎头公司来帮助。猎头公司根据公司需求，定向找人、定向挖人，精准度较高。同时，他们还会提供专业、背景调查等增值服务。猎头公司一般按候选人年薪比例收费。只是现在市面上猎头公司鱼目混珠，需要多加注意。

随着社交媒体的发热，利用社交媒体搜寻应聘者已经成为招聘领域的"新心经"。社交媒体主要有两类：一类是平台类社交媒体，如 Facebook（脸书）、Twitter（推特）、LinkedIn（领英）等；一类是个人交互类社交媒体，如微信、微博、陌陌、各种社区空间等。平台类社交网站，除了 Facebook、Twitter、Xing 等尚未在中国开通，当下最热门的是 LinkedIn。LinkedIn 的数据量大、人才分布广、高端人才多。对发现高端应聘者以及专业应聘者尤为有利。微信是个人交互类社交媒体中应用最广泛的，可以在各个微信群发布招聘需求，并通过好友转发，获取推荐或毛遂自荐的应聘者信息。

三、内部推荐和行业资源最靠谱

企业内部招聘是成本最少、时间最快、效率最高的办法。自己人知根知底、熟悉企业文化、招聘流程短、简单，很多时候只需要一个异动流程。但内部招聘的一个明显不足就是，由于内在原因，不同程度地会拉低"职位需求"标准，有"近亲繁殖"的缺陷。

除了公司内部发现人才之外，内部员工推荐是一个值得推崇的方法。很多公司对内部推荐有一些奖励政策，鼓励内部员工向企业推荐人才。对于"内部推荐"业内有不同看法。赞同的认为：内部员工推荐知根知底，对被推荐人和推荐人的工作表现来说都有促进，而且对员工队伍稳定性有很大帮助；反对的认为："内部推荐"容易导致"拉帮结派"形成小团体，不利于企业文化的健康发展。就我个人观点，我比较倾向于支持内部员工推荐。内部员工由于工作关系，对供应商、客户或者同行业中的人才相对比较熟悉，联系较多。他们推荐的应聘者与岗位的吻合度相对较高。

在与公司业务有往来的供应商、客户中寻找候选人是一个高效的方法。来自供应商和客户单位的候选人对公司的业务和操作流程等有一定了解，有一定的信任度，专业吻合度也比较高。在既往的合作中，公司内部人员对候选人的能力和绩效表现相对熟悉，也比较靠谱。

另一个有效发现候选人的途径是在同行业中寻找。每个行业都有自己的圈子，如联盟、社团、协会等。这些行业的圈子中聚集着各种级别的各类专业人才。这些人才是行业的熟手，对行业熟悉，能够立即上手投入工作。而且，很多人也许就在竞争对手那边工作，对增强行业竞争优势有一些帮助和好处。

四、劳务外包"冰""火"两重天

对于一些基层岗位的招聘，由于人数需求比较大，很多企业普遍使用劳务外包企业代为招聘。这些劳务外包企业一般拥有一些技能学校资源，收费也不高，比较适合劳动密集型企业。但随着对《中华人民共和国劳动合同法》关于劳务派遣相关规定，以及中华人民共和国人力资源和社会保障部（简称人社部）《劳务派遣暂行规定》中"用工单位应当严格控制劳务派遣用工数量，使用的被派遣劳动者数量不得超过其用工总量的10%。"的执行，劳务外包的用工形式受到制约。现在越来越多的企业与第三方人力资源服务公司采用"产线外包""灵活用工"的合作方式来规避法律风险。

五、人才市场有点"冷"

人才市场一般归属当地人力资源和社会保障局（简称人社局）主管。有常年招聘的，也举办一些专项专场招聘会，相对比较正规。人才市场对招聘企业和应聘者都没有太多的限制。企业凭营业执照和简单手续，付费租一个摊位就可以进行招聘。除了一些特殊专场招聘会（如金领招聘会、军地两用人才等）外，招聘会对应聘者基本没有限制。选择人才市场重点需要考虑的是人才市场的定位和吸引人才的能力，以及所吸引的人才层次结构。

现在人才市场普遍遇到的问题是：人流量太少，很多应聘者已经不太愿意去人才市场找工作了。

六、论坛、专刊和圈子

当招聘会和在线资源很难发现候选人时，可以尝试突破传统思维，在一些非传统的地方寻找候选人。比如，行业论坛、协会组织、行业聚会、专业刊物、学术会议等。这些场所活跃的都是业内精英。即便他们并不寻找工作机会，但他们在行业中有相当的知名度，有社交资源，也可以为我们推荐一些合适的候选人。

第二节　初筛，一秒看简历的技巧

简历初筛（也称"粗筛"），是简历"审判"的第一步，简单来说，就是从浩瀚的"简历海"中选出基本符合要求的少数简历来。简历初筛的原则是：不求精确、只是大概；不追最好、只要合适。

一、先思而后行

在初筛简历之前，应当至少花费 10 ～ 20 分钟的时间来认真思考一下你的简历筛选策略。这一点非常重要。俗话说"磨刀不误砍柴工"。虽然花一些时间来分析筛选条件并不能找到更多的应聘者，却能排除相当多的不合格应聘者，有助于提高筛选效率。

我建议招聘人员在开始筛选简历前，应当重点思考以下几个问题。

（1）是否已经充分理解了 JD 中这个职位的职责和资格需求？

（2）业务部门对这个职位的要求是什么？隐形的要求有哪些？

（3）筛选的关键词（包括排他词）有哪些：职位名称、技能、职责、条件、企业、专业？

（4）简历的搜索源有哪些：招聘网站、社交媒体、微信、推荐？

（5）是否使用智能简历搜索软件初筛？

思考 JD 的内容，为的是再一次全面检查自己是否真正深刻地理解了所招聘岗位的职责，是否理解了应聘者所应当具备的充分和必要条件。为的是认识这些条件在简历中可能体现为哪些内容，有哪些表现形式。

思考和业务部门沟通的情况，是为了记住业务部门的真实需求和潜在的要求，而且最好把这些内容都熟记在脑海中。只有这样，你才能在初筛和筛选简历的时候下意识地产生条件反射，才能确保简历搜寻的高效。

确定关键词是"初筛"的一个极为重要的工作，包括两个方面：确定"优先关键词"和确定"排他关键词"。"优先关键词"意味着可以让那些符合 JD 条件和业务部门需要的应聘者从众多的简历中"出类拔萃"，方便你把他们挑选出来；"排他关键词"是为了快速地把那些不符合条件的应聘者直接剔除你的视线，以免浪费你的初筛时间。

思考简历的搜索源是为了提供搜寻的效率。如果简历搜寻源选择错误，那便是"事倍功半"！比如，招聘一些类似司机、出纳等初级职位或者与职位所在地密切相关的岗位，可能在 58 同城、百姓网以及当地的招聘网站上发现合适应聘者的概率更高一些，而招聘高端职业或国际化人才可能优先考虑 LinkedIn 会更合适。

关于简历搜寻智能机器人是新近出现的一种高技术简历搜寻工具，在国外已经比较普遍，国内也已经开始逐步使用。我相信，不久的未来简历搜寻机器人会在国内获得广泛推广。

二、初筛，也是"秒筛"

一秒初筛简历听起来不可思议，但俗话说得好："没有做不到，只有想不到。"这里讲的一秒初筛简历，谈的主要是怎样从招聘网站列表中、收件箱标题中、智能机器人搜寻的结果列表中迅速发现合适的应聘者简历。

在线获得简历的办法主要有两个：应聘者主动投递过来和我们主动去搜。无论哪种方法都会产生一个应聘者简历列表。主动投递过来的简历通常在有招聘合作关系的招聘网站企业账户中、企业网站招聘频道的简历收件箱中、公开的职位申请专用邮箱中。对于主动去搜获得简历，也会在相应的媒介搜寻结果界面上出现一个简历列表。那么，这些简历列表就是我们首先一秒初筛的对象。

那么一秒"初筛"简历看什么呢？记住：一秒初筛简历，不是去看他的优势条件，而是要看他的否决条件。这是简历初筛的一个最关键的诀窍！当你准备去初筛某个职位的简历时，你得先列出这个职位的几个关键词，比如学历、行业经验、工作年限等。把这些关键词列出来以后，确定出这个职位的否决条件是什么。

对于在线招聘网站初筛简历，我们从简历列表中先看关键词是否符合否决条件，凡是关键词符合否决条件的直接删除，留下来的进入第二轮。假设 JD 中要求工作经验不少于 10 年，那凡是工作经验关键词中，不符合这个条件的就直接放弃不看。这可能不到一秒就把这份简历"筛掉"了。

对于通过邮件投递到企业招聘邮箱的简历，先看邮件标题，不符合关键词否决项的，直接就不打开。例如，邮件标题是"应届毕业生×××简历"完全不符合 JD 的要求，那你的目光就直接从这份邮件上滑过，根本不需要打开这份邮件的附件。

关键词一般根据招聘网站简历列表中的项目来确定。通常的关键词包括学历、行业、专业、工作经历、现在职位、地点等。依据招聘职位 JD 中的职位需求来确定这些关键词的否定项。

（1）学历。如果 JD 要求应聘者的学历为研究生以上，理论上说，所有学历在本科、专科、高中、初中的应聘者简历，就落入关键词否定项，直接不看。但在招聘实操中有一个注意点，如果你筛选下来的简历不是足够多，那你可以将学历条件适当放宽，另外也需要看职位类型，如果职位是技术研发类，学历和专业就应当相对严格一些，而有一些职位就可以放宽。如人力资源职位，非人力资源专业毕业的人也可以考虑。

（2）行业。如果职位是互联网和高新技术产业，那来自房地产、快消、家政服务行业显然是属于无须进入下一步可以直接淘汰的简历。当然这里要注意一点，不要把行业关键词的否定项定义得太窄。相关和邻近行业应当划入"非否定项"。除技术、销售等一些与行业关联度较紧密的职位外，一些通用职位，如财务、人力、IT 等职位，如果严格限制在本行业有可能导致"选择面过窄"。

（3）专业。一般情况下，我们只会对技术相关的职位（如工艺、技术、研发类）特别关注所学的专业，其他职位对专业的要求相对宽松一些。因为在现实中跨界发展的大有人在。

（4）工作经历。如果这是一个销售的职位而应聘者的背景不是销售，那直接忽略不看！你这里不是试验田，你需要的是一个立即能够上手、能够创造效益和效率的应聘者，除非这个位置是"实习"和"后备"岗位，只需要应届生和无工作经验的应聘者。

（5）职级。如果招聘的职位是总经理、总监，而简历列表中或者邮件标题中是"主管""专员""工程师""实习生"等，直接不看！如果招聘的职位是经理，而简历列表中或者邮件标题中显示的是"总经理""副总裁""CEO"，直接过去！虽然总经理、副总裁具有当经理的能力，但这是 Over-Qualified（资质过高），通常 Over-Qualified 的应聘者稳定性相对较差。

（6）地点。如果职位在苏州，而应聘者在北京，通常情况下会"排除"。因为一般来说，北京的应聘者不会因为职位而搬离北京。即便是应聘者现在可以接受 offer，但稳定性比较差，一旦有机会，他还会考虑回北京的机会。

这里需要特别说明的是：在国内招聘广告中，以年龄、婚姻状况、性别作为职位需求限制条件的，屡见不鲜。我在此郑重提示警告，这是严重的"歧视行为"，相关企业和个人会因此引起法律纠纷。

经过 1 秒初筛法，大约只有 10% 左右的简历能够入围。

三、"一秒一份简历"的秘诀

初筛简历看起来简单，但在实操中要注意以下几个方面。

1．多渠道搜寻简历

也许你已经习惯于使用某一个或某几个简历源，也许也从某些资源中的确已经找到过很多优秀的应聘者，但依然需要拓展你的渠道，比如：你习惯于使用智联招聘和前程无忧，但某些资深的高管们可能更多地出现在 LinkedIn 中，他们不会把简历放到智联招聘和前程无忧上。如果你要找的潜在应聘者是国际化的，也许可以到你们公司的海外办公室去上网试试 Twitter、Facebook、Instagram 等。

2．扩大搜寻范围

在简历搜寻时不要简单地把搜索条件定为"最新更新"或"最近 1 个月更新"的简历。因为很多时候，最近更新了简历的并不一定是想换工作，也许只是在"看看机会"。而很多想换工作的并不一定最近更新了简历。可能的情况有如下几种。

（1）在职，并不想更新简历被公司知道（他们公司的 HR 也在这里搜简历）。

（2）在 6 个月的试用期内，不适应新公司文化。

（3）刚刚被调了一个新岗位或换了新领导，不开心。

所以不要限制自己只搜"最近更新"的简历，把搜索范围扩大到一年试试。

3．关键词选择要讲究

关键词选择有两点要特别注意。

一是不能过分拘泥于职务头衔，因为职务头衔与组织结构相关。很多公司可能使用了不同的职务头衔。比如，有公司使用 CHO、人力资源副总裁、HRD，也有公司用人力资源总经理。组织结构不同，其工作职责和主要工作内容也不同。例如，接受 HRD 汇报的人力资源副总裁，与接受人力资源部经理汇报的人力资源副总裁在职责上有所不同。另外，职务头衔与应聘者的使用习惯相关，如有的应聘者喜欢在简历和邮件标题上使用 HRD，而有的应聘者则习惯用"人力资源总监"。

二是关键词选择也不要太通用、太宽泛，以免结果太多。这一点在使用智能机器人搜寻在线简历时尤其要注意。

4. 简历源要排优先顺序

我们经常可以听到招聘人员抱怨：太忙了。其实，大部分"忙死了"的问题通常出在招聘人员自己身上。招聘人员花费太多时间专注于在效率低的简历源上搜寻简历。例如，有些人花好几个小时在智联招聘和前程无忧上去搜"总经理"、COO，这显然是一个浪费时间的做法。真正的资深人士有他们自己的圈子，在那些网站上出现的标有"总经理"、COO 头衔的应聘者，可能是管理着只有十几、二十人的小公司。请记住"二八法则"：花 80% 的时间在 20% 的"高产能"的简历源。

那么，哪里是"高效"的简历源？当然，不同的角色、不同的专业领域、不同的行业，简历源不同，需要在实践中探索。

5. 要提升自己搜简历的技巧

作为一名招聘专业人士，应当关注的是如何做好每天的工作，关注专业能力的提升，而不仅仅关注去完成你的 KPI 指标。

不断实践、不断积累、不断思考、不断总结，才能真正提升自己搜寻简历的技巧。俗话说"不进则退"。但现实中，我们大多数招聘人员习惯于按照老套路行事，不思考、不总结、缺乏积累，结果能力的提升很慢，影响工作效率，这是要注意改进的。

6. 要学习"猎"人

一些年轻的招聘人员通常习惯于从招聘网站上搜简历，而不太有主动去"猎"人的习惯。总是下意识地认为"猎人"是非常难的一件事，是猎头的专长，其实并非如此。

第三节　细选，六秒过简历的技能

"简历审阅和判断五步法"第二步是"简历细选"。对从简历列表中通过初筛选出的简历进行进一步的选择。在细选简历阶段，通常花费在一份简历上的时间平均大约六秒。六秒看一份简历似乎有点不可思议，有轻率之嫌。我经常遇到的挑战是：只有六秒你怎么能武断地说这个人是不合适呢！其实，只要方法正确，无须花费太多时间在每一份简历上。如果方法不对，花费在一份简历上的时间再长也是浪费时间和低效率。

一、六秒选简历的哪些内容

我们怎样来用六秒"细选"一份简历呢？先来看国外的一项研究成果。The Ladders 使用"眼球追踪"科学技术，用 10 周的时间对 30 名专业招聘人员跟踪检查和记录他们在筛选简历时的眼球运动。看他们看了什么？看多长时间？他们关注什么？不关注什么？研究发现：招聘人员筛选简历时相当有规律。

应聘者的名字、目前的职位和公司、目前职位的起始时间、以前的职位和公司、以前的职位起始日期、应聘者教育背景等是招聘人员关注最多的元素。

那么，"六秒细选"步骤中的主要审视内容应当主要包括以下内容。

（1）核心数据。应聘者的名字、目前的职位和公司、目前职位的起始时间、以前的职位和公司、以前的职位的起始日期、应聘者教育背景。

（2）简历格式。简历格式不对，或者简历缺乏布局、不专业，意味着在我们的眼球扫过的位置，没有我们发现的信息。那就让它直接进入垃圾箱。不要试图在一堆杂乱的信息堆里去寻找你需要的东西，那是浪费时间。

（3）醒目要点。六秒关注能够吸引你眼球的东西。比如，最近的工作经验中和 JD 中大致相匹配的内容。这里有三个关键词：最近、大致、匹配。这就是说，细选时只看重最近经历中与 JD 中相吻合的经验。另外只求"大致"匹配，条件放宽，不宜严格。但如果是 20 年前的经验，那就"拜拜"。

这一切之后，初筛出来的 80% 的简历已被淘汰。

二、细选简历的核心要点

细选的核心要诀有以下几点，只要学会了，你也可以六秒细选一份简历。

（1）只看简历不读简历。首先，在细选简历阶段，不要过度分析简历，不要苛求，要放宽标准。一方面，应聘者不是简历的专业写手，特别是像软件工程师、技术专家等，他们对简历的写作似乎都不是很在行。如果在一开始就很严格研读简历的话，优秀的应聘者可能会被淘汰。另一方面，简历写得好的人不一定是"最合适的应聘者"。最后，要明白简历本质上是不完善的，要找到一个 100% 无瑕疵的简历几乎不可能。要记住，你要招聘的是"合适的应聘者"，不是"优秀的简历"。六秒细选简历的规则是：只看简历不要读简历。

（2）只看"有没有"，不看"配不配"。在六秒细选简历时，我们不要纠结在关键要素是否匹配上，而只是关注是否有我们需要的核心元素。在他的简历中所描述的职责和工作内容中，有没有我们在 JD 中所设定的"关键词"。有，就入选，没有，就淘汰。在这一阶段，既不要"鸡蛋里面挑骨头"，也不要奢望把每一个优秀的应聘者都收入囊中。

（3）要看到简历背后的网络。要清楚地知道，在简历细选时，不要简单地看到这份简历是"不够条件"或"过于资深"，一方面要知道这份简历不适合这个位置也许适合另一个位置。另一方面，你看到的"不够条件"或"过于资深"的每一份简历后面都连着一个职业网络。也许这个人并不合适现有的职位，但也许可以推荐他网络中的人。我在一家上市公司工作时，需要招聘一位国际海运公司 CEO，后来的入选者就是在一个国际顶尖的海运集团中担任要职的应聘者推荐的。

（4）不要仅仅因为简历的格式不对而淘汰。这听起来和上面我说的有点矛盾。但基本逻辑是这样的，简历格式不对，让我们很难发现需要的信息，因为在简历中没有发现需要的信息，所以我们淘汰了这份简历。但如果我们恰好已经在格式不对的简历中发现了需要的信息，那我们就应当留下他们进入下一轮。

（5）不要忘了给简历细选中淘汰的应聘者发一封感谢信。

第四节　精读，读简历的"葵花宝典"

通过细选后的简历将进入第三轮"精读"。在这个阶段，你可能将花费 5 分钟甚至更长的时间来读一份简历。进入细选阶段的简历已经不多了。如果初筛是从 2 000 份简历中选出 200 份进入细选，而能够通过细选进入精读的简历可能只剩下一二十份了。这个阶段，你有足够的时间来"精读"每一份简历。

一、精读简历中的哪些内容

在精读阶段，我们怎么读呢？精读简历主要关注以下 4 个方面的内容。
- 看主要职责和工作内容。
- 看成功的经历和成就。
- 看管理幅度和经验。
- 看简历中存在的问题和否定项。

通过对上述 4 个方面的精读，辨别和确认应聘者在解决问题能力和经验、领导技能和经验、书面语言沟通能力、团队精神和团队建设、效率和改善的能力及经验等。

（1）解决问题的能力和经验。在简历中应聘者应当展示他们应对挑战、解决问题的能力。无论申请的是资深职位还是初级岗位，实现目标和解决工作中的问题是每一个员工应有的技能。看应聘者解决问题的能力，不仅仅要看他做了哪些事、哪些项目，这些项目的难易程度如何，重要级别怎样，他是怎么做的，等等，还要特别关注应聘者在其中担任的角色是什么，承担的责任有哪些，最后实现的结果怎么样。只有这样才能比较准确地判断出应聘者解决问题的能力到底如何。

（2）领导能力和经验。在简历中寻找应聘者拥有良好领导能力的相关信息。领导能力包括个人魅力、倾听能力、自我激励和激励他人、培训和教练技能、沟通能力、计划决策能力，执行力、自我批评和自我完善等。在简历精读的实操中，领导经验的判断相对比较容易，可以通过看应聘者领导团队的规模大小、管理幅度、职责等来判断。同一个职务头衔，管理团队的大小不同、管理幅度不同，职责也会不同，领导能力和经验也不同。一般规则是，管理过人数较多团队的应聘者的领导能力和经验要优于团队人数较少的，管理职责比较全面的应聘者优于职责相对单一的，经历过较为复杂工作场景的优于经历简单的，在不同风格和不同性质公司工作过的优于只在单一风格和相同性质公司工作过的。

（3）书面沟通能力。在招聘实践中，这个技能通常被我们疏忽。书面沟通（即写作能力）是一个基本功，也是日常工作中使用最多的技能。书面沟通从简历的精读中比较容易辨别出来。看简历中语言是否通顺、语言逻辑是否清晰、主题是否突出、表达是否准确、有没有病句和错别字等。

（4）团队精神和团队建设。团队精神显示着应聘者在工作中与他人合作的状态，是公司达成经营目标的重要保障。公司的经营活动和各项工作离不开团队协作，一个不擅长团队合作的人很难成事，也很难在一个团队中生存。一个没有团队精神的人有时候会变成团队和成功的破坏者，这是需要特别提防的。另外，如果招聘的是一个带团队的管理者，还需要关注他的团队建设能力，包括团队的整体规划和组织，团队的制度和流程建设，激励团队成员高效完成团队目标能力等。

（5）效率和改善。效率和改善的情况我们可以通过应聘者在简历中展示的内容来判断。他们为前公司实现了什么，做出了什么样的贡献，实现的效果和效益怎样，与历史相比，与其他团队相比有什么样的改善和提升，这种效益和提升是通过什么样的方法实现的等。

二、给力的简历精读方法

我们如何通过关注应聘者以往的工作职责和内容、实现的成就、管理经验和幅度以及在简历中存在的问题来获得对应聘者初步的整体印象呢？以下是一些方法和经验。

1. 公司规模和性质

从应聘者的简历中首先看的是他在哪些公司工作过，这些公司的规模如何，是一个什么性质的公司，民企、国企或海外公司，公司的知名度怎样、在行业中的排名怎样。

虽然在大公司和知名公司工作过，并不意味着应聘者的能力和水平一定比其他仅仅在不知名的小公司工作过的应聘者强多少，但是应聘者的工作经历对其经验和能力提升的影响是不可否认的。如果一个应聘者的工作经历中有比较多的世界 500 强、行业龙头企业的工作经历，毫无疑问会吸引每个招聘主管的眼球。当然，我们要注意不同性质、不同规模的公司有不同的企业文化，不能一味地认为在大公司和知名公司工作过的应聘者就一定适合你。如果你是一个民营企业或者是一个初创型企业，招聘一个工作经历大都在世界 500 强、外企的应聘者，你就要小心了，"水土不服"将是劳资双方遭遇的最大问题。很可能导致该应聘者入职后的稳定性较差，甚至试用期内不得不离开。

2. 担任的角色、类型和责任

精读简历最重要的是要关注应聘者最近的职位是什么，他们担任的角色是什么，相关职责与所招聘的职位的吻合度如何。这里有两个关键词："相关性"和"最近"。

相关性指应聘者在既往的工作经历中，有多少和现在招聘的职位相同、相似或有关联。相关性不仅是职务名称的相同、相似和相关，更重要的是其职责内容与所招聘职位相同、相似或相关。应聘者所承担的项目、实现的成就与公司对所招聘职位的应聘者的期望实现的目标相一致或相关联。

"最近"指应聘者在最近 3 ～ 5 年，最多不超过 10 年的工作经历，取得的成就与所招聘的职位需求的匹配程度。强调"最近"是为了确保应聘者熟悉行业最新发展、熟悉职务工作流程、熟悉和拥有行业网络、掌握业内最新资源、能够立马上手开展工作。如果应聘者仅有 10 年前的相同相似经历，离开本行业本专业已经多年，基本上属于"过气"经验，除非万不得已，一般不会考虑录用。

3. 管理幅度和团队

管理的幅度包含三个方面：一是管理的范围，二是团队的大小，三是职务功能范围。

精读简历时，我们要关注应聘者在既往工作经历中的管理范围。所承担的职位是集团统筹的角色，还是只负责一个事业部或者分公司，即便是集团总部角色，也存在全集团统筹和只负责总部单一功能的区别，需要在研判简历和面试时加以了解。

精读简历时还要关注应聘者所管理的团队大小，不仅仅是他的头衔。一个副总裁（哇，好大的头衔），他管理的下属是 6 个人（哈，小公司）。管理过较大团队的应聘者显然要比只管理过人数较少团队的应聘者经验要丰富一些。注意这里的团队人数通常倾向于是数量级的概念，并非绝对值概念。

精读简历时需要关注的另一个方面就是：应聘者所承担的角色和职责的职位功能范围。这里主要指他在既往的工作经历中，是仅仅担任过单一功能职责的职务，还是有过多功能职务经验。比如，有的应聘者在既往工作经历中只担任过单一功能职务。这样的应聘者，他在其所负责的职位范围中具有丰富的工作经验，专业性很强，属于专业型（Specialist）或专家型（Expert）的人才。这样的应聘者是资深"大咖"，所做的工作有相当的专业高度，对迅速提升公司的业务和管理水平有帮助。有的应聘者在既往的工作中有多种职务经历（如不仅仅担任过运营角色，还有人力资源和行政经验），有些应聘者同时身兼数职（如主管市场、销售，兼管法律、IT）。这样的应聘者是多面手，一专多能，可塑性和潜力较大。

4．工作期间和职业发展

在精读中，需要关注的另外一个重要内容就是，应聘者每一段工作经历的时间长短以及职位的变化。

如果应聘者在一个公司中工作的时间较短，那你应当在精读时留下一个问题：为什么工作期间这么短？为什么离职？待到面试时询问（如果这位应聘者能够获得面试机会的话）。如果一个应聘者在数个公司中工作的时间都比较短，每一段都只有一两年，那你比较正确的做法是把这份简历"扔"到垃圾箱，精读下一份简历。一个频繁跳槽的应聘者具有较高的不稳定性，不是我们所要的人选——除非他有足够的理由让你相信他的跳槽是正确的。

另一个需要关注的就是"工作间隔"（Gap），就是在两段工作经历中的间隔。过长的工作间隔是一个需要特别留意的地方。他在这一段时间干什么了？做自己的项目或开公司？生病了还是回家生孩子？也许去读书或者去旅游？在精读简历时，要做好记录，准备面试时询问。

再一个需要关注的内容是：该应聘者的职业发展线路。特别是在一家公司内的职务变化。有的应聘者职业生涯中，角色的变化是呈上升趋势的，而有的应聘者的职位角色变化呈波浪式，甚至是下行的。一个应聘者在同一家公司中从低层级职位逐渐上升到高层级职位，说明他的能力和经验在这家公司得到了充分的认可，是一个值得考虑的应聘者。如果一个应聘者的职位由高往低发展，显然他的能力不被其前雇主认可，需要谨慎考虑（虽然也有可能是他前雇主的问题）。当然，这里有一个需要注意的细节，如果高职位是在一家小公司，而后来相对较低的职位是在一家大公司，这是正常的。

5．参与的项目和经验

参加项目的经验对我们衡量应聘者的实操经验和能力有非常重要的意义。在精读其项目经验时，要关注两个方面：一是他参与的项目的方向和内容，二是他在该项目中所承担的角色和责任。

看他所承担的项目方向和内容，主要是考察他既往的项目经验是否是我们需要的，对所应聘的职位是否有交叉和重叠，是否有帮助。当应聘者以往参与的项目与所应聘的职位职责相关的项目的方向和内容有交叉甚至重叠较多时，意味着这位应聘者能够迅速进入角色，得心应手地投入工作，较快地满足 JD 的要求。

另外就是应聘者在所参与的项目中的角色和责任。"主持"一个项目和"参与"一个项目的责任不同，获得的经验也不同。在项目中担任一个团队的主管和仅仅是项目中的一个成员，影响力也不同，对项目的贡献也不同。

6. 实现的成就和贡献

通常应聘者会在简历中列出他在工作经历中实现的成就和贡献。一个最重要的关键点就是：看看他们是否能量化。有明确的统计数字的"成就和贡献"是值得相信的，如果只是空泛的套话和漂亮的辞藻，那就"闪"吧。

7. 教育背景和资质

看教育背景和资质是一个相对简单的内容。通常的规则是：对于年轻的应聘者，很多公司会关注是否"985""211"。对于技术性较强的职位，关注其本科专业和研究生课题方向是否与所应聘的职位相关，也就是通常所说的"是否科班出身"。对于管理岗位，大部分公司会关注是否 MBA，还有些公司的招聘主管非常看重资格证书。

当然这些没有错，但在看教育背景时，我们需要考虑一些问题：每一个985、211 的毕业生都很优秀吗？真的有 MBA 文凭就一定有较高的管理能力了吗？学人力资源专业的就一定适合做人力资源管理工作吗？他的 EMBA 是不是花钱买来的呢？博士生（博士后）真的适合做高层管理吗？对于应聘的职位具有法定的资格认证需求的，应聘者必须具备法定的资格证书，而一些非法定的资格证书，真的能证明应聘者具备了这样的能力了吗？其实证书只能证明：他可能参加了这样的学习，具备了一定的知识。

8. 语法和标点

对于应聘者简历中的语法、标点符号、错别字，大部分招聘主管不太介意，这似乎看起来是小事。但这是关键的环节，招聘主管不应当对此"心慈手软"。

简历是应聘者求职的重要文件，决定着他的未来和职业发展。如果一个应聘者对他如此重要的文件，采取草率的态度，让重要文件中存在着语法错误、错别字、用错的标点符号、不通顺等，那意味着他在工作中也会同样"草率"，同样不认真，这样的应聘者肯定不是我们需要的合适应聘者。

9. 自相矛盾和明显错误

如果在简历中发现了明显的错误，特别是自相矛盾的地方，通常"精读简历"无须继续下去——除非这是一个特别优秀的应聘者，或者除非你手上的合格简历太少。

三、老HR的精读技巧

精读简历要注意以下关键点。

1. 满足基本要求（合适，而不是优秀）

我们在精读简历时，通常容易犯的错误是关注"优秀"忽视"合格"。我们总是花费很长的时间在每一份简历上，仔细挑选出"优秀"的简历来。其实，这是一种低效率的做法。在简历精读阶段，我们只需要确定哪些是合适的应聘者。当然，我们需要认真考虑的是"怎么确定谁是合适的应聘者"。

合适的标准是我们在 JD 中对应聘者的最低需求，也就是满足必要条件。包括最低多少年的工作经验、资格认证或特定的行业知识等。这是一个典型的 Yes 或 No 的问题，通常不存在"之间"，所以很容易判断。

对于是否满足"充分条件"，这不是精读简历阶段关注的重点。我通常建议，可以把是否"优秀"的判断放到"研读简历"和面试阶段。因为每个人判断"优秀"的标准不同，当我们在精读阶段过分关注应聘者是否"优秀"时，很可能已经把一些真正"优秀"的应聘者排除在外了。

2. 精读但不研判

精读阶段依然是处于"只看表面，不深究原因和背后"的阶段。所谓"只看表面"，指的是根据简历字面上的介绍，获得直观的印象，而不去做太多的间接判断和分析。例如，在行业杂志上发表的论文，通常只会简单地留意有多少篇论文刊登，论文所刊登的杂志的权威性如何，而不会去关注论文的质量怎样，在行业中的影响力如何，同行们有怎样的评价等。这样的分析，留到研判阶段进行。

3. 着眼于积极的正面要素，看适合项多于看否定项

与初筛和细选阶段比较多地关注"否定项"不同，在精读阶段重点是看"适合项"。也就是重点关注那些能够展示应聘者适合所招聘职位需求的证据。通过查看应聘者简历中符合 JD 中条件的工作经历、项目经验和职责中，哪些与所招聘职位的要求相一致，哪些对所招聘职位的职能履行有正面积极的作用，哪些是和所申请的职位真正直接相关。

4. 做标记、做排名

在精读简历阶段，对应聘者简历中的特别感兴趣的内容、需要引起特别关注的内容、该应聘者与众不同的内容以及有疑问存在瑕疵的内容等，我通常会用荧光记号笔在简历上做出标记，以便在后续的简历研判、面试阶段进一步关注。

精读阶段的另一个有效方法是：将初步认为适合的应聘者做一个列表。按照所招聘职位需求中的必要条件和充分条件，以及与职位的适合度，将应聘者分为三类：通过、可能、排除。并在"通过"类别中排出优先级别，为后续研读简历做准备。

5. 留存简历，写封感谢信

对于被列入"排除"类别的简历，我们应当存入公司的简历库，为以后的相关职位的招聘留存资料。虽然该应聘者不适合现在招聘的职位，也许适合以后某个职位。

同时，我们应当给每个未能进入下一个环节的应聘者发一封感谢信，感谢他们申请该职位，并遗憾地告知他们未能通过第二轮简历评估，但他们的简历已经被存入公司人才库，未来有新职位机会时，会在第一时间通知他们。欢迎他们继续关注本公司，积极申请以后的相关职位，等等。

第五节　研判，审简历的真功夫

通过了"精读"的简历将进入第四阶段：研判简历。在简历研判阶段，我们将更细致地去剖析简历。去认真研究和判断应聘者的经验与所应聘的职位在多大程度上适配，应聘者与本公司企业文化的适应性如何，等等。通过对简历中信息的细致识别。疑问解惑和匹配分析，获得对应聘者的全面和尽可能准确的评估，并对该候选人的面试过程进行规划。

一、研判也是"严判"

研判是在精读简历基础上进一步更加细致和更加严格地"审阅和判断"，所以，又称作"严判"。如果把"精读"视为是看"有没有"，那研判则是看"高不高""深不深""精不精""强不强"。研判简历主要有以下几个方面。

（1）经验和职责的适配性。在简历研判阶段，进一步看应聘者的每一段工作经历与招聘职位的匹配度如何，他所担任职务的工作职责与招聘职位的职责的一致性如何，既往参加或主持的项目的经验与招聘职位的需求的吻合度有多大。管理一个制造型企业中层职位获得的经验和互联网公司中担任经理职位获得的经验肯定是不同的。

（2）经验和成就的资深程度。经验和成就各有高低，资深程度各有不同。一个获得全国级奖励的项目总体上会比获得市一级的奖项更权威、更高大上一些。在不同性质的公司工作过的应聘者与相同工作年限的仅在同一类性质的公司中工作的应聘者相比，前者获得的经验会更丰富。

（3）文化的适应性。每个企业都有自己的独特文化。不同性质的企业，文化差异更大。在外资企业工作多年的应聘者可能很难适应民营企业的文化，具有多年国有企业的文化熏陶的人在民营企业和外资企业也许会不适应。所以，在研判简历阶段，需要关注应聘者对企业文化的适应性如何。

（4）性格和工作风格。性格和工作风格虽然并不是一个非常重要的考核指标，但我们同样要关注。因为一个人的工作风格会对团队合作、部门间协作产生影响。

（5）是否诚实。是否诚实地叙述了自己工作经历和所取得的成就，不仅仅涉及应聘者所介绍的经验和成就是否与应聘的职位真正相吻合，更重要的是，事关应聘者本人的价值观和道德水准。从简历中分析是否存在虚假并不是一件容易的事，需要经验积累。

（6）有什么瑕疵。在研判阶段需要更细致地发现简历中存在的瑕疵和问题。不仅仅是文字上的错误，同样也包括经历和叙述中的实质性问题。

二、研出"灌水"简历

在研判简历阶段要解决两个核心问题：一是"研什么"，二是"怎样判"。"研什么"非常重要，但更重要的是"怎样判"，因为"怎样判"需要一定的经验和实力。

（1）怎样看成就和经验的高度和资深程度？

上文讲到，在研判阶段，对简历成就和经验的关注重点在于应聘者所取得的成就和积累的经验"高不高""深不深""精不精""强不强"。那么怎样看取得的成就和积累的经验的高度和资深程度呢？

对于经验而言，参加过一个国际领先的科研项目获得的经验积累肯定比参与了一个省市级的研究项目获得的经验积累要多一些；担任一个大型项目的项目经理应当比仅仅参与项目要更有价值；管理一个多功能团队好过管理单一功能团队；有过管理几千人甚至上万人的经验肯定比管理数十人的企业获得的经验更资深；有过综合管理经验的应聘者肯定比只有单一功能管理经验的应聘者更受欢迎。

对于取得的成就而言，虽然不能绝对地说获奖就一定代表着成就的资深程度。但获得过行业中著名的、具有举足轻重地位的奖项肯定比只是得到一般性奖项更有价值。创新性和独创性的成果比只是完善优化原有的方法更令人瞩目。在国家级核心期刊上发表的专业文章肯定要比在一般性报纸杂志上发表的文章更有分量。但有一点需要注意，不能简单地认为上过新闻、写过书的应聘者就一定比那些没有接受过采访、出过书的应聘者更资深。现在有一些职业经理人不认真积累经验，热衷于市场运作、出风头博眼球，结果荒废业务。还有一些人为了某种目的，自己花钱出书的亦不在少数。

（2）怎样看工作风格和个性？

在简历研判的实操中，领导能力的判断比较容易，领导风格的辨别相对较难。一个简单判断应聘者领导风格的方法就是：看应聘者如何介绍他的项目成就。如果比较多的形容词和用词华丽，这个风格可能偏重表面和不扎实。如果比较多数据和细节，可能是严谨、细致。当然这只是初步判断，需要在面试时加以追究和确认。

同时从应聘者简历的文风也可以看出应聘者的大致工作风格和个性来。例如，有的人喜欢用很长的句子，有的人喜欢用短句。喜欢用长句子的人性格相对比较温和，但是有可能是慢性子，也许喜欢卖弄和弯弯绕。喜欢使用短句的可能相对比较利索，执行力强，但是性格可能会比较直率，容易发脾气。

（3）怎样看文化的适应性？

企业文化的适应性主要通过他既往的工作经历来判断。一个既有国企又有外企还有民企工作经历的应聘者，对文化的适应性肯定高于只有单一性质的企业工作经历的应聘者。在外企工作多年的应聘者，通常第一次在民营企业工作中遇到的挑战会更强烈。因为不同的企业性质决定了管理风格和文化的不同。在民营企业"老板文化"的印记更重，在英美企业授权会更强烈。

例如，在管理风格上，日韩企业崇尚科学管理，注重精细化，英美企业更倾向于人文管理。民营企业的管理风格与老板的个性相关。在人际关系和职业环境方面，国企工作多年的应聘者可能对处理复杂人际关系会得心应手，而外企应聘者自我意识会更强烈。有民营企业工作经历的应聘者抗压、抗击打能力则明显高于在其他企业的应聘者。

（4）怎样判断是否有实操？

从简历中判断应聘者是否有实操，并非一件容易的事。与招聘主管的经验阅历、对业务的熟悉程度以及细致程度等因素密切相关。

根据我的经验，从简历中看实操经验主要从这几个方面着手：一是看细节。当应聘者在简历中叙述项目或者取得成就时比较细节，说明他实战过的可能性较大。如果他泛泛而谈，只有结构没有细节，他参与实操的可能性就小。二是看用词。看他用的词是学术词还是专业术语，如果使用的是专业术语，特别是业内的俗称而非书面用词，说明应聘者是熟悉的，实操的可能性极大。如果他只会用学术书面用词，那可能他的了解仅仅限于书本知识。三是看难点。如果应聘者不仅写项目获得的成绩，而且还写到实现项目遇到的那些具体困难或问题，说明实操是真实的。因为成果是公开的，而问题和困难只有真正参与的人才知晓。四是看方法。如果应聘者写出的组织项目实现成果的方法是独特的，参与实操的可能性相对较大。而如果所使用的是通常方法，或者与书本上介绍的一致，你就有需要进一步核实其是否真的具有实操经验。

需要说明的是，仅仅从简历中判断是否有实操是远远不够的，根据应聘者简历中的一两个疑点就武断地下结论是不公平的，而且每个人的判断标准和经验不同，得出的结论可靠性也不同。因此，除非有非常明显的反面证据，通常对是否有实操的判断结论，需要在面试时进一步的验证。

（5）怎样判断简历中诚实与否？

经常会有年轻的 HR 同行问我：应聘者的简历看起来非常好啊，你怎么能知道他造假了呢？怎么才能发现他简历中不诚实的部分呢？如何判断简历中是否诚实，我的经验有如下几个。

一看简历中的疑点和感觉奇怪别扭的地方。我们看应聘者的简历有时候会感觉某些地方怪怪的、有些地方有疑问。那就从这些疑问和别扭的地方着手，细致推敲，也许能发现一些破绽。

二看职业发展的内在逻辑关系。一个人的职业发展是遵循一定的规则，如果违反了这样的规则，逻辑上出现混乱，就可能有假。我曾见到一个集团级人力资源总监应聘者的简历，他的职业发展路径是：在一家小型公司做工程师，然后到一家中型公司做客户服务经理，接下来到一家世界500强公司里做人力资源部经理，再到一家大型央企担任集团人力资源总监。这里我们看到，从中型公司的客户服务经理到世界500强改行做人力资源部经理不符合一般规律，世界500强公司通常不会招用一个毫无HR经验的人担任人力资源部门经理职务（如果内部提拔是有可能的），同时大型央企也不太可能会让一个只有人力资源经理经验的人担任集团级的HRD（央企还是比较关注资历的）。

三是看实操的可靠性。这一点在上面已经讲到。

四是看职责和成就的对应性。通常在造假的情况下，职责与成就之间可能会出现脱节，也就是说，由于应聘者在简历中介绍的成就其实并非由他实现，而是来自另一个资源或主体，这样就必然导致简历中介绍的取得成就与其职责之间缺乏关联关系。

需要提醒的是，事实上对于诚实的理解，我们一直有一个误区。我们从小被灌输"如果不从实招来那些对自己不利的事情"就是不诚实。这是绝对错误的！对于诚实的正确理解是：我说出来的每一句话都是真实的，没有夸大、没有编造。对应聘者也是这样。应聘者没有义务和责任主动说出对他自己不利的话或事情，但他必须确保"写出来（说出来）的所有事项都是真实的"。这是我们在简历研判中应当把握的关键。

（6）怎样发现简历中的瑕疵？

在简历研判阶段，我们要特别关注应聘者简历中相对负面的内容，也就是说要进一步挑简历的毛病，看经验和经历中的瑕疵。如果一个应聘者的简历中有以下的情况，你就必须要引起警觉：

① 成就描述空洞。在研判简历阶段，重点是研究和判断应聘者在参与的项目和所取得的成就与所应聘职位的需求和职责之间的吻合度。因此，如果一份简历在参加项目和取得的成就方面，描述比较模糊或者都是空话套话，那是要打问号的。

② 经常换工作。如果你从一个应聘者的简历中发现这位应聘者经常换工作，在每一家公司工作的时间总是只有1~2年，有些甚至更低，那这

意味着这位应聘者的工作稳定性不强，是否让他加入你就要仔细考虑。再如，一位应聘者在试用期内就离开了前一家公司，也许这位应聘者的能力欠佳或者对企业文化的适应性较差。

③ 职位下行。有的应聘者虽然在一家公司工作年限较长，但所担任职务的变化是呈"波浪形"的，有些甚至是下行，变得越来越低。这基本上可以判断，这位应聘者的实力不够、潜力不足，实际工作能力不能被前公司所认可。

④ 职业间隔。一些应聘者在两段职业生涯之间有一段空档期，而且在简历中没有交代。这时，你的脑海中应当下意识地跳出来一些问题：这段时间他在做什么呢？为什么会有这个间隔？是一直找不到工作，还是在自己做生意？一般情况下，少于 3 个月的间隔会被认为是正常的，可以放过。

⑤ 工作日期模糊。关于工作期间，通常简历中有这么几种标注法：一是 × 年 × 月 × 日至 × 年 × 月 × 日，这工作期间精确到日，说明这位应聘者比较细致，精确到日通常准确性比较高。二是精确到月，即工作期间 × 年 × 月至 × 年 × 月，这一种标注方法最常见。三是工作期间只指标注到年，× 年至 × 年在 ×× 公司工作。更过分的可能就是连工作期间都没有。对于后两种情况，要特别关注！意味着也许两个工作之间有比较大的间隔，而且这个间隔的理由是他不愿写出来，可能有什么难言之隐。

⑥ 错别字病句。错别字和病句在精读简历阶段已经有所关注，但由于精读的时间关系，所发现的主要是一些明显的错别字和病句。在简历研判阶段将会更严格一些，也能发现更多的文法错误。

另外需要注意的是，在简历研判时发现的所有问题、疑点都要写下来，以便面试时询问。这样你可以减少面试时不合格应聘者的人数。

（7）怎样做应聘者列表排序？

为了方便判断，你可以试着做一个应聘者列表。按照 JD 上对应聘者要求及职责内容，采用 1 ～ 5 分的标准，1 = 差，5 = 最好。给每个应聘者打分。按照得分高低来判断，得分高的说明更合适。

在做列表时，不要将应聘者的地址、性别或其他个人信息列入，以限制潜意识的偏见。但你可以将一些细节加入上述表格，如果有一些确定的要素你认为对于这个角色来说更重要，你应当给这些要素高分数值，甚至可以给出超过 5 分的分数，以加大该项要素的权重。

如果时间和资源允许，你可以让你的 HR 同事、业务部门的人或者在这个领域中的专家也来做这样的评分，这样你可以在没有任何预设概念的情况下，获得相对完整和全面的评价。

三、高光简历不怕"严判"

2004 年，在我的第一本简历写作指导书《高光简历 让你胜出》中创造出来一个词叫"高光简历"。所谓"高光简历"就是能迅速抓住招聘官眼球的好简历！当时的灵感来自我曾经的一个爱好"摄影"中的术语"高调照片"：照片的背景是大面积的白色，而拍摄的主体是深色调。一抹深色调让照片主体成为照片的视觉中心。简历也是如此，应聘者应当让其与所招聘职位相关的信息突出地展示给招聘主官，这是应聘者必须考虑和做到的。现在"高光简历"已经被广泛应用了。

那么什么样的简历是"高光简历"呢？

（1）工作经历醒目，与所应聘的职位需求相关。

"工作经历"是简历中最重要的一部分！通常在简历中，应聘者应当展示工作中最值得他骄傲的事（完成的任务）、得到客户满意的工作（内部或外部）、帮助增加公司效益或改善服务、提高效率的工作，以及他在这些工作中的角色、任务和贡献。但不是流水账，需要详略得当。

如果简历中的内容与所招聘的职位需求密切相关，候选人的工作经历中所承担的职责与所应聘职位的职责吻合，那意味着应聘者的客观条件相对满足职位需求。

（2）强调最近的相关经验。

简历应当着重强调应聘者最近的相关经验，而不是 15 年前的相关经验。最近的经验意味着应聘者熟悉当下的行业和职业相关的业务发展，能够和当下的通行做法保持同步，能够得心应手地熟练解决业务问题，胜任职务工作。如果只有十几年前的相关经验，那他很可能会被淘汰。

（3）核心职责突出，显著成就突出。

所谓"成就突出"主要有四点：一是所取得的成就在行业中或者前雇主内部有较大的影响力或者较重要的地位；二是所取得的成就有充足的数据和证据支持；三是所取得的成就使前雇主获得了较大的利益（并非仅仅指经济上的利益）；四是应聘者在所取得的成就中具有举足轻重的地位或者发挥了比较重要的作用。

但在实操中，很多应聘者把"成就"写成了"活动"！活动是做了什么，成就是活动产生的效果。通常鉴别的方法是，看简历中的成就是否包含以下内容。

- 创造更高的利润，更有效率和效益。
- 卖出更多的产品，获得更多的客户。
- 开拓新市场，战胜竞争对手。
- 提高产品质量。
- 解决经营或技术问题，实现商业目标。
- 降低成本、节约开支。
- 技术革新、提高生产能力。
- 改善软环境。

（4）没有硬伤，没有被拒绝的理由。

简历是应聘者的"自画像"，它向我们传达着关于应聘者的信息。当他的简历中出现一些不该有的错误时，暗示着他在现实生活和工作中相关的信息。所以，不必冒风险，拒绝他！

四、研判简历需要真功夫

研判简历需要一定的实操经验和功力。但也有一些捷径可以借鉴。当你在一份简历中发现了以下不该出现的错误，你可以"轻松地"做出放弃的决定。

（1）使用简历模板。

经常会遇到长得一模一样的简历，特别是年轻的应聘者，刚刚走出大学校园的应届生，喜欢使用千篇一律的表格式简历。有些人套用 Word 文档中的简历模板。看到使用模板的简历，首先想到的是：这是一个没有经验的年轻人（即使可能不是），这是一个喜欢偷懒的人（用模板省事、可能半小时就写成），这是一个缺乏创意、因循守旧的"家伙"。而且他竟然不知道，使用 Word 文档中的简历模板，绝大部分应聘者的简历可能直接被人力资源的招聘主管扔进了垃圾箱。

（2）重复的职责和成就。

有些应聘者为了图省事，复制职责和成就，简历中在不同的公司中的相关职位的职责完全一样，有些甚至在写"取得的成就"时的用词和句子也是相同的。这显然是不合适的。相同的职位在不同的公司有不同的要求、不同的职责分工，在不同的公司做同样的项目，由于公司对项目的期望和要求不一样、实施的过程不一样、运行环境不一样，即使实现的手段一样，方法也不可能完全一样，获得的结果也不可能相同。如果高度一致，只会说明：要不是简历中的信息不准确、要不就是造假。

（3）虚假信息嫌疑。

简历中存在着虚假信息是绝对不能容忍的！虽然总有人辩解：造假是有原因的，造假是可以理解和原谅的。还有人认为应聘者业务能力强，说点谎也可以。但我一直坚持的观点是：无论任何理由，造假是不可以宽容的恶习。他可以在简历中造假，就有可能在工作中造假。在工作中造假就极有可能伤害到公司利益，甚至整个行业的利益，这种人的能力越强，对企业的破坏程度越大。

（4）空泛，只有列表式的简历。

有一些应聘者为了遵守"简历不能超过 3 页"的简历协作规则，只列出了主要工作经历和职责，而"取得成就"的介绍比较笼统，甚至只是列出了参加的项目。这种简历通常是要打问号的。一是只有列表式的工作和职务经历，而没有支持和丰富这些经历的事实，那就像只有骨骼没有肉的躯体，缺乏活力。二是缺乏实质性内容的简历令人无法信服。你完全有理由怀疑，他是否真的参加了这个项目。三是显示了这个应聘者的文字组织功力较弱，分不清哪些内容需要详写，哪些内容应当略写。进一步引申下去，也暗示着这位应聘者可能存在着"分不清主次，会胡子眉毛一把抓"的问题，这意味着管理能力较差。

（5）花里胡哨，夸大和表现过火。

还有一些简历中，满篇充满华丽的辞藻、专有名词和简缩词，表现过火，令人眼花缭乱。这同样需要警惕。一方面，一个人的个性和工作风格会不自觉地在他的文章中表现出来，"文如其人"说的就是这个道理。另一方面，花里胡哨和表现过火很可能是为了掩饰应聘者实操的缺乏和对业务缺乏深厚的认识和研究，他只是浮在表面。其三，夸大事实本身就是一种在日常工作中应当拒绝的行为。

（6）信息不相关和信息过多。

与应聘的职位无关的信息是浪费空间，这样的信息于申请无补。其实，在招聘实操中，我潜意识中是希望应聘者的简历中有大量信息的。因为简历中信息量越大，我就越能从中发现问题，发现应聘者可能存在的性格、管理、能力等方面的缺陷。虽然在辅导应聘者怎样写简历的时候，我总是要求他们"简洁、准确、重点突出""不要信息过多"。

一些"兴趣爱好"可能产生有益的暗示。例如：运动爱好暗示应聘者有健康的身体，参加社会公益暗示有当地关系网，对公司开展业务有帮助。但我们也可以从兴趣爱好信息中发现问题，如果他的业余爱好是"登山和探险"，可能意味着"危险或花费很多时间"，你应当联想是否会影响工作，如果一个资深高管在简历中列举一堆业余爱好，你就应当怀疑这个高管的管理水平是否也"业余"。

如果一份简历有下列问题中的任何 3 个以上，请将它放到一边。

● 简历过长，让你没有兴趣看下去。

● 编排混乱、格式死板单调。

● 错别字和病句太多。

● 用词怪癖难懂或不通顺。

● 空泛，只有列表式的简历。

● 花里胡哨，表现过火。

● 信息不相关或者信息过多。

- 含糊不清，缺少细节。
- 怪异的字体、字号。
- 兴趣爱好太多。
- 简历没有更新。
- 一份简历打天下。
- 纸质太差。

相信你的直觉！直觉也是"真功夫"！

第六节　匹配，临门一脚怎么"破"

简历的匹配是整个简历审阅判断的核心。整个简历筛选、细选、精读和研判的全过程，目的只有一个，即选出一份或几份与所招聘的职位要求相匹配的简历，进入面试阶段。因此，简历如何匹配显得尤为重要。

简历的匹配主要有两种方法：直接匹配法和模糊匹配法。

一、直接"射门"，是真好

直接匹配法又称简单匹配法，是最常用也是最简单的一种简历匹配方法。它通过对职位需求中的关键要素，与应聘者工作经历和经验进行简单对比和匹配。符合条件的，被认为是"合适"的应聘者，而进入面试阶段；不符合条件的，被认为不是合适的应聘者，予以淘汰。犹如带球过人到门前的球，自然直接"射进门"最简单。

直接匹配法的一个核心是列出该位置的关键要素。不同企业、不同职位的关键要素并不完全相同。即使同一企业，不同职位的关键要素也不相同。关键要素的确定取决于该职位的岗位需求和企业对应聘者在该职位实现功能和成就的期望。关键要素通常包括：行业经验、职位经验、工作年限要求、学历和资质要求等。还有一些企业还会列出年龄要求（这是典型的"歧视"条款！在我们的招聘广告中不要出现类似的字眼）。

比如，招聘一个产品总监。一个应聘者，他的工作经历基本上都在这个行业里，而且工作了相当长的一段时间，甚至是在你的竞争对手那里担任过产品总监的职位。同行业、同等规模的企业，甚至对方的规模比你的公司规模更大些。学历和资质也符合条件。他的经历和经验与你所招聘的职位需求基本一致，这个应聘者可以匹配职位需求。这就是直接匹配法。

直接匹配法比较简单，一目了然，直接拿来就用。但很多时候不可能有这么好的事情！这时，我们就需要用到模糊匹配法。

二、模糊匹配法

在招聘实践中，通常遇到能够直接匹配的简历并不多见，更多遇到的是相对复杂的情况。应聘者的经历中有些关键要素能够符合 JD 的要求，而 JD 中对应聘者的另外一些需求则可能在应聘者的经历中并不能直接找到匹配。需要一些间接匹配技巧。

模糊匹配法主要使用的是"关键要素匹配"，即找出所招聘职位的 JD 中对应聘者需求的关键要素，通过对关键要素的匹配量、匹配程度，以及应聘者具备的可转移技能的判断，进行相关性的模糊匹配。

例如，一个机械行业的公司招聘 EHS（工程师）的职位。一位应聘者有在石化行业和半导体工厂担任 EHS 职务的经验，而无机械行业工作经验。对这个应聘者显然不适用"直接匹配法"。但我们可以看到在这个职位中，EHS 的工作经验体现着公司对应聘者在 EHS 领域的业务水平和能力的期望和要求，是一个关键要素；总监的经历暗示着应聘者的高层管理能力，是另一个关键要素；行业经验意味着应聘者能够迅速进入角色，胜任所承担的职位的职责和功能，也是一个重要因素。在这三个要素中，应聘者具备两个关键要素，但缺乏机械行业经验。这时候，我们可以通过对石化行业、半导体行业对 EHS 工作的特性和机械行业的 EHS 的特性进行对比分析。分析发现，石化行业和半导体行业对 EHS 的工作要求和面对的管理对象、管理环境在很多地方和机械行业类似，有些甚至要高于机械行业的要求，这意味着该应聘者在石化行业和半导体行业的 EHS 经验绝大部分可以移植到机械行业。但如果另一个应聘者有在酒店或饮食服务业的 EHS 工作经验，显然就不具备可以转移的技能。所以后者不是一个合适的候选人。

另外一种极端的情况是，你要招聘的职位可能是非常稀缺的。这种情况在高科技行业比较常见，如一些技术前沿的岗位，可能候选人很少，有些甚至从来没有人干过这项工作。这种情况下，使用"模糊匹配法"便是最佳选择。我们可以通过关键要素找关联，看应聘者的工作经历中有哪些是和该职位需求中的关键要素存在关联，应聘者的哪些技能可以移植到这个岗位中来。这是一个相对困难以及对招聘能力和经验要求比较高的工作，这需要招聘主管具有较高的匹配技巧和眼光，以及对岗位职责和工作内容有充分的了解。

三、淘汰的，可能也是有用的

简历的善后处理通常被我们大家所忽视。对于那些经过精读或研判未能进入面试的应聘者的简历，多数情况下被作为演算的草稿纸重复使用，我们很多招聘同仁一般都不会刻意保留。这种情况需要改变。

对于那些进入了精读阶段后被淘汰了的简历，建议大家不要简单地一扔了之，应当分类归档保存。因为里面有很多是潜力股，他们可能不适合本次招聘的职位，但不代表他们不适合另外一个职位，也许留着对下次招聘的某一个职位有用。这些简历经过了初筛和细选，有些甚至经过精读和研判。保留它们，可以在后续的职位招聘中节省时间，提高筛选简历的效率。

另外，向业务部门发送简历，让他们去选择进入面试的应聘者也是有技巧和讲究的。我的经验是，不要刚刚找到2～3个合适的应聘者就急于发给业务部门，再找5～10份简历试试。至少有两个好处：一是，你真的认为你的运气那么好吗？也许你的标准和业务部门的标准有差异呢，再找10份简历也许能让他们发现他们满意的应聘者；二是，在人们的潜意识中存在着"同组比较"的习惯。当你把刚找到的2～3个简历给到使用部门时，他们会下意识地以这一组的最低水平作为参考，进行选择。事实上，这是一种"有限的选择"，选出来的候选人质量受限制。

第四章

面试：从"菜鸟"到专家

开篇案例

你真的会面试吗?

我的好朋友N，是一家上市公司的总经理，曾在某个著名的求职应聘类电视综艺节目担任过几次嘉宾。有一天我们在喝茶，他突然无由头地对我说:

"你知道吗，我从节目上招回来的人不顶事。"

其他朋友感到非常吃惊:

"为什么？"

"那不是经过千挑万选的吗？"

"不是经过了那么多高管的面试了吗？"

"我看了那期节目，我也觉得那个小伙子不错呀！"

其实，我一点都没有感到意外！也许本来就应当是这样的结果。

在茶室里，我"慷慨激昂"地发表了以下"感言":

"首先，我们应当明白，这类电视节目只是一个娱乐节目！它的目的本来就不是找到合适的候选人，而是'收视率'。这和'招聘面试'完全是两码事！目的不同，手段和方法不同，效果自然不同。

其次，参加的嘉宾们和你一样只是老板、总经理，不是人力资源专家，更不是面试专家。嘉宾们面试靠的是直觉，是以他们认为'合适'的样子作为标准的，而不是专业的标准。参加节目的候选人也更多的是为了电视'秀'，而非真正去面对真实的'求职面试'。

这两者的目的不一样，表现就不一样，标准就不一样，结果也不一样。"

我对我的朋友说:"没有人会认为自己不会面试！"

但一个不容置疑的事实是:面试是技术，不是艺术！

我们通常会把面试作为招聘过程中极为重要的一个环节而认真对待，但很少有人把它当作一门"技术"来学习。事实上，面试是一个实操性非常强、经验占主导、每个招聘面试官都应当具备的基本功。而且，这项基本功需要通过不断实践、不断积累才能获得真正的提升。面试基本功的扎实与否，对于招聘"选对人"具有积极重要的影响。

本章将重点介绍作者在多年面试实战中积累的一些经验和体会，以帮助读者快速了解面试基本概况、熟悉面试基本流程、掌握一定的面试核心技能、获得一些面试实操秘籍。

第一节　"菜鸟"的面试教科书

一、面试分类法

面试有多种形式和方法。按照不同的分类方式，面试可分为以下几种。

（1）按照面试的主体分：一对多、多对一、一对一、多对多、无领导小组等。

（2）按照面试的形式分：面对面面试、电话面试、邮件面试、视频面试、社交平台面试（SKYPE/MSN/ 微信 /QQ 等）。

（3）按照面试的形态分：笔试、测评、辩论和演讲、角色扮演、案例法等。

（4）按照面试的内容分：业务类面试、素质类面试、文化适应性面试等。

（5）按照面试的进程分：初试、复试、终试。

（6）按照面试的技术分：情景面试、压力面试、结构化面试、工作任务面试等。

以上分类方法是我的发明，我把它命名为"HR 帝分类法"。当然，不同的流派有不同的分类视角，分类方法也有不同。无论何种分类法，目的是给大家一个"面试形式和方法"的总体认识和概念。

二、面试形式

在招聘面试中，面试官通常会根据不同的招聘职位、不同的候选人而选择不同的面试方法和面试形式。当然，在招聘实战中，通常不会仅仅使用一种面试形式，而是采用多种面试形式交叉混合使用，以达到面试官的面试目的。

一对一面试：使用频率最高的标准传统面试方法。面试者提问，候选人回答问题。基本过程包括：被面试人简单自我介绍面试官介绍公司和职位情况、面试官提问、被面试人回答问题、被面试人提问、面试官解答。当然，不同公司、不同职位、不同面试官的面试过程顺序有所不同。

小组面试（一对多、多对一、多对多）：包括一个面试者面试多个候选人，多个面试者同时面试一个候选人，多个面试官同时面试多个候选人。"一对多面试"与"无领导小组面试"在形式上有较大的相似之处，区别只在无领导小组面试中，面试官只是一个隐形人或者旁观者，通常在面试现场外冷静地观察，并不参与其中。而"一对多面试"中，面试官处于中心位置，他是发问者、挑战者，也是裁判官。

多对一面试是由人力、业务等相关部门的专家、领导组成"联合面试组"，一起针对一个候选人。每个人所提问题的角度不同，观察和考核候选人的角度和标准也不同。多对一面试的好处是效率高，一次解决很多面试问题，满足多方面要求。不同的角度看候选人，相对全面。不足是有一定的组织难度，系统性、连贯性相对弱，面试策略难以获得完全贯彻，有时候还会出现两个面试官之间问题自相矛盾的情形。另外"多对一"给面试者的压力较大，一定程度上影响候选人的正常发挥。

无领导小组：将 5～10 名候选人分成一组，给予特定的实际问题进行讨论。讨论中各候选人处于平等的地位，不指定组织领导者，以此判断各候选人的分析问题能力、组织能力、表达能力、沟通能力和解决问题能力等。同时，也可以获得候选人的性格、价值观、工作风格等信息。

无领导小组又分为定角色的无领导小组和不定角色的无领导小组两种形式。定角色的无领导小组在讨论中分配给每个候选人一个特定的角色（地位平等），而不定角色的无领导小组则不指定特别的角色。

无领导小组的优势是可以观察到笔试和面试中所不能观察到的候选人的人际交往能力和真实的个性表现。不足是对面试官要求比较高，如何评价是个难点。而且有利于性格外向者，容易误伤性格内向者，也容易被"面霸"利用。无领导小组面试适用于销售类岗位、实习生、储备干部等，而不适用于技术类岗位、资深管理岗位等。

书面测试：采用笔试的方式让候选人回答一系列工作中的实际问题和知识性问题，以此全面考核候选人对工作中所遇到的各种问题的常识性知识的掌握程度如何，以此来判别候选人处理日常事务的能力。书面测试通常也会被用来测试候选人的 IQ/EQ、技术、性格特征等。

笔试是最常见的一种传统选人形式，起源至少可以追溯到"科举制度"。笔试的好处就是客观公平（如果没有泄露题目的话）、答案易于评估。对于有固定答案、知识性的内容比较有效。不足是太机械呆板，缺乏灵活性。对于开放性问题和日常千变万化的现实有点无能为力。容易出现"高分低能"。书面考试通常只能作为一种辅助形式来使用。而且，对于高端岗位的候选人要慎用，以免产生失误。

现在流行的"人才测评"也是一种书面测试形势。

电话视频面试（微信 /QQ/Skype 等）：当候选人或面试官因各种客观原因无法亲临现场进行面对面面试的时候，经常通过微信、QQ、Skype 等在线通信工具进行电话或视频面试。本质上，电话视频面试还是传统意义上的面试方式。其优点是方便快捷，成本低。不足点是无法全面观察候选人的肢体语言、无法通过肢体动作获得更多信息，有时候可能会因为线路或网速的原因导致交流不畅而产生误会。对于视频面试还存在着对双方网络的要求，需要一定的视频设备，有时候可能会有一点不便。

答辩和演讲：答辩式面试通常会根据所招聘岗位的需要，事先准备好一些开放性问题，由候选人随机抽取，然后就抽中的话题进行即兴答辩。再由面试官根据每个候选人的回答，依据打分规则进行评分。通常现场会有数名面试官参与集体打分，以保证公正性。

演讲式面试和答辩式大同小异，只是答辩式以回答问题为主，同时，会有面试官质疑、追问问题，可以有多个反复和来回辩论。而演讲式面试问题题目更大，自行演绎的空间更多，而且没有提问和回答环节，主角只有一个候选人。

答辩和演讲面试的优点是简单，容易操作，相对客观、公正，也容易评分。同时，由于是即兴答辩和进行演讲，所以有利于考核候选人的应变能力及实际工作经验的丰富程度和过硬程度。不足点是缺乏灵活性和针对性，考核智力大于考核能力、考核演讲大于考核实操。而且，由于每个人抽到问题的难易程度不一样，对问题的解析难度不同，容易造成不公平。

第二节　面试流程，一步步带你走

面试的基本流程包括：初步接触，业务部门初试，人力资源的复试，最终决策层的终试。

一、潜在候选人，HR先打电话沟通

初步接触又称为筛选面试（Screening Interview）或预面试（Pre-interview）。初步接触通常由人力资源部招聘专员负责。通过电话或面对面的方式和候选人做第一次实质性的接触。初步接触的主要目的，一是了解潜在候选人是否对公司所招聘的职位有兴趣、兴趣的程度有多高；二是潜在候选人是否符合所招聘岗位的资质需求；三是了解候选人现状如何和对所应聘的职位的兴趣度有多高。业内也有把它定义为初试（First Interview），但我更倾向于将其定义为初步接触或筛选面试或预面试。初步接触内容包括如下几项。

- 与候选人沟通关于公司和岗位的信息。
- 了解确认候选人的相关信息（工作经历、项目经验、专业资质），初步判断是否符合所招聘岗位的需求。
- 了解候选人对该职位的兴趣和意向强烈程度。
- 决定是否安排候选人进入初试。

二、面试准备，可以设置更人性化的体验

面试准备包括面试安排、面试通知、面试接待。

面试安排包括面试官的确定、面试时间安排和确认、被面试候选人的名单确认、面试相关材料准备等。面试安排由人力资源部招聘专员负责。

面试准备工作和安排确定后，需要正式通知候选人。面试通知应当采用书面方式，而且最好是邮件、微信等工具共用。面试通知应当至少提前3天进行。面试通知由人力资源部招聘专员负责。面试通知书上应当标明面试日期和时间、面试地点、面试官、面试准备材料以及如何到达（交通信息）等。

面试接待包括：候选人到公司前的沟通，询问是否能够找到或是否顺利到达公司；前台接待、HR接待、相关表格及材料、面试官准备等。

面试准备是一个简单而又充满创意的过程。可以加入很多情感元素。比如，同样的告知面试地点，如果在面试通知上提供了面试地点的地图图例、哪路公交车在哪个站点下车、驾车线路图和附近的停车场位置，等等。这些体贴入微、细致周到的小动作，就会让应聘者感受到你的情感之真，能够拉近你和应聘者之间的距离，让应聘者体会到企业文化正能量，继而产生强烈的加入意愿。

三、初试，"潜水"HR让业务冒泡

正式面试应当首先从业务面试开始，所以我称之为初试。这一点我和国内传统的人力资源主流观点不同。主流观点认为：初试应当由人力资源部门进行，而不是业务部门。他们的理由是：HR给到业务部门面试的候选人应当是经过人力资源初试审核把关过的合适人选。这一点我并不认同。我经常会这样举例，面试就像找对象，HR面试看"漂亮"不"漂亮"，业务部门面试看能力水平高不高。如果HR初试、业务复试，类似HR先在人海中找出"漂亮"的，再由业务从"漂亮"的里面找相对能力强的。如果反之由业务初试HR复试，就是先在人海中找出能力强的，再由HR从能力

强的中间找出相对"漂亮"的。前者，"漂亮"是"天花板"，选出的候选人只能是在"天花板"下的相对能力强。而后一种，把候选人的能力强作为门槛，符合我们招聘的要求。

由业务部门主导的初试过程主要由业务部门的面试官主控，人力资源部门的招聘主管协助。初试主要对候选人进行专业技术审视，通常由直线上级主持。初试流程和复试流程大致相同，包括被面试人自我介绍、面试官介绍相关背景情况、面试官提问题、被面试人回答、被面试人提问、面试官解答等。当然公司不同，面试官不同，面试过程也会有所不同。审视内容包括该职位的职责、候选人的业务技能、专业经验、工作经历，以此确认是否与岗位需求匹配。初试也可以采取团队面试法（多对一的方式），也可以有多轮面试，包括笔试等。

初试结束后，人力资源部应当主动与参加初试的业务部门的面试官沟通，听取他们对候选人的面试意见，由业务部门面试官给出所有参加初试的候选人的初试结果排序，并和业务部门负责人探讨后做出决定：该候选人是否进入下一轮面试 ——复试。

四、复试，HR"露一手"的机会

复试是针对通过业务部门初试的在业务能力和技术水平上基本获得试用单位认可的候选人进行的。通常由人力资源部主导，由招聘经理主持。复试审视的重点包括候选人的价值观、职业道德、公司文化适应性、团队精神等。同时，也会进行一些诸如公司文化、规章制度、薪酬体系和福利等方面的信息沟通。在此阶段，HR 也可以提前了解候选人目前的薪资和福利情况，对薪酬和工作条件的期望等信息，以备后用。

复试流程和初试流程基本相同，同样包括被面试人自我介绍、面试官介绍相关背景情况、面试官提问题、被面试人回答、被面试人提问面试官解答等。采取的形式可能是一对一、多对一形式。另外根据不同的公司实际情况，复试可能会有几轮，例如 HRD 复试、HRVP 复试，也可能还有业务主管副总裁复试等。复试流程结束后，人力资源部应当将几位面试官在复试中对候选人的评估意见汇总，由有决策权的人（通常是HRD或招聘总监）做出决定：该候选人是否进入下一轮面试——终试。

五、终试，别让管理者上火

终试是整个面试过程的最后一步，终试通常由具有决策权的公司高层领导进行，有时候也许会是CEO。终试一般由人力资源部组织，由HRD或总经理主持。终试结束后不应当再存在其他形式的面试。终试结束后进行面试评估并得出最终面试结果。

这里有一个需要特别注意的地方，在终试前人力资源部应当将在面试全过程中，各个面试官的面试意见汇总给最终面试官。以便他在终试时根据初试、复试中的评价，有针对性地对相关候选人进行考察。

终试是人力资源招聘主管们最紧张的时候。一是终试将检验前期招聘工作是否获得老板认可，或是否所有工作付之东流不得不从头再来。二是终试也是招聘主官们被老板"骂"得最多的时候：

"你是怎么找人的？"

"这种人你也推荐给我看？"

招聘部门要想少被老板批评、训斥，我有几条经验可以分享，供参考：首先，你必须非常熟悉（不仅仅是了解）老板的用人喜好和用人习惯，特别是一些不成文的隐形偏好。比如，我曾认识一个广东的民营企业老板，他对候选人有生肖/血型/星座的特别偏好。其次，在送终试名单前，一定要严格把好关。这里的"把好关"不仅是指递送终试候选人的文件材料无差错，更重要的是确保候选人的质量。千万不要有"管他呢，让老板做主，他说行就行了"的想法。我的做法是，确保交给老板终试的每一个候选人都是合格的，即便老板闭着眼选，挑出来的也是合格人选。允许老板终试候选人只是看眼缘，只是看他喜不喜欢这个候选人。

六、结论与录用，动作要快

终试结束后，通常由有决策权的高管做出录用与否的最终决定。最终结果一般应当由具有决定权的高管签字。最终决定签字完成后，人力资源部招聘应当尽快进行背景调查，并在合理的时间内发出正式 offer 给最终决定录用的候选人。

在录用环节，我们招聘部门动作一定要快，不要拖。时间拖长，好的候选人很容易被竞争对手抢走。

第三节　面试"硬核方程式"

面试的目的是要发现最合适的候选人。不同的面试方法有不同的优势和劣势，通常面试官会根据候选人的特点和所应聘岗位的特点来选择和设计不同面试方法，尽可能多地发现候选人。

一、结构化面试，没有想象得简单

结构化面试方法是很多招聘面试官特别追捧的一种面试方法。很多人对"结构化面试法"情有独钟，认为结构化面试既简单又能很容易地区别候选人。说实话，我曾经在结构化面试上"栽"过。20 世纪 90 年代末，我在一家互联网公司任副总裁，需要招聘一位"市场和销售总监"。我使用了当时刚刚在国内开始流行的"结构化面试法"，找到了一位得分很高的候选人。但入职后发觉实战效果并不理想，他是心理学专业毕业的，我遇到了"面霸"！

结构化面试是一种依照事先确定好的内容、问题、程序、分值进行的面试形式。表面上看，结构化面试似乎比较简单，面试官只是按照拟定好的面试提纲、问题提问，一般不会对问题作改变。但事实上，结构化面试的"结构严谨，层次性强，评分标准固定"等特点，对面试官和系统的要求非常严格。

结构化面试来源于调查研究中常用的定量研究方法。结构化面试的目的是要确保每个候选人在面试中面对的是相同的问题，而且问题的顺序也是相同的。以确保答案能够可靠地汇总，并与样本答案之间进行比对分析。

从这个层面上看，事实上结构化面试是一个收集、统计数据的过程。只不过候选人面试数据的收集，是由面试官读问题、候选人回答问题、结构化面试系统后台判断的一个流程。答案的问题选择通常预先固定（封闭式），尽管开放式问题也可包括在结构化面试内。

结构化面试中所问问题的顺序也是被规定了的，哪些问题先问，哪些问题后问是有讲究的。不能打乱问题顺序，否则影响结论的准确性。因为在结构化面试中，问题的前后顺序有相当大的关联性，很多问题的答案受前面问题的答案的影响较大。

结构化面试的优点主要有以下内容。

- 标准化的问题让面试变得简单高效，所有的候选人回答同样的问题，便于分析和比较。
- 对面试官经验的要求不如非结构化面试那么高。面试官主要是严格按照既定的顺序问固定的问题，分析过程主要由结构化面试系统后台进行。而不像非结构化面试中，面试官必须有丰富的经验，方可得出相对正确的结论。
- 结构化面试试题重复使用。而且重复次数越多，数据库中的样板数越多，结论趋于准确的可能性越高。
- 面试官也可以追问候选人，以获得更详细的背景数据资料。

结构化面试的不足主要有如下内容。

- 候选人只能回答事先设计好的问题，回答的空间相对有限。
- 结构化面试容易被"面霸"所利用。当"面霸"感觉到该问题的目的时，很可能会故意歪曲真相，给出有利于他的不真实信息，或给出面试官所希望的答案，导致结果不可靠、不准确。
- 对面试官来说，结构化面试过程比较单调。面试官很可能会为了尽快完成面试过程而简化或缩短提问，导致结构化面试结果失真。
- 对面试官提问技巧的要求高，不同的语调、音高，可能给候选人不同的暗示，而产生误导。

二、情景模拟面试，按你的思路走

情景模拟面试是通过设计一个特定的实际工作场景，假设候选人在其中担任某一个特定的职务角色，并以该角色处理情景中的问题。面试官以此观察候选人在特定的场景下，如何行使职责、如何解决问题。考察候选人处理类似问题的经验和实际操作能力。情景模拟面试方法实际上给了面试官一个机会，提前了解候选人在实际工作中将如何表现和如何履行职责，这样的结果公司是否满意。

在情景模拟面试中，我们会设计很多在未来工作中可能遇到的各种实战情形来提问候选人。通过候选人对这些问题的回应，来分析和判断候选人分析问题、解决实际问题的能力和经验，以及他们处理问题的效率、资源占用情况等。

例如，我们可能问一个申请"客户服务经理"职位的候选人"我们的产品原定在某一天投放市场，但是由于多方原因无法按期投放，客户非常愤怒，强烈要求赔偿，你会如何处理？"通过候选人对这个问题的回答，我们可以看到候选人处理突发事件的经验。如工作计划能力，他事先如何做准备工作，如何规划，解决问题的步骤怎样，方法是否得当，有没有激化矛盾的隐患等。

情景模拟面试的主要流程包括如下内容。

（1）根据 JD 要求中对核心竞争力、职责和主要工作内容等的要求，设计情景面试题。

（2）列出实际工作中面临的主要挑战和需要解决的实际问题。这一列表非常重要。因为你可以通过这样设计的情景，来观察和辨别候选人如何处理这些问题，以及解决这些问题的能力如何。

（3）为候选人构建一个模拟的实战场景，例如，你想解决一线员工离职率高的问题，你可以给候选人设计一个场景：我们在出口加工有一个工厂，因为旁边有几家同行业竞争对手，员工经常会"跳槽"到竞争对手那边去。

（4）向候选人提问。例如，上述场景，你可以问："你将如何处理这样的事情？"但提问要注意，问题不要太细节，不要有太多限制条件和前提，否则会限制候选人的思路。还有一个重点是，向候选人提问后，你应当保持沉默，不要再给候选人任何提示。这样才能更准确地评估候选人的能力和经验。判断他是否是这个职位的最佳人选。

（5）评分。应当对每一道题目设定评分标准。可以采用5分制。根据你对候选人的反应的态度和观点打分。

三、行为面试，实操测试利器

行为面试是基于候选人过去在实际工作中的做法和经验，检验他们与实际工作相关的知识、技能和在具体实操时的处理方案等。并根据候选人在过去工作中所采取的方法和行动，来判断和预测未来在类似的情况下的最佳表现情况。

行为面试题通常会按如下方式询问。

● 告诉我一个你成功说服他人按照你的思路进行工作的情况。

● 举一个实际例子说明，你可以接受上级当众批评你，但你认为这个批评并不正确。

行为面试法的优点有如下几项。

● 消除对候选人过去经验的疑问。候选人过去的经验是否和所应聘职位相匹配，多大程度上匹配？这些经验中有没有虚假和夸大成分？这些问题的判别，仅仅通过面试官的简单提问和候选人回答的答案是不够的。特别是遇到"面霸"时，可能就会导致面试官的判断错误。而行为面试法可以在一定程度上避免此类事情发生。行为面试的题目不是可以靠书本上看到的内容，或者靠臆测来回答，需要调用候选人过去的实践、行动和经验。没有实战经历和有实战经验候选人的答案完全不同，这样可以方便地帮助面试官来判断谁更适合这个职位。

● 防止面试官的个人喜好影响判断。通常情况下，面试官可能会根据自己的感情、观点和态度来解释候选人的经验，这时候很容易造成"误判"。比如，一位候选人的成果获得了市级"成果奖"，可能面试官的感觉中，这是一个很难得的事，这位候选人要比另一位没有获奖的候选人优秀。但事实上，也许这位获奖者只是善于技术，而严重缺乏管理能力和实战经验。行为面试法可以防止类似的"误判"发生。

● 使用行为面试可以揭露候选人"造假"。有些候选人在简历和面试中夸夸其谈，把"没有"说成"有"，把"小"说成"大"，甚至将别人的成果说出是自己的。行为面试将使这些"造假"露馅，因为候选人需要对设计的情形下的行动作准确介绍：他是怎样做的，而且这样的做法必须获得面试官的确认："是靠谱的"。

● 在行为面试中，候选人不得不告诉面试官实情。因为行为面试讨论的是在现实工作中的实操行动，如果没有做过肯定说不出靠谱的内容来。

人力资源的很多面试官往往搞不清行为面试和情景面试的区别。那么，行为面试和情景面试有什么区别呢？两者虽然有很多相似之处，但有很大的不同。行为面试要求候选人回答在过去实际发生的经历中，是怎样处理的。所以，行为面试问题一般是："告诉我这样一个实例，在你以往的经历中是怎样处理的？"而情景面试主要通过假设候选人在一个特定场景中担任特定职务角色时，怎样处理实际问题。情景面试时面试官通常这样问："遇到这样的问题，你会如何处理？" 因此，行为面试的答案一定是候选人过去亲自实操过的，而情景面试的答案不一定是候选人以前遇到过或实践过的。

比如，常见的行为面试题是如下形式的：

（1）介绍一个你与你的领导意见不一致的情况。

（2）举例说明，你犯过的最大错误是什么？

（3）告诉我一个你在过去的工作中做出的重大决策是什么？

与行为面试的提问"告诉我什么时候……"不同，情景面试着眼于未来，通常是问"你会怎么做……"情景面试题通常是如下形式的。

（1）如果你与你的领导意见不一致，你会怎样做？

（2）如果你发现你在工作中犯了一个大错，而没人知晓，你会怎样？

（3）当你必须要做一个风险极大的重大决策，你会如何处理？

四、压力面试，玩的不是心跳

压力面试是面试中通过设置压力情形、提问刁钻问题、使用激烈语言，让候选人处于压力状态下的一种面试方式。由此判断候选人的应变能力、抗压能力等。

压力面试的典型方法是面试官通过一系列问题、语言、肢体动作来向候选人施加压力。诸如，提非常刁钻的问题、强烈地反对或攻击候选人的观点、粗鲁地批评候选人，有时甚至是"恐吓"候选人。例如，面试官当场直接问候选人"你为什么会被前一家公司解雇？"对一个培训经理的候选人问"我认为培训实战是个光花钱没收效的工作。"故意引起候选人的情绪反应，让候选人失去心理平衡。以此来观察该候选人如何面对压力、如何处理压力、在压力下如何反应、抗压能力如何。候选人的抗压能力是很多企业（在民营企业，抗压能力尤为重要）和很多岗位的必备条件。特别是那些必须面对苛刻的客户和经常不得不暴露在公众视线下的岗位来说，敢于面对压力、善于迎接挑战，并能保持头脑冷静，以自信专业的方式作为回应是一项基本功。

但需要注意的是，压力面试技术重在通过刁钻面试问题，不按正常套路出牌的方式，打乱候选人事先做了充分准备的应试计划，考察其真实水平和能力。而不是通过制造紧张气氛，故意让候选人精神紧张，无法发挥正常水平。否则，违背初衷，得不偿失。

五、对抗式面试，并非真的"拉仇恨"

对抗式面试是在两名或多名候选人之间进行对抗式辩论的一种面试方法。对抗式面试大致有两种形式。

一种是"并行辩论法"。由面试官事先设计好相关议题，由两位或多位候选人针对同一个议题或不同的议题表述自己的理解和观点，通过对每位候选人观点和表现的评估，面试官获得对每位应聘者的印象。

另一种是"对抗辩论法"。同样由面试官设计场景和议题，由两位候选人分别扮演对立的双方，对同一个议题进行演绎、辩论。辩论的正方和反方通过抽签决定。对抗式面试主要考核候选人的思路敏捷、思想开拓、观点独特、创新精神、表达能力、逻辑思维等方面的能力。

六、"STAR技术"，测测候选人的"星"值

"STAR 技术"是一个基于行为面试的结构化面试技术，包括具体情况、任务、行动和结果。"STAR"是 Situation（情形）、Task（任务）、Action（行动）和 Result（结果）4 个英文单词的首字母组合。不同于传统面试中面试官只是简单地接受候选人的回答：他们实现了什么成就和他们有什么样的能力。"STAR 技术"要求候选人必须介绍任务的具体情形、目标是什么，他们是怎么做，还要求候选人必须证明他们的成就。这让那些想编故事的候选人透出破绽的风险变得很大。

情形：让候选人描述一个必须完成的任务。必须是一个特定的情形或任务，并非对过去所完成工作的泛泛而谈。要有足够的细节。也许和工作、志愿者活动、实习等相关的情形。

任务：你的任务目标是什么？

行动：采取的行动，包含相关细节。每一个具体步骤是什么？有什么样的特殊贡献？要求候选人重点说他是怎么做的，而不是他们怎么做。

结果：行动的结果怎样？发生了什么？事件是如何结束？你是怎么做到？你学到了什么？

"STAR"面试中常见的提问如下所示。

● 介绍一个你使用良好的判断力和逻辑解决问题的具体例子。

● 当你设定一个目标，并能达到或实现它时的例子。

● 请告诉我这样一个例子：有一次你不得不解雇你的一个朋友。

● 给我一个你激励他人成功的例子。

● 告诉我这样一个情形：你完成一项超出职责范围要求的工作。

七、"SOARA技术"，有点"酸"

"SOARA 技术"是一种与"STAR 技术"类似的面试技术。"SOARA"是 Situation（情形）、Objective（目标）、Action（行动）、Result（结果）、Aftermath（后续）5 个单词的首字母组合。"SOARA"增加了对候选人是否在行动之前对目标的关注和了解，以及候选人是否关注事后的总结和完善。比"STAR"更关注候选人的宏观思维习惯和系统化处理事件的能力。

情形：让候选人展示一个最近遇到的挑战和情形。

目标：问候选人实现了什么目标？

行动：问候选人你做了什么？为什么这样做？有没有后备行动方案？

结果：问候选人行动的结果怎样？是怎么通过你的行动达到这样结果的？有没有实现目标？

后续：从中学到了什么？在今后的工作中将怎样运用这样的经验？

第四节　面试提问，一个并不简单的话题

很多面试官在面试时遇到的最为头疼的问题主要有两个：一是不知道问什么；二是不知道怎样问。这一节，我们就来解决"面试问什么"和"面试怎么问"的难题。

一、面试，你想"试"什么

面试官不知道问什么的原因在于，并不十分清晰地知道，我们在面试时应当考察候选人哪些方面的素质和能力。以下是我在实践中总结出来的"常用 24 个面试考察因子"。

（1）自驱动力。从字面意义上理解就是自己不断驱动自己前进的力量。这个力量不是外力，而是来自自己。通常我们希望每个员工都具有一定的自驱动能力。缺乏自驱动力的员工，就像"算盘珠子"，拨一下动一下，这不是企业需要的人。

（2）奉献精神。奉献精神是判断候选人是否有社会责任感的一个标准和尺子。奉献精神经常会被世俗社会认为是"不切实际和理想化"。但多年人力资源工作的实践经验告诉我，奉献精神体现着候选人的价值观、生活信念、工作态度，决定着他在未来工作中的行动和表现。

（3）健康状况。这里讲的健康主要包括两个方面，身体健康和心理健康。候选人的身体健康除了可以通过体检来检验外，其实在面试阶段也是可以判断的。中医的望、闻、问、切四诊中，至少"望、闻、问"就是面试。候选人的心理健康更是可以通过面试沟通获得相关信息。

（4）结果导向。结果导向是 ISO 质量管理体系和绩效管理理论中的一个词，强调的是关注结果而不过于关注过程细节。强调凡事要站在结果的角度去考虑，并养成一种思维习惯。结果导向是很多公司评价候选人素质的关键要素。包括：①以实现目标为原则。②以完成目标为标准。③结果只有"成"或"不成"。④管理不留情。⑤坚守，不言放弃。⑥绝不说"做不到"。

（5）可靠性。候选人的可靠性应当包括人品道德的可靠性、技术素质的可靠性和综合能力的可靠性。在这三项可靠性中，技术素质和综合能力的可靠性通常可以由业务部门专家的面试或者通过一系列的测试来判断。而最重要的人品道德的可靠性，因为其测试的难度和判断准确性的差异，最容易在面试中被忽视。

（6）亲和力。亲和力指一个人在所处团体中，对其他成员施以的亲近感和影响力。简单说就是，别人愿意和他接触、对他认同并予以尊重。是一种心灵上的通达和投合。一个候选人的亲和力直接影响他和团队以及企业内部其他成员之间的情感交流，继而影响工作关系。因此，几乎所有的企业都希望候选人的亲和力要好，从而产生最大化的管理效能和经济效益。

（7）自信心。是一种相信自己能够实现预定目标的心理状态。它源于候选人对自身成功所具备的能力的估计。通常情况下，自信心并不完全取决于候选人技能的实际水平，而在于其对自我实现成功的积极预期。一般认为，候选人的自信心能使其在工作中实现目标的可能性大增。

（8）领导力。领导力就是候选人领导团队和他人的技巧和能力。领导力事实上是一种领导和激励他人实现目标和使命的能力。领导力也是一个产生社会影响力的过程，它最大化地影响他人，朝着实现目标的方向前行。领导力不是权力，而是一种社会影响力。

（9）忠诚度。忠诚度关注的是员工对企业的忠诚程度，包括行为忠诚和态度忠诚。行为忠诚是员工基本职业道德在日常工作行为中的体现。态度忠诚通常是员工对企业的情感投入以及心理依赖。事实上，我们在忠诚度上的理解和要求是有误区的。我在招聘中对候选人的忠诚度的关注重点在于：候选人对职业道德的遵守和自我约束如何，是保证候选人忠于职责，对自己的行为负责的基础。通常要求的那种"对雇主忠诚"的提法是不科学、不现实的。

（10）聆听技巧。指集中精力认真地听取他人的发言。很多人不太愿意认真听取他人意见，甚至尚未完全理解和获取对方全面的思维和观点就马上反应。这除了容易引起不必要的冲突之外，更多地会影响沟通效率，无助于高效解决问题。

（11）关注效益。效益是效果与利益的组合，是一种对工作结果进行利益相关的考核指标。所谓关注效益，就是做任何事情总是以结果的利益大小和成败效果为导向，努力实现最佳的效益结果，包括事件结果本身得到的直接效益和由该结果引起的间接效益。

（12）沟通能力。沟通能力指候选人应当具备的能够很好地与他人进行有效沟通的能力，包括语言表达能力、争议辩论能力、倾听他人的能力和形象设计能力。沟通能力看起来是外在的东西，而实际上是个人素质的重要体现，它关系着一个人的知识、能力和品德。

（13）决策能力。决策能力指候选人为实现某种目标而对事件的走向、处理方式和内容的选择或决定的能力。包括总结提炼能力、预测能力和决断能力。对候选人决策能力的判断通常会更多地应用于资深主管以上职务的候选人。对于非资深、非管理岗位的候选人通常会要求得少一些。

（14）管理能力。管理能力指候选人的管理理念、管理方法、管理技能、领导能力等的总称，从根本上说也就是候选人提高组织效率的能力。不同的管理者因为管理能力的不同，对同一管理事件采用不同的管理方法，将会导致不同的管理结果。即便是采用相同的管理方法，不同管理能力的候选人也会产生不同的效率和效益结果。

（15）执行能力。主要考察的是候选人按照流程执行上级指令，执行既定的规章制度和流程的意识和能力。这里有一点需要注意，我们现在对执行力的理解是存在偏差的。现在一提执行力，最常见的教诲是不折不扣。这是失之偏颇的！我认为对中层职位以下的执行层员工强调"不折不扣地执行上级指令"是正确的，但对于中层以上的管理层特别是高级管理层，我更倾向于强调"创造性地执行"，也就是将自己的经验和智慧加入执行力之中。"创造性地执行"肯定会比"不折不扣地执行"有更好的综合效果。

（16）追求效率。效率通常指投入与产出之间的非现金比率。也就是在工作中候选人所取得的成就与投入的时间、精力和资源的比值。如果产出大于投入就是正效率，反之就是负效率。工作效率是评定工作能力的重要指标，包括追求效率的理念、目标和结果。不同的管理者对同一管理事件，由于追求效率的理念不同、能力不同，获得的效率结果不同。一个人的工作能力如何，很大程度上看工作效率的高低。我个人倾向于把效率定义为非物质相关，而把效益定义为"物质相关"。

（17）团队精神。团队精神是面试中考核候选人全局意识、相互协作和服务精神的最常见、最重要的内容。在工作中，我们追求的是整体利益，而团队精神是整体利益最大化的保证。如果一个候选人缺乏团队精神，他就没有与团队其他成员协同作战的内在意愿，协作方式也会与他人格格不入，这样很难形成团队合力，最终导致团队效率下降，而影响整体利益的实现。

（18）多文化融合。随着中国企业走向世界，以及企业吸收更多的国外雇员，企业中多元文化的工作环境日益普遍。对多元文化的兼容和融合能力将是考核候选人的一个重要指标。所谓"多元文化融合"是指能够容纳、接受、学习、传播和运用多种文化。

（19）分析能力。分析能力指通过对事件进行系统化分辨、观察、对比、剖析和研究，找出事件中内在因素的本质属性以及各因素之间彼此关系的一种能力。分析能力强的人往往有着独到的见解和成就。同时，分析能力的高低还是一个人智力水平的体现。一个分析能力较弱的候选人遇到问题往往会束手无策，而一个分析能力强的人善于把复杂问题简单化、规律化，从而轻松顺畅地解决问题。

（20）激励他人能力。所谓激励他人，就是通过适当的物质和非物质的奖励来激发、引导和鼓励团队成员积极努力工作，实现预期目标。或者通过一定的惩罚性措施，对团队成员的不鼓励行为进行纠正和规范。激励他人需要较高的管理技巧，包括如何设计激励系统、如何把握奖惩的平衡、如何贯穿工作全过程、如何进行激励制度的沟通与落实、激励体系的过程控制和员工行为评价、激励目标的实现等。

（21）谈判技巧和能力。所谓谈判技巧和能力，指候选人在面对谈判场景时的处理技巧和能力。理想的谈判技巧是人际关系处理能力和沟通技巧相结合的产物。包括问题分析能力、谈判准备技巧、聆听技巧、情绪控制能力、沟通交流能力、团队协作能力、解决问题能力、决策能力、人际关系处理能力和道德上的可靠性。

（22）批判性思维能力。批判性思维是敢于质疑现状和主流的一种创造性思维。通常是从一个全新的角度或者一个独特的视角主动地对已知或已有的结论等进行重新思考、分析，找出原结论的缺陷与不足，并能有根据地做出肯定接受或否定质疑的断定，在评判中形成主观结论的较为全面的思维。也可以说这是一种用质疑的眼光来看问题、分析问题，从而获得与众不同的创新性结论或结果的能力。批判性思维能力有助于工作中的创新。

（23）战略思维能力。候选人的战略思维能力指他对关系到企业全局的、长远的、根本性的重大问题的谋划（分析、综合、判断、预见和决策）的一种能力。包括对企业战略问题（如企业发展规划）的思考和谋划；形成的战略目标、战略计划和战略方针等；战略计划的实施、反馈和战略修正。同时，对候选人的战略思维能力的考察还在于看战略思维是否成为他的思维模式和习惯。看候选人对一件事情的处理是否能够从全局的利益角度出发，而不是从个人利益、小团体利益的角度出发；是否能够从长远发展的角度出发，而不是光顾眼前利益，光顾短期效益。

（24）创造性解决问题能力。这里有两个关键：一是解决问题的能力；一是创造性。解决问题的能力是指候选人通过运用已有的知识、技能和规则对问题形成一个新的答案或解决方案。创造性就是与众不同。创造性与批判性思维有着紧密联系，只有敢于和善于对现有成果进行反思和批判的人，才会产生强烈的创造内驱力，才更具有创造性。但要注意，仅仅有批评精神是不够的，更重要的是有与众不同的视角，有突破常规解决问题的方法。而且，这样的解决问题的方法应当比常规方法更有效、更高效。

二、不一样的关注，不一样的问题

面试提问是一个非常专业的技巧。通过提问合适的问题，获得最大化的信息，以加深对候选人的了解。对不同的面试因子的测试需要通过不同的面试问题来实现。

1. 关于个人特质

个性是每个人有别于他人的特质。个性与岗位的适配性、与企业文化的适配性直接影响到角色的发挥效果，职责的履行质量，个人工作的满意度和幸福感。一个人的个性与他所担任的角色以及职责相一致时，工作质量效果高、个人幸福感强；反之则不然，有时甚至会导致员工离职。因此，在面试时，关注候选人的个性特质具有非常积极的意义。

当然，很多时候我们可以通过各种测评工具和软件来测试候选人的个性和风格，同样我们也可以通过提问一些特有的问题，来判断候选人的个性特质是否适合所应聘的岗位需求。比如如下方式。

- 谈谈你的弱点？
- 下一步，你准备读什么书？
- 在你的人生中，谁对你的影响最大？为什么？
- 告诉我，作为一个销售员，你有哪些优势？
- 你是一个完美主义者吗？
- 你的沟通风格是怎样的？

● 你如何与个性比较特别的人相处？

● 你如何解决工作中的冲突？

● 描述一下你的领导风格。

● 谈谈你的中长期规划。

通过解读分析候选人对这一类问题的回答，来判断他们的个性与所招聘岗位的适配性。这里要特别注意一点，个性只是每个人的特质，只有与所招聘岗位的适合与否，绝对没有好坏之分。如果我们落入区别好坏性格的误区，将会导致面试失败。

2. 关于领导力和技巧

所谓领导力，就是一种能够激发团队成员激情、能够带领团队全体成员努力完成任务目标的一种能力。美国著名领导力研究先驱沃伦·本尼斯（Warren G. Bennis）有一句名言：领导做正确的事，经理正确做事。说出了领导力的核心要点。领导让自己和他人做正确的事，他们设定方向，建立一个鼓舞人心的愿景，并创造新的东西。

那么如何在面试中判断一个候选人的领导力呢？通常我们可以通过提出以下一些关于领导力和技巧的面试问题，来做出初步的判断。

● 你的同事和下属怎样评价你的领导风格？举例说明。

● 你认为，作为一个领导最重要的价值观和道德是什么？为什么？

● 你认为什么情况下领导者是不成功的？举例说明你最失败的经历？

● 领导者和经理的区别是什么？

● 你用什么方法去获得你的团队成员的认可和支持？

● 介绍最近你遇到的团队冲突，你是如何处理的？

● 如果让你的上级或者团队成员介绍你的领导力，他们会怎样说？

● 当你的观点和意见很难被人们接受，你怎样来处理这样的情况。

● 你经常会辅导你的团队成员吗？你如何激励他们？

● 你对工作和结果经常会感到满意吗？

● 你是否能够在一个快速发展的环境下，实现你的目标？

● 你能按时完成工作吗？如果超过了规定的期限，你会怎么办？

3. 关于团队协作

团队协作是指一个人愿意和一组人（团队）共同努力，实现共同的目标。团队协作强调的不仅仅是个人的能力，也不是团队中单个个体优势的简单结合，而是团队中每个成员在不同的位置上各尽所能，与其他成员协调合作取长补短，实现团队效能的最大化。因此，团队协作是团队有效开展工作的重要保证。

考察候选人在团队协作方面的面试问题有如下内容。

- 与一个新同事一起工作，你怎样去理解他们与你不同的思维和做法？
- 在你的日常工作中，你和谁最容易发生矛盾？你最喜欢和什么类型的人共事？
- 告诉我你遇到的最困难的一件事，你为什么觉得这件事非常难？你是怎样处理的？
- 介绍一个你参与的最成功的项目，你在其中充当什么角色？为什么这个项目能够成功？
- 举三个团队合作成功的例子。
- 在一个团队中，你最愿意扮演的角色是什么？
- 你作为一个团队成员，工作起来的感觉有什么不一样？
- 你喜欢独立工作，还是在一个团队中充当一个角色？
- 根据你的经验，怎样才能最大化团队的作用，让团队成功？
- 你有没有遇到过难相处的领导？
- 你有没有遇到过团队合作失败的情形？什么原因导致最后团队的目标没有实现？

4. 关于激励和自驱动

所谓激励是指通过持续地激发人的动机和内在动力，使其始终保持在激奋的状态中，鼓励和刺激人们朝着所期望的目标采取行动的一种能力。"激励"包括激励他人和激励自己。激励自己就是自驱动。

自驱动是一种不需要他人激励或者客观环境影响，自己知道应当做什么和怎么做的能力。具有自驱动力的人能够找到一个理由和力量来促使自己完成任务或实现目标。即使遭遇困难和挑战也决不放弃，也不需要他人的鼓励。

在面试中考察候选人的激励和自驱动能力是一项重要内容。我们可以通过在面试中提出下列问题，来评估候选人的激励和自驱动的能力和素质。

- 你希望从你的下一份工作中得到什么？
- 你如何在压力下获得成功？有没有这样的情况，你努力了但没有成功？
- 我们是一个快速成长的公司，工作压力很大，需要不断地扩展客户。你有什么办法处理压力？
- 什么关键要素将激励你更有效地工作？
- 你怎样安排和组织你的日常工作？你每天工作多长时间？经常加班吗？为什么？你的同事也经常加班吗？
- 根据你的经验，怎样鼓励和推动员工去超额完成工作？
- 你认为你做得最值得骄傲的事情是什么？
- 告诉我你最近给自己设定的最重要的目标是什么？为此你做了哪些努力？你总能实现你设定的目标吗？为什么？如果你设定的目标失败了，你会怎样做？
- 告诉我，当出现一个突发事件时，你如何重新安排你的项目计划，重新开始工作？
- 告诉我一个你遭遇的压力最大的一项工作。压力是如何产生的？为什么发生？问题的根源在哪里？你做了什么？

5. 关于授权

关于授权，通常会包括两个方面：一是作为一个领导者，你会怎样授权；另一方面，作为一个高官，你会对老板授权给你有怎样的期望。

关于授权方面的面试问题有如下内容。

- 在工作中什么因素是最重要的，能够让你工作最有效率？
- 你是否熟悉分权的基本原理？你是怎么看待这个问题的？
- 你认为有效分权将会怎样影响企业文化和工作环境？

- 告诉我你喜欢与你的经理保持一种什么样的工作关系？
- 介绍你最近工作中的一次获得授权的经历，你是如何进行的？
- 你的前老板鼓励还是反对有效分权？

6．关于企业文化适应性

企业文化的适应性是一个十分重要，在面试中又非常难以考察的核心元素。企业文化从表面上看似乎是个软要素，但事实上，候选人对企业文化的适应性直接关系到他是否能正常履行职责，能否最大化地发挥应有的作用和才能，同时也直接影响着候选人在新的工作岗位上的稳定性。关于企业文化适应性，除了在简历审判阶段通过候选人既往工作的公司性质来判断之外，在面试中还可以通过提出以下问题来考察候选人的企业文化适应性。

- 介绍一个你经历过的"最有助于员工成功"的管理风格、工作环境和企业文化。
- 你最喜欢在什么样的工作环境和文化下工作？
- 你最喜欢的老板的个性特征和风格是什么？
- 什么样的管理风格，将激励你更加努力工作，有助于你完成工作任务？
- 工作中你有很好的朋友吗？怎样看待由同事变成朋友？值得提倡吗？
- 让你能够快乐工作的最关键要素是什么？
- 你的同事会怎样介绍你的工作风格和你的贡献？
- 一般情况下，你愿意和你的同事相处成一个什么样的关系？
- 你希望你现在的岗位改变什么？你最喜欢的事项是什么？不喜欢什么？

7．关于管理能力

对于管理能力的考察是一个比较普通的和常规的面试要素。以下是一些关于管理能力方面的面试问题。

- 担任经理职位有多长时间了？

- 有多少直接下属？你管理的团队有多少成员？

- 你的下属如何评价你的管理风格？你的管理的优劣势？

- 举例说明，在你过去的工作经历中，对于表现一般的下属，你如何帮助他们改善工作？

- 用 1 ～ 10 分来给你的管理能力打分，你给自己打多少分？举 3 个例子来说明，你的打分是靠谱的。

- 举一个你的下属在你的帮助下非常出色地完成了任务的例子。你是如何做的？

- 当你进入一个新的工作环境，作为经理，你怎样与你的新同事相处？如何管理他们？

- 作为一个经理，你的任务之一就是提供路径和资源，指导下属，请介绍你在过去的工作中，是怎样实现这些工作的？

8. 关于沟通和人际关系

沟通和人际关系处理是职场的一项基本功。考察候选人的沟通和人际关系方面的能力，可以在面试中通过提出以下一些问题来获得基本印象和判断。

- 你认为，工作中口头沟通与书面沟通哪个更重要些？

- 介绍一个你写过的最复杂的报告？什么原因导致如此复杂？你是如何处理的？回过头来看，你会做哪些改进？

- 在你的日常工作中，你和谁最容易发生矛盾？你最喜欢和什么类型的人共事？

- 你有没有做过一个超常决定？告诉我怎么回事？你的决定是什么？

- 在你的同事中谁的效率会比较高？如果你做同样的事需要多久？你从同事那里能够学到什么呢？

9. 关于工作经验和经历

对于工作经验和经历的考察，大部分其实已经在简历审判阶段完成了。

在面试阶段主要是对审判简历时存在的一些疑惑、候选人没有在简历中介绍或者没有说清楚的内容进一步了解，以明晰候选人的工作经历和经验与所招聘职位的吻合度。以下是一些关于考察候选人工作经验和经历方面的面试问题。

- 请介绍你的主要工作经历（公司名称、规模、员工人数、你的职务、职责描述、主要成就等）。
- 你希望从工作中获得什么？你如愿以偿了吗？
- 你的起始薪酬福利、现在的薪资水平如何？
- 你在工作中遇到的主要挑战和主要困难有哪些？你是如何处理的？
- 就你以前的工作而言，你不喜欢什么，喜欢什么？
- 你工作中获得的最高奖是什么？
- 介绍一件最满意的成就，一个最失败的教训。
- 为什么选择离开？为什么想跳槽？
- 你为什么对这份工作有兴趣？

10．关于简历审阅判断中的疑问

针对在简历审阅判断中发现的候选人简历中存在的疑问、不清楚的地方，以及招聘主管在审判简历时所做的笔记中的一些问题，向候选人提出，以澄清和明确一些基本事实。

第五节　专家的面试要诀和戒律

一、面试专家成长利器

我在回答候选人询问"如何成功通过面试"时，曾给出了下列7条建议和忠告。

建议1：（充分准备）研究公司、岗位和职责，包括面试者。重温你的工作经验、经历、取得的成就以及你能给公司带来的贡献。

建议 2：（角色扮演）面试演练，试着回答面试人可能问的问题，尽可能靠谱回答，但不要提供过度信息。

建议 3：（眼神交流）保持你的目光与面试者接触交流，展示你对该位置的兴趣。

建议 4：（积极正面）特别是避免评价你的前雇主。

建议 5：（适时调整）聆听和调整，关注面试官风格，注意细节，适时调整你的面试表现。

建议 6：（相关联性）尽量让你的回答和他们的要求相关，聚焦与该位置相关成就。

建议 7：（鼓励对方）聆听鼓励面试者和你分享有关公司和该岗位的信息。利用最后提问的机会，问出有水平的问题。

虽然这 7 条建议是写给候选人的，但对于我们面试官来说，同样有借鉴意义。

二、21条面试戒律，让"杯具"走开

1 戒：随意找个人面试

这种情况通常发生在两个阶段，一是面试前电话沟通阶段。我们招聘部门可能因为人手紧张、认为无所谓，所以会随便找个人给候选人打面试沟通电话。另一种情况是在正式面试阶段，因为面试官临时有事无法赴约，随便找个人来充当面试官。这两种情形都是要绝对避免的。

一方面，面试是一件非常严肃的事情。对面试官的技术和经验要求非常高，而且在面试环节需要认真准备很多案头文件和工作。临时找一个人"滥竽充数"，严重影响面试质量，容易引起对候选人的误判，最终导致公司损失。另一方面，由于临时拉来的"面试官"准备不足，在面试中表现欠佳，会影响候选人对公司形象的看法，可能最终导致一个优秀候选人的非正常流失。

建议：选择面试官要有后备，特别是业务部门的面试，一定要有后备

方案。当出现第一面试官临时有事无法参加面试时，由后备面试官顶替。另一个补救办法是，由人力资源总监或招聘总监和业务部门的面试官一同面试，以弥补临时面试官经验不足、准备不足的缺陷。

2 戒：筛选简历过严，合格候选人落选

在简历筛选时要适当放宽条件，不可过分严格。因为客观上说招聘人员对业务部门的业务要求的理解一定存在差异。也就是说，我们"认为的"可能和业务部门"要求的"存在差距。如果我们过分严格，可能会将一大批业务优秀的候选人拒之面试大门之外。

建议：简历筛选适当放宽，只要满足必要条件（当候选人数不足时，适当低于必要条件，也可放行）即可。除非入选的候选人人数过多，这时可以采取由业务部门"再次筛选"的办法，选择进入面试的候选人。通常建议入选面试的候选人与岗位之比在 5 ：1 为宜。

3 戒：动作迟缓，有合适的候选人不立即沟通和面试

这也是我们招聘中经常发生的情形。在简历筛选中或者在初次面试中发现了一个合适的候选人，但由于内部招聘流程过长或因为安排面试人员的时间有冲突，甚至是因为招聘人员工作疏忽而忘了安排等原因，两次环节之间时间过长，最终可能导致一个合格甚至优秀的候选人接受了其他 offer 而流失。这是非常可惜的。

建议：避免此类情形发生，尽量缩短内部流程，尽快安排下一个环节的面试。如果实在无法在短期内安排，必须及时通知候选人，说明原因，表示抱歉。同时更要注意保持与候选人定期的联系，比如，每 3 天一次或一周一次，及时通告进展，在情感上保持和候选人的联系。

4 戒：不做专业细致的计划安排，团队成员不了解其角色和安排

很多时候，我们的面试官不做功课、不做细致的面试方案和计划安排，临时抱佛脚。这样的做法存在几个问题：一是打无把握之仗胜算极小，除非你遇到的是一个弱兵，而弱兵绝不是你需要的合格人选。二是没有方案很容易失之偏颇，无法全面准确地认识对方，无法完全达到面试的目的。

三是遇到强劲对手很可能败下阵来，既影响公司形象又失去了优秀人才的加入。四是团队成员可能相互冲突，导致效率低下。五是遭遇突发事件无法应对，导致最后惨败。

5 戒：一个面试模式打天下，采取单一的面试方式

一个面试模式打天下是一种懒惰的办法。采用这种方式的招聘人员总是天真地认为：反正面试的是不同的人，也没有人看得出来。

一个面试模式打天下的关键错误在于：机械地理解和处理面试过程，把个性化极强的招聘面试当成了工厂标准化批量生产。以为可以简单地用标尺来看"合适不合适"。俗话说"千人万面"，面试之所以有难度，难就难在它的无法精确度量，无法用一个标尺来归类。每个面试官对不同的候选人有不同的观察角度，产生不同的观点。对不同的候选人用不同的面试模式，发现他的独特之处，这也正是面试充满魅力的地方。

6 戒：与候选人缺少沟通，招聘程序和安排变更时，不及时通知

作为招聘主管，我们需要时刻保持和候选人的沟通。在招聘程序和安排发生变更时，要在第一时间通知到候选人，获得对方理解。这样做既表示对对方的尊重，同时更表现出公司招聘团队的专业素质和职业精神。

另外，必须尽可能当面或电话亲自沟通。同样一句话，不同的语气、语调、不同的肢体语言配合，会产生不同的含义和效果。有时候由于通过邮件或短信等方式交流缺乏这些辅助的信息，容易引起不必要的误会。

7 戒：态度生硬，高高在上，对没有希望的候选人态度冷淡

我们一些招聘主管有一种潜意识：你是找工作的，我是给你工作的。因此在面试过程中会有意或无意间流露出一种高高在上的感觉。特别是对一些基本条件与 JD 有较大差距的候选人，可能表现出更多的傲气和漫不经心。这是非常有害的！一方面，每个候选人各有优势和不足，而优势与不足只是针对所应聘的岗位而言。对于这个岗位是劣势，也许对另一个岗位来说是优势。另一方面，面试官和候选人地位平等。高高在上只会损害公司形象，不利于吸引优秀人才。

8 戒：面试前不熟悉 JD 和不研究候选人的简历，面试即兴发挥

面试官面试前不熟悉 JD，不熟悉被面试人的简历，急来抱佛脚，即兴发挥，导致面试缺乏规划、无的放矢，严重影响面试效果。事实上，面试是一场考核和审查候选人的战役，在简历审判中发现的问题、存在的疑惑都需要在面试时获得证实。因此，面试要重点了解哪些问题，重点解决哪些问题，需要做好规划，才能确保面试的效果。

9 戒：自己说得多，让候选人说得少，介绍太多

有一些面试官在面试时，自己说得多，让候选人说得少。面试官说得多，意味着你对候选人十分满意，在极力游说候选人加入。而且，自我介绍越多，暴露毛病和不足的概率就越大，引起候选人疑点和不满意的可能性也就越大，所谓"言多必失"。面试的一个诀窍就是：尽量让候选人多说话。这样我们可以在候选人的叙述中，发现问题，提出疑点，全面准确地了解候选人。

10 戒：故意或放任候选人处于紧张状态

有一种错误的观点认为：压力面试就是让候选人在面试时有压力，这样可以看到候选人真实的表现。所以就故意或者放任候选人在面试时的紧张状态。其实这是一种错误的观点。压力面试的目的是要观察候选人在面临压力时的反应，而不是让候选人在面试时长期处于紧张状态。候选人处于紧张状态，必定影响正常发挥。候选人不能正常发挥，我们面试中获得的有关候选人的印象和信息就可能不准确，这就是一场失败的面试。

11 戒：问 Yes-No 问题多，问开放问题太少

Yes-No 问题的答案简单，你很难从候选人的回答中获得更多的信息。而开放性问题，需要候选人详细介绍这是怎么回事，有什么样的背景，他是怎么做的，为什么这么做，他在其中担任的什么角色，发挥怎样的作用，有什么样的体会、教训，等等。这样的开放性的问题，有助于引导候选人介绍他的实操心得、经验和体会。以便于更多地了解候选人的真实信息。

12 戒：向候选人咨询技术和业务问题

一些经验不足的面试官，特别是来自业务部门的面试官经常会就自己在工作中遇到的一些难以解决或者未能解决的问题向候选人咨询解决方案。看起来似乎司空见惯没什么问题，但事实上这是一个绝对要避免的事情。一方面，可能暴露你们的技术实力。因为所问的问题通常是业务前沿的问题，对于资深候选人来说，这样的问题绝对非常敏感。一个问题就可能暴露了你们公司的技术情报。另一方面，如果不是前沿问题，会让候选人感觉这样的问题也解决不了，实力有些问题。再者，从沟通技巧角度看，当你向对方咨询时，你已经处于沟通的"下风"，失去了控制面试场面的主动权了。

13 戒：问的问题傻或不相干

在面试中，与面试无关的问题或者看起来傻傻的问题最好不要问。不要在候选人面前暴露你的弱点，别让候选人感觉到面试官不靠谱。有些面试官为了在气势上压住候选人，往往会提出一些古怪和生僻的问题来询问候选人，潜意识中似乎有以难倒候选人为目的，来显示自己的"懂行"和"高深"，这也是要注意避免的。因为专业的人问出来的应当是专业的问题，不专业的人才会问出不靠谱的问题。记住：傻问题只能暴露无知，丝毫不会引发尊重。

14 戒：面试中泄露企业的机密信息

有些面试官，为了吸引一个优秀的候选人入职，有时候会下意识地告诉候选人一些内部消息，以显示和他的亲密以及额外关照。但他们没有想到的是，面试官透露一些不该透露的内部信息或者机密信息，暴露的是面试官的非专业性和缺乏职业道德，而由此折射出的是企业内部的管理水平弱、员工的专业度差。这些可能会对优秀候选人产生极度负面的影响。

15 戒：戒"这山望着那山高"，试图找最优秀的人

总是觉得眼前的这位候选人有不足，总希望下一个更优秀。这是我们

在招聘和面试中最常犯的一个错误。这种"这山望着那山高"的心态，最终导致的是"熊瞎子掰苞米，掰一个丢一个"的结果。我们要清楚地认识到，面试的目的是发现一个合适的候选人，而不是最优秀的候选人。每一个候选人各有所长同时也各有所短，追求最优秀的结果很可能是"错失合适"。

16 戒：在面试通过前做背景调查（简称背调）

背景调查通常应当在面试合格后，决定发放 offer 前进行。两个方面需要考虑：一是从人力成本的角度考虑。进入面试的候选人较多，如果在终试结束前对每个候选人进行背景调查，特别是有些高端职位可能还会委托第三方进行，可能会投入较多的人力成本和花费，导致成本浪费。二是从对候选人的影响角度考虑。通常背景调查会对候选人产生一些影响，如果在尚未最终决定录用之前做背景调查，对候选人有些不公平。所以，我们应当注意避免在内部尚未做出录用决定前做背景调查。一个常识性惯例是：不以任何方式对候选人现在的雇主做背景调查！

17 戒：不合适的肢体语言和缺乏应有的风度、仪表

面试官在面试中应当表现得体和有风度。因为我们要知道面试官在面试中的表现不仅仅是面试官个人的事情，更是代表了公司的外在形象和风范。因此，面试官的一举一动都应当表现出应有的职业风范。诸如趾高气扬、轻佻等不得体的肢体动作应当避免。相关面试官在面试中的肢体语言的建议，请参见本书第九章。

18 戒："过河拆桥"，对落选的候选人"遗忘在角落"

很多面试官往往比较关注进入下一轮的候选人，而忽视落选的候选人。他们通常下意识地认为"反正他也没有入围""我下次也不会再找他""候选人有的是"等。因此，会对落选的候选人冷落、卖关子、不联系等。这些做法会对企业声誉产生一定程度的伤害，也会对我们招聘人员的专业度和职业精神产生影响。我的建议：在进入下一轮面试的名单确认后，给每一位落选的候选人写一封感谢函，委婉地告知他们未能进入下一轮，同时真心感谢他们应聘公司的职位。

19 戒：面试时透露其他面试官的意见或者录用信息

一些面试官在遇到一个优秀的候选人时，容易喜形于色。甚至不顾自身的角色职责，而迫不及待地透露出愿意录用他的信息。还有一种情况是，有些年轻的招聘主管为了和优秀候选人套近乎，或为了显示自身在企业中的地位，面试时会经意不经意地向候选人透露其他面试官的态度和面试意见。这些都是要注意的。这样的行为极容易在后续和候选人进行职责沟通、薪资谈判中陷入被动。

20 戒：让下级面试未来的上级

让下级面试未来上级是一个极不明智的做法。主要问题有：一是下级会依照他的喜好，依照对他有利的标准，而不是对公司有利的标准来衡量候选人；二是将来候选人入职成为面试官的上级后，面试官会有一种自然的优越感，从而影响上级的正常工作；三是下级的经验和水平相对较低，不具备面试他未来上级的资格和能力，所以无法胜任他未来上级面试官的工作。我曾提出过一个著名的"面试峰谷规律"：身在山谷中，看诸山皆高，只有站在最高峰，才能辨别出此山高彼山低。因此，面试高管应当由具有一定资历的高阶面试官来进行。

21 戒：让现职控制和主导其副手或者替换者的决策面试

这种最容易出现的问题就是"武大郎开店现象"！一些职业道德有瑕疵的团队首领出于自我保护的目的，可能会采用以"低于他本人能力和水平"为标准选择团队成员，以避免对他构成威胁，这就是著名的"武大郎开店现象"，即"武大郎开饼店，绝不找比他高的店小二"。另一种极少发生但依然要防范的极端情况是：如果这个员工个人职业道德存在瑕疵，他可能会利用主导面试的机会，实施对公司的报复行动，特别是在他因为不胜任而调离的情况下。尽管发生的概率极低，但要高度警惕和防范。

有一个值得注意的现象：很多年轻的招聘人员热衷于"测评工具"，痴迷于不断尝试各种最新的面试方法和技术，几乎到了疯狂的地步。他们似乎非常希望找到一个特别有效的面试工具或者方法，不依靠面试官的水平能力和经验智慧，能够很简单地把候选人分成三六九等，能够一下子告诉他哪个候选人最合适。需要提醒年轻的面试官，面试是一个看起来简单、做起来容易，但精通很难的工作。经验是面试的基本功，要想"一面就准"，就得"阅人无数""积累心得"。不过只要我们认真对待，细心研习，深刻体会，就会自然功成。

第五章

定薪和录用：专家的实操内功

"放鸽子"的人们

　　我第一次被候选人"放鸽子"的经历发生在我新加入了一家著名公司之后。以前，我几乎很少关注"放鸽子"这件事，也许是因为我从来没有被"放"过，或者是因为极少被"放"而没有介意。但入职不到一年，竟然被"放"了好几次，而且是一些高端职位候选人（也许有更多的低端职位被"放鸽子"，下属们不敢和我说）。

　　Lee 是一位出色的生产运营管理人才。能力和水平出众，工作经历和经验也非常耀眼。Lee 应聘我们的生产运营总监，相对轻松地通过了多轮面试。当进入录用审批流程时，一位主管发现了一个问题，需要进一步核实。但在核实中，由于各种原因，录用流程被拖延了。当我们正式向 Lee 发出 offer 时，他非常客气地回了一封邮件："非常抱歉，我已经接受了另一个 offer。"

　　Steven 应聘的是制造部经理职位，也顺利地接受了我们发出的 offer。在约定的入职日前三天，他告诉招聘主管："另一家公司给了我更优惠的薪资，我在犹豫。如果你们能给我 ×× 工资，我还是希望来你们这边。"招聘经理向我汇报后，考虑到招聘周期和机会成本，我同意接受 Steven 的要求。但入职那一天，他没有来报到，招聘经理电话打过去，Steven 说："后来，这家公司给了更好的条件。"

　　Sunny 在接受了我们的质量总监职位的 offer 后，提出能不能 3 个月后入职，因为他手上有一个项目，必须完成后才能离开。他要对得起现雇主。听起来这是充分的理由，而且这是一个不错的雇员。我同时安排招聘经理保持每半个月至少和 Sunny 沟通交流一次，以增进感情。但招聘经理未能重视。3 个月后，Sunny 再次提出延期入职。再后来，他告知："我还是选择留在现公司。"

按理说，这是一家著名的 500 强公司，不应当过多发生"被放鸽子"的事。但的确发生了！

这不能仅仅责怪候选人，也不能仅仅抱怨我们的招聘主管。我们必须看到：新时代、新生代的招聘特点，必须承认人们对一些问题的看法和处理方法有它存在的合理性和必然性，这些应当引起我们的关注。也许这些问题我们可以试着从招聘制度和流程的层面来考虑。

通过了终试的候选人，将进入录用和入职环节。虽然看起来录用和入职流程相对于简历审判和面试环节要简单和容易一些，但实践告诉我们，70% 以上的理想候选人是在录用和入职环节失去的。因此，录用和入职环节最不能等闲视之。

本章将讨论在录用和入职阶段的一些实战技巧，包括如何定薪、如何做背景调查、如何处理入职阶段的相关手续，以及注意事项。

第一节　让"定薪难"变容易

如何给新聘员工定薪一直是困扰绝大部分 HR 的挠头问题，定低了招不来人，定高了企业人工成本增加，而且还会打乱企业内部薪资平衡。现实中，因为新聘员工比老员工薪资高而引发矛盾是一个普遍存在的问题。这极容易引起企业内部空降兵和子弟兵的对立，导致企业人才的流失局面。因此，定薪既要考虑外部竞争性，也要考虑内部平衡性。

一、凭什么给"他"定薪

给新聘员工定薪其实是一个技术活！定低了，与候选人谈不拢；定高了，内部通不过。因此，定薪对招聘能否成功起到关键性作用。一般来说，定薪依据的要素主要有 3 个。

（1）市场因素。

（2）企业内部薪酬体系。

（3）候选人本人的薪资现状。

市场因素指在给新员工定薪时参考的薪酬市场值，通常参考的是本地区本行业同等职位市场平均薪酬水平。薪酬的市场水平与企业所处的行业、地区有较大的区别，一般说来，一线城市的薪资水平明显高于二三线城市，互联网、高新技术产业和金融业普遍高于快消品和服务性行业。定薪时考虑市场因素，为的是确保给出的薪酬能够在市场上具有一定的竞争力，能够吸引优秀的候选人接受企业的 offer，加入本企业。市场薪酬数据，通常可以通过几个方法获得：一是从第三方的专业薪酬调查公司购买；二是通过自己发起或和行业联盟联合发起进行薪资数据调查；三是通过招聘时询问应聘者的薪资水平获得；四是通过公开的招聘信息了解。

企业内部薪酬体系指企业根据自己所处的行业地位、发展阶段、战略、盈利水平等所制订的现行薪酬体系。企业薪酬体系的设计一般基于 3P 理论：Pay for Position（岗位薪酬）、Pay for Performance（绩效薪酬）和 Pay for Person（能力薪酬）。岗位薪酬即通过对岗位的职责、劳动强度、劳动条件等因素的测评，按岗位相对价值的高低等要素决定；"绩效薪酬"基于员工自身的业绩表现以及公司业绩和部门业绩等综合设计；而"能力薪酬"根据员工能力，所掌握的知识和技能来确定员工的工资水平。通常每个企业的薪酬体系经过长期的实践已经相对固定和成熟。定薪时以企业薪酬体系为依据，为的是保持内部薪酬平衡，避免出现同岗位同职位同资历而薪酬差异较大的内部不公平状态。

候选人本人的薪资现状也是定薪时需要重点考虑的要素。与企业将市场薪酬数据作为定薪参考不同，候选人内心是以他现在薪资作为新岗位薪酬参照的。一般情况下，候选人期望着新加入的企业的薪酬明显高于现有薪酬水平。除非有特殊理由和特殊情况，如果定薪低于候选人现在的薪资，他不太容易接受，除非你对他有其他吸引力。

当然，招聘岗位的重要性、市场的供需状况、该岗位招聘的紧急程度等也是定薪时必须考虑的重要因素。一般岗位价值大，处于企业核心关键性岗位的薪酬会高于其他岗位。市场上人才稀缺、供不应求的岗位的薪酬明显会高于其他岗位，否则就无法招募到所需的人才。

至于候选人的工作能力、经验和既往业绩表现，同样也是定薪时需要考虑的重要因素。一般说来，工作能力、既往的工作经验和业绩表现与薪酬成正比。能力越强、经验越丰富、既往业绩越出色，定薪时企业愿意支付高薪酬的概率越大，有时甚至会达到或超过薪酬预算。

二、怎样获得"他"的市场价

薪酬数据一般属于企业的经营机密，其他企业很难获得其真实的数据。HR 要善于借助各种渠道来积极获取所需的信息。实践中，薪酬市场数据主要源于以下几个渠道。

1. 专业薪酬调查公司

这是最重要也是最常用的薪酬市场数据来源。很多市场调查公司、咨询公司都有自己的薪酬数据库。薪酬数据库一般按区域、行业、岗位、年代编排。专业薪酬调查公司的调查手段、工具和方法相对规范，因此得到的数据相对比较全面、客观和真实，比较有权威。比较有名的专业薪酬调查公司有翰威特、美世、太和等，每年都会推出年度薪酬调查报告。企业可以向这些专业薪酬调查公司分类购买薪酬市场数据。企业也可以根据自己的实际需求，委托专业调查公司定向调查收集市场数据，只是需要向专业调查公司支付一笔不菲的费用。

但需要注意的是，薪酬数据的准确性与调查的样本数量有关。样本量越大，数据相对越靠谱。同时，数据的准确性还与采集样本的性质和特质有关。比如，样本以大型外企为主的数据显然就不怎么适用于中小型民营企业。

另一个值得注意的问题是，国内的薪酬调查数据比较粗，只有职位数据，而没有与经验相关联。例如，专业薪酬数据通常有按行业或按区域分类的"经理"职位的数据（比如 25 分位、50 分位、75 分位、90 分位值等）。而现实中，技术研发部经理的薪资与行政部经理的薪资显然有较大差异；2 年经验的经理与 15 年经验的经理的薪酬也不可能是一个数量级。

2. 猎头公司

高端岗位的薪酬数据除了从专业薪酬调查公司获取外，猎头公司是非常重要的渠道。一般高端岗位都是通过猎头来搜寻，猎头对行业内的公司尤其是竞争公司的薪酬比较了解，数据信息真实性比较高，有些猎头公司每年也出具薪酬调查报告供企业使用。但需要注意的是，猎头公司对薪酬数据存在一定的利益冲突，一般情况下，猎头公司的薪酬数据会普遍高于市场值，特别是该职位由该猎头公司负责搜寻的。当然，知名猎头公司会相对比较专业地告知：该薪酬数据仅供参考。

3. 公开网络

现在很多招聘网站也做薪酬调查报告，招聘网站做薪酬调查的优点是数据采集量大、覆盖行业广。但缺点是数据需要经过甄选后才能使用。当然，HR 也可以通过公开招聘渠道发布的招聘广告上的薪酬待遇来收集数据，也可以通过一些求职者经常登录的公开网站、社区论坛或 App 来获取岗位薪酬数据。但这些薪酬数据通常支离破碎，需要花很大精力进行筛选。

4. 企业间的数据共享

薪酬数据的另一个来源就是企业自我调查。HR 通过自身的网络或者行业协会发动和组织，在企业之间进行相互调查。这种调查其实是一种薪酬数据的共享。网络或联盟中的企业将本企业的真实薪酬数据分享出来，由组织者进行汇总和分析，最终获得的薪酬数据，免费共享给每一个提供薪酬数据的企业使用。这种企业间的薪酬数据共享，获得的薪酬数据相对真实和可靠。但不足点在于：一是需要有企业出来挑头；二是需要有足够的企业网络资源；三是数据汇总专业性相对较弱；四是参加数据共享的企业是否真正提供准确的真实数据，取决于组织者与薪酬数据提供者的关系紧密程度，有时甚至取决于参加者的私人关系如何。

5. 应聘者的薪酬水平

应聘者的现薪酬和对薪酬的期望是薪酬市场值最真实的反应。我们在招聘中大量接触应聘者，这些应聘者来自相同行业或者不同行业，来自同一个地区或者不同地区，他们的薪酬现状是比较真实的数据，他们对薪酬的期望反映着市场对他们各自价值的评估。来自应聘者的薪酬数据最真实可靠。而且，由于他们是应聘同一岗位，他们薪资的现实水平以及他们对新岗位的薪酬期望，最具有可参考性。

三、如你所愿的"定薪秘诀"

如何给候选人定薪，我有 4 点体会。

（1）给出薪资最高值不是一个聪明的做法。当遇到一个优秀的候选人时，在招聘的潜意识里，总是期望能够满足候选人的薪资期望，甚至认为最好给出市场最高值。这样就可以击退其他竞争对手，赢得候选人的入职。其实，这是一种错误的认识。这里有两个思考：一是所谓的市场最高值是不存在的，或者说市场对该位置的最高值是变动的，市场总是会有企业试图通过出最高价来赢得候选人，通常会被竞争对手所出的更高价击败。二是即便给出最高价或者 95 分位以上的薪酬价码，容易让候选人对自身真实市场价值产生错误判断，而导致候选人待价而沽。甚至个别候选人会拿着你给出的最高值再向竞争对手提更高的条件，然后再回过来和你讨价还价："××公司给了我更高的薪酬，如果你们能够……"形成薪酬的恶性竞争。三是不必要地拉高了企业的人工成本。很多时候，也许用市场值的 80 分位、75 分位甚至更低的薪酬水平，就能把候选人吸引过来。

（2）定薪应当分析机会成本。这里所谓的机会成本指企业招聘的机会成本。主要看企业对这个职位的需求紧急情况，看这个位置对公司的重要程度，看这个职位每天给企业创造的价值或者省下的成本有多大。例如，有些职位是为了替换正在使用的第三方服务，企业希望招聘一位专业人士能够取代。这种情况下，候选人早到位一天，就能早一天给企业节省第三方服务费开支。还有一些职位是为了企业的紧急需要，也许晚入职一天，就会给企业多造成一天的损失。所以，在这种情况下，我们不能仅仅为了追求一个相对低的薪酬，失去一个优秀候选人，或导致拖延入职的情况发生。

另外一方面，我们也应当看到，招聘是有成本的。当我们因为差异不大的薪酬而导致一个候选人拒绝offer，而不得不重新启动招聘时，双倍的招聘成本就会产生。

（3）定薪要参考候选人的实际情况。候选人现在的薪酬是定薪的一个重要参考要素。但并不意味着你给出的薪酬一定要比他现在的薪酬高。如果候选人已经离开最后一家公司，或者因为各种原因他不得不离开现在的公司，那这个时候他就有可能接受不低于现有工资水平的薪酬。如果候选人应聘是因为她先生或他太太已经在这个城市工作或者创业，她/他想要和家人在一起，这个情况下，候选人也不会坚持薪酬一定要比他现在的高。因为她/他通常会愿意为了家庭团聚做一些牺牲、让步。薪资期望值水平还取决于候选人是否已经拿到其他offer。如果他手上有其他offer，他谈判薪资的资本就多一些，你可能付出的薪资成本就会相对比较高。如果他手上没有其他offer，相对而言，你在薪酬谈判中就占主动一些，可能不必花太高的代价吸引他入职。如果候选人已经离开了岗位超过3个月，这个时候你就可能用比他现在薪酬更低的代价把他争取到。

（4）定薪不要太精明。招聘定薪时的另一个极端就是拼命压价，希望用更低的薪酬来获得候选人。特别是在上文中的相关不利于候选人的情况发生时，我们招聘人员有时候会最大化利用候选人的这个不利因素，"要挟"地给出一个远低于市场值的不正常的低值，迫使候选人接受。这其实是非常危险的。当候选人处于"待业"或"失业"状态时，他可能不得不接受你开出来的不公平薪资价码，但他入职后，所处情形发生变化，他的心就会开始浮动，就会开始"骑驴找马"，如果找到更好的公司他就会离开。所以在定薪的时候不要太精明，给予薪酬不要和市场值、候选人的期望值相差太大。

（5）定薪要考虑其他福利。包括奖金、股票、期权、各种补贴以及其他福利。在定薪和薪酬谈判时，你需要将企业所有的现金性福利以及非现金性福利都要和候选人介绍和解释清楚。这些福利可以为你定薪和薪酬谈判提供积极的支持。比如，你们公司可以提供免费住房，或者孩子上国际学校的学费可以报销等。当候选人计算他的整体收入的时候，这些福利也是考虑的重要部分。有时虽然工资少了几千块钱，可福利这么好，为什么拒绝呢！

第二节　背调，求锤得锤

背景调查，指用人单位通过各种合法的渠道和途径，搜集相关资料，核实候选人的个人履历真实情况的行为。有效的背景调查，不仅可以帮助用人单位降低招聘成本，而且还能规避运营风险，提高企业的人才质量和水平。

一、背调，谁来做

背景调查一般由招聘部门组织进行，或者委托独立第三方进行。通过猎头招聘的候选人的背景调查通常会由猎头公司一并完成。

招聘部门进行背景调查的优势是：对候选人的具体情况非常了解，能够快速地对调查到的候选人的信息进行筛选、过滤和分析，快速做出是否录用的判断，且成本低。不足点：一是很多企业拒绝背调，HR 经常吃"闭门羹"，影响 HR 背调的热情；二是专业度不够，可能会产生误判。在实战中，大部分中级以下职位的背调由招聘部门自行完成。

独立第三方一般都有自己的调查渠道、途径和方法，且调查人员和流程都比较规范，调查结果中立客观。不足点在于成本较高。比较适用于一些资深职位的候选人的背景调查。猎头公司做背景调查有着独立第三方的优势，但有可能存在利益冲突的不足。

背景调查通常在已经决定聘用、正式发出 offer 之前进行。此时候选人已经确定，背调人数较少，背调的效率较高。而且经过几轮面试，HR 对候选人的情况比较了解，调查核实的信息比较充足，更有利于做出专业公允的判断。

实践中也有一些公司选择在候选人入职后、转正前进行背景调查，就我个人而言不倾向于入职后进行调查。一方面这对于企业来说非常不利，风险较大；另一方面如果背调不合格，会产生不必要的法律纠纷。

二、背调，"调"什么

背景调查的主要内容包括如下几项。

（1）候选人身份识别和确认。候选人身份证的真伪、家庭住址等基本信息。可以通过身份证号码查询中心（http://www.nciic.com.cn）来查询。

（2）候选人教育背景、学历、证书的调查。主要验证学历、证书、获奖证明等是否真实，在校时间和专业等信息。证书的真伪一般采取"证书编号网上查询"或直接找其毕业学校请求配合调查，高等教育学历查询网站：http://www.chsi.com.cn/。

（3）工作经历的核查（任职时间、职位、工作内容、表现、人际关系、离职原因等）。主要验证简历中的工作经历和业绩表现的真实性，这是最重要的调查内容，一般通过相关证明人对事先设计好的结构化调查问卷逐一核实真伪。

（4）犯罪记录、工作许可、服兵役情况。是否有犯罪记录，如果是外籍人士需要是否有在中国工作的工作许可、是否有居留权、是否已经履行国籍国服兵役的法定义务。

（5）财务信息。特别是个人信用情况、银行贷款以及个人税务缴纳情况，是否存在偷逃税记录。

（6）身体健康状况。通常通过入职前体检来核实。

（7）辅助资料调查（个性、魅力和诚信表现）。

三、背调方法、流程、表格

背景调查的方法主要有如下几项。

（1）电话调查。最常见的背调方法。直接和候选人前任公司的人力资源部门负责人、直接领导、同事或者候选人自己提供的证明人电话沟通。这种方式相对容易获取真实的第一手信息。

（2）书面信函。也就是向有关人员发送正式书面调查表格，要求他们填写。书面信函的格式和内容比较规范，最好是经过律师审核后的信函。

随着用人单位对背景调查的重视，现在 HR 们都很愿意配合且自己也愿意使用书面信函式的调查，调查效果不错。

（3）实地考察。直接去前任公司实地考察，多方面多角度地了解，以获得第一手的信息。实地考察相对成本较高，主要是针对非常重要的岗位才采用。

（4）行业联盟及 HR 人际网络圈。利用人际关系网络，从比较熟悉、了解候选人并且能保守秘密的朋友做调查，从候选人的亲朋好友中做调查，从候选人的同学、老师中做调查。还有，针对有些知名度的候选人，从网络平台上调查，从合作客户中调查等。

背调程序按照时间节点可以分为三阶段：背景调查准备工作，正式开展背景调查，出具背景调查报告及做出录用判断。

（1）准备阶段。

① 确定背景调查负责人。

② 收集背景调查所需要的相关信息。

③ 确定背景调查询问的对象和重点内容。

④ 设计结构化背景调查问卷。

⑤ 要求候选人签署《背景调查授权书》。

（2）实施阶段。

① 针对被调查人设计的调查内容、方法进行背景调查。

② 与受访人联系，确定访谈时间或确认书面调查问卷的邮寄地址。

③ 在访谈中通过有效的访谈技巧，获得相对准确的一手信息。

④ 回收书面调查问卷。

⑤ 发出邮件或打电话，感谢受访人的支持和帮助。

（3）评估结论阶段。

背景调查完成后，HR 应当对调查获得的信息和内容进行评估，并出具书面的调查报告。给出是否录用的建议或结论。如果在背景调查中发现候选人在诚信、职业道德等方面存在瑕疵，应当毫不犹豫一票否决。如果调查核实没有问题的候选人，HR 就要尽快和用人部门沟通，走内部审批和 offer 发放流程了。

附：背景调查表

尊敬的　　　　先生/女士：

　　　　　　　　先生/女士应聘本公司 　　　　　　　　　　职位，他选择您作为他的推荐人，并授权我们向您了解他的有关情况。非常感谢您的配合。

请您回答下列问题：

1. 您认识　　　　　　先生/女士多长时间？

2. 当他/她离开贵公司时，他/她的职位和他/她的主要职责是什么？

3. 他/她离开贵公司的原因是什么？

4. 请在下列项目中，为他/她打分（5分为最好，1分为较差）：

工作责任心：

工作态度：

独立工作能力：

工作主动性：

执行力：

工作质量：

工作量：

5. 请简要描述您认为他/她的最明显的优势和劣势各是什么？

a. 优势：

b. 不足：

c. 如果您有一个合适的职位，您会再次雇用他/她吗？　Yes ＿＿No ＿＿。

如果您选择不愿意，请说明理由：

6. 其他您希望补充的内容

我们承诺您所提供的所有信息，我们将严格保密。再次衷心地感谢您的全力配合。

×× 集团人力资源部

20×× 年 ×× 月 ×× 日

四、背调，应当注意的事项

（1）背景调查应征得被调查人的同意，必须获得书面授权。这一点非常重要，未经被调查人授权，擅自做背景调查具有较大的法律风险。

（2）不对应聘人未离职的单位进行调查。如果候选人在职，背景调查应当避过候选人的在职单位，以免对候选人产生不必要的负面影响。

（3）背景调查除了一些常规调查项目之外，对于在面试中尚未搞清楚，存在一些疑点的地方，也应当列入背景调查的重点内容。

（4）电话调查时把握重点，礼貌有效提问。要注意询问技巧，避免对方反感。

（5）对涉外候选人背景调查时，要注意不同国家的法律及文化禁忌，以免造成误会和歧义。

第三节 录用，最终的决定

一、临门一脚不是"梦"

经过辛苦、烦琐的简历筛选、邀约面试、多轮面试、背景调查等一系列招聘流程后，招聘主管们已经是为候选人消得人憔悴了。但在招聘最后"临门一脚"的录用阶段，招聘千万不可轻视和松口气。招聘是个双向选择的过程，优秀的候选人有多个职业机会，你看中的候选人也是多家企业争抢的目标。下手快下手准是成功地招聘到优秀人才的关键。因此，在候选人正式到岗前，招聘部门还有很多工作要逐一落实，否则很有可能煮熟的鸭子又飞了，所有的努力将付之东流。

首先，在正式发放 offer 前，HR 先要走企业内部审批流程，无论是走纸质流程还是企业 OA 在线流程，一般都需要 1 ～ 2 天的时间。要确保内部审批通过，招聘主管需要先做足功课。

（1）相关文件材料齐全。包括候选人简历、应聘登记表、面试评价表、测试报告、背景调查报告等，尤其是各级面试官的面试评价和录用意见，一定要有优缺点等全面的评价和分析，不能就写"可以""同意录用"。

（2）定薪依据和决定。

（3）候选人备份预案。最好有1～2个备选候选人作为预案，万一审批通不过，马上启动下一个候选人审批流程，缩短时间。

其次，内部审批通过后，第一时间发出 offer 邀约入职。这时招聘主管千万不能认为一个电子邮件发出去就万事大吉，坐等候选人入职了。发出正式书面 offer 后，招聘主管第一时间要电话或短信、微信通知候选人查看 offer，并提醒候选人在规定的期限内书面回应是否接受 offer。

在候选人正式入职前要保持和候选人的沟通。关心候选人上一家公司离职手续办理进展，有没有困难，怎样能够帮到他，以及告知入职前需要准备的资料等，让候选人感觉到企业的重视和关心，在未入职前就建立信任，便于入职后能很快进入状态。在入职前的2～3天，可以与候选人的直接领导电话沟通，再次确认入职时间，相关的工作安排及需要提前了解的行业信息等，让候选人早点进入工作状态。招聘部门同步发出书面入职欢迎邮件，温馨提醒需要准备的入职资料等要求。

二、offer的格式

尊敬的_____先生/女士：您好！

我们非常高兴地通知您：被正式聘任为_____（职务名称）。

详细工作信息如下：

岗位名称：

所属部门：

汇报上级：

工作地点：

1. 薪酬

您的薪资结构为：基本工资＋绩效工资＋综合补助＋提成＋奖金。

公司执行 ×× 个月的薪酬制度标准。

每月基本工资（转正后）：　　　　　人民币　　　元 / 月（税前）

试用期基本工资：　　　　　　　　　人民币　　　元 / 月（税前）

综合补助：　　　　　　　　　　　　人民币　　　元 / 月（税前）

2．福利

（1）奖励计划，您将参加 ×××× 奖励计划，具体细则将另行告知。

（2）五险一金，按照国家相关法律法规为您缴纳社会保险和住房公积金。

（3）股权激励计划，您将按照公司内部规则享受同等级别的相关股权激励计划。

（4）其他福利。

以上福利项目将依据人力资源政策和实际情况发放，且必要时公司可随时予以调整。您将承担个人所得税，公司将按月从您的工资中代扣代缴个人所得税。

3．劳动合同期限及试用期

劳动合同期限_____年，其中试用期____月。

预计开始日期：　　　年　　　月　　　日

预计结束日期：　　　年　　　月　　　日

4．报到时间：×× 年 ×× 月 ×× 日

在您成功通过背景调查核实、体检后，聘任书方可生效。未事先通知，在报到日期逾期一周仍未报到，聘任书即失效。如有任何疑问，欢迎致电 ×××× 和人力资源部 ××× 联系。

5．入职提交资料

（1）身份证原件 / 正反面复印件 × 份。

（2）一寸免冠彩色白底照片 × 张。

（3）学历、学位证明（原件及复印件）× 份。

（4）×× 银行卡 1 张，需要该卡的复印件（标注姓名，卡号，开户行）× 份。

（5）离职证明、收入证明（银行入账单也可）× 份。

（6）体检报告：最近半个月内正规医疗机构出具的健康体检证明（主要体检项目包括血液肝功五项、尿液、心电图、腹部 B 超、X 光等）。

作为雇用程序，您需要签订劳动合同，本聘任书为劳动合同的附件 4，

同时，您需要签订如下附属于劳动合同的文件。

附件 1 　　××××

附件 2 　　××××

附件 3 　　××××

期待并欢迎您加入 ×××× 公司，祝事业成功！

×××× 公司人力资源总监

联系人：

电话：

工作邮箱：

工作微信：

日期：

如您接受本 offer，请在以下处签字，并于＿＿年＿＿月＿＿日前将下列回执原件通过 EMS 快递（到付）至：×× 市 ×× 区 ×× 路 ×× 号 ×× 公司人力资源部 ×× 收。

回　执

＿＿＿＿＿＿，同意接受 ×× 公司的以上 offer，同时知晓 ×××× 公司对本人与前雇主关系而发生的任何纠纷事项和费用不负有任何责任。

接收人：　　　　　　身份证号码：

日期：

第六章

防风险：从入职管理开始

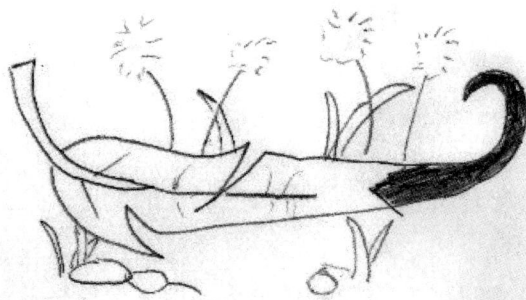

开
篇
案
例

James的苦恼

　　昨天，我的一位民营企业家好朋友给我打电话说，最近他遇到了一个非常头疼的问题。他为他的一个刚刚上市的下属公司招进来的一位总经理，因为业绩做不上去，还存在谋私利行为，他希望解除与这位高管的劳动合同。同时，他的人事行政经理告诉他，这位高管进来后，还带来了十几位他原先的手下，而他的这些手下有些入职手续还没有办齐全。有些身份证有误，有的还没有劳动合同，他的人事行政经理担心有风险。我的朋友感觉到非常棘手，打电话，想听听我的建议。

　　这是一个普遍意义的入职管理和试用期管理的问题。

　　新员工入职，对于大部分人力资源的同仁们来说，只是一个程序性的填表格、领办公用品之类通常由员工关系的专员负责完成的事务性工作。很少有人很认真地去思考过，入职其实是应该当成一个重要的人力资源项目去管理。本章将结合我多年实战中积累的一些经验和体会，和读者们分享一些我对入职管理的思考和实践。

第一节　程式化的入职管理体系

一、"靠谱"的入职管理

　　我们每个"上班族"几乎都有过这样的经历：到新公司上班的第一天，

你不知道公司的 OA 怎么用，办公用品不知道到哪里领，老板交给你一堆任务，你不知道公司的流程是什么，做事的习惯规则是怎样的。你友善地和周围的同事打招呼，得到的是一个个礼貌的官样微笑和"Hello"回应。你呆呆地坐在办公桌前，如同一个被扔进大漠中央的旅行者，孤立无援。

当一个新员工有如此经历时，他可能会下意识地形成一个自我保护的外壳，变成一个茧蛹。甚至可能会怀疑自己选择进这家公司是否是一个正确的决定。也许从入职的第一天开始，他就会开始悄悄地寻找新的工作机会。

事实上，对于新员工而言，入职是一个十分重要的时刻。它像一个窗口，反映着企业文化以及企业在新员工心目中的第一印象，它可能对员工去留产生决定性的影响。对于企业来说，它也是赢得新员工心灵和培养对企业感情的极好机会，不要浪费它。

但很多时候，我们人力资源招聘部门的同行们并不以为然。经验不足考虑不周，或是认为人已入职大功告成，或是高高在上的心理作祟，为数不少的企业人力资源部门并未真正把"入职"作为招聘过程一个重要环节来管理，自愿放弃这个与新员工进行情感交流的机会，导致新员工特别是新生代新员工的流失现象发生。根据相关调研资料显示，在入职后的前 6 个月，新员工的流失率超过 28%，在一些新生代较多的行业，这个比例更高。

因此，为了确保新员工及早融入新公司，我们人力资源部门必须更多地重视"入职"这个环节，思考和关注如何通过加强"入职管理"，及早培养新员工对公司的感情，让新员工安心并准备长期为公司服务，减少新员工的流失率。否则，我们前期在招聘上花费的时间和精力就白白浪费。

另外，我建议入职管理从招聘开始。你的 JD、你的公司网站的"招聘"栏目、你在面试候选人时，这都是你宣传公司雇主品牌的极好机会，给每一个候选人（其中有些会成为新员工）传达关于工作场所和企业文化的正面信息。例如，通过网站或者微信公众号，展示公司的总体战略目标、讨论公司的价值观，包括向新员工介绍公司的高管、部门负责人以及各部门职责分工等，这有助于减少新员工在入职第一天通常遇到的各种难堪和不知所措。更有可能吸引那些认同企业文化，愿意参与公司目标实现，更有可能成为高生产力员工的候选人。

二、实用入职管理策略

传统上，HR通常把"入职"当成单一的事件而不是一个过程来对待。很多招聘经理认为，入职就是新员工进来，填几张表，引荐给大家，做个入职培训，带他参观厂容厂貌，一天完事！都记在脑子里呢，不用体系，无须策略。

事实上，我们HR特别是负责招聘的HRD应当具有面向未来的远见和战略思维，应当把入职管理看作是整个企业人才管理战略的一部分。作为招聘主管，我们需要看清大局，了解公司的长远愿景，将"入职管理"看作是人力资源战略计划和流程的一部分，与公司的总体战略计划相结合。

英国阿巴丁集团所做的一项研究的统计数据显示：有入职管理体系的企业新员工的敬业度比无入职管理体系的企业新员工高54%，生产效率高62%，融入企业文化的比例高66%。另一项统计数据显示，经历了良好入职培管理体系的员工中69%的人在企业工作的时间超过3年。由此看到，通过入职管理提升新员工对公司未来的贡献，是人力资源部门特别是招聘模块对企业发展战略最重要的内在价值之一。它可以提高新员工的工作效率、文化融入、敬业度和对企业的忠诚度，并显著提高企业的人才储备。制定和落实入职管理战略，需要关注以下几个方面。

1. 关注第一印象

所谓第一印象意味着你永远不可能有第二次机会，因此，人力资源招聘部门应当重点思考一下：你希望企业给新员工留下什么样的第一印象？第一印象将伴随着他并影响着未来他对企业忠诚度和敬业度的培养。

我有一个"认识事物三阶段"的论点：我们认识一个事物（人、组织）通常会经过三个阶段。

第一印象阶段：这是事物（人、组织）给我们留下的第一个印记，也就是我们对事物（人、组织）最初的看法和观点。非常深刻、记忆犹新、不易忘记。

第二印象阶段：经过一段时间后，我们对事物（人、组织）会产生第二印象。第二印象通常是反第一印象的。和事物（人、组织）熟悉了之后，我们发觉原来该事物（人、组织）不是我们当初所想象的那样呢。就会对自己第一印象修正，产生第二印象。其实，第二印象是对第一印象的补充。

第三印象阶段：当我们和事物（人、组织）接触更久时，会看到事物的另一面和深层次的内容，就会产生第三印象。第三印象通常与第二印象相反，是反第二印象的。大部分情况下，第三印象是对第一印象的印证和加强，是对第二印象的修正。第三印象更准确全面，也更顽固。第三印象的产生，会让我们发出"我当初并没有看错"的感慨。

因此，入职管理要特别关注的是新员工对企业和团队的"第一印象"。

2．关注文化融入

入职是讲述企业历史、传播企业价值观、帮助员工描绘未来发展的重要时机。启发和诱导新员工去发现企业愿景和自身职业发展之间的关联，发现企业价值观和个人人生观之间的一致性，发现在企业这个平台上自己的职业发展和价值提升所能获得的支持和帮助。入职培训的内容至少应当包括如下几项。

合规——企业的规章制度的讲解。

澄清——让新员工了解他们的新角色以及企业的期望。

文化——向新员工展示组织价值观和规范。

联系——描述企业未来发展规划，帮助新员工找到与他们职业发展的关联。

当新员工发现了更多的一致性和关联性之后，新员工融入企业文化的速度就会加快。

3．关注员工的职业发展

我们对新生代最头疼的就是他们的"不稳定性"，频繁跳槽、稳定性差、对企业的忠诚度低。但我认为这与新生代的特征、在职业生涯的初期阶段对学习成长的需求欲望有关，而与"忠诚度"无关。新生代，他们知道他们有什么，但他们不知道他们要什么，也不知道怎样可以获得。这是我们人力资源部门可以也应当帮助他们的地方。帮助他们进行职业生涯规划，关注他们的职业发展，特别是帮他们找到个人职业发展与企业发展的关联性。

但我们需要注意的是，关注员工的职业发展，并非越俎代庖。帮助他们规划职业，但并非替他们做决定；帮助他们找到职业发展和企业发展的关联性，并非强制关联。

4．入职管理不只是入职第一天

入职管理是一个相对长期的过程。将入职管理理解成只是新员工入职第一天或者头几天的认识是错误的。入职管理可能是几周甚至是一年以上，取决于新员工所承担角色的复杂性和资源的可用性情况。

建议：人力资源应当制订一个标准化的模板，用来帮助新员工构建学习过程。每个新员工可以按照预定时间表，集中培训或利用管理碎片化时间来完成所要求的学习内容。

三、最佳体验的入职计划

1．提前计划

入职计划并非开始于新员工的第一天。应当及早规划，并形成一个模板长期坚持。一个成功的入职管理计划还应当与雇主品牌建设、员工职业发展等相关联，才是一个真正成功和有效的入职管理计划。如果你在新员工入职的第一天，只是让他们把一堆表格填好，你的雇主品牌在新员工心里已经打了折扣，你的入职管理就已经失败了。

当然必要的入职手续办理、表格、员工手册这些肯定是必要的。一些必要的烦杂的入职文书类的项目可以通过 OA 等自动化办公软件来实现，简化入职第一天的烦琐，让新员工从第一天起就感到舒适。

2．第一天，请详细说明

对于新员工来说，第一天入职有点紧张。新员工并不希望在新老板、新同事面前显得自己无知或生嫩。他们对复印机在哪里、OA 怎么用、领办公用品应当找谁等问题通常羞于开口询问。更多的是自己花时间摸索，直到实在没法"捱"过去的时候，才会找老员工悄悄咨询。这其实会浪费很多时间，影响工作效率。通过一个有效的入职培训计划，以简单易懂的方式给新员工提供一些基本信息，以便新员工可以快速上手工作。例如：

- 他应该在哪里停车。
- 洗手间在哪里。
- 复印机在哪里？如何操作。
- 食堂餐厅在哪里。
- 电脑的用户名和密码是什么。
- 他的内部邮箱账户名称和密码。
- 怎样使用内部电话（怎样打外线，如何打内部分机、内部通讯录在哪里）。
- 需要帮他设置好电话系统、电脑系统和其他电子设备和软件。
- 应当向办公室甚至公司相关部门的同事发一个欢迎新员工的电子邮件。
- 准备好他的办公室、办公桌、办公用品、他的名片。

3．定制个性化流程

个性化的入职流程在国内似乎是个新名称，国内绝大多数企业还是传统的入职流程。设想一下，如果我们的入职流程是正对每个新员工的喜好和每个人的独特需求来进行设计，是不是一个极有趣也极有吸引力的事情？

入职流程中个性化的元素可以吸引新员工，特别是新生代的员工。例如，在入职流程中安排 CEO 和新员工见面、沟通，听取新员工的想法和对公司的第一印象。再如，安排入职培训课程介绍公司的绩效考核体系是如何运作的，让新员工了解他应当怎样做才能获得绩效高分获得更高的绩效奖金。这样他就不会把时间浪费在无关紧要的事情上。

我在英国的一位朋友，她在面试候选人时甚至会询问：你喜欢什么牌子的巧克力糖？喜欢什么水果？当该候选人成为新员工第一天上班的时候，她已经在他们的桌子上放了一碟该员工喜欢的糖果、巧克力或者水果。其实，这花不了几块钱，但是它向新员工展示了老板和高管团队对员工情感投资的企业文化。这表明，企业不仅仅关注员工的工作是否做得好，而且重视员工心理和感情，是一个重视人文管理的企业。

如果你制订了一个具有个性化的入职计划，那么你就让员工留下这样的印象：员工是组织中非常重要的资产，他们从众多候选人中被选出，代表着他们的才能和潜力得到了企业的认可。自然，他们对企业的认同感、对企业的亲和力以及对企业的忠诚度就会越来越高。

4．入职计划执行

生硬的执行新员工入职计划不是本章的意图，有了详尽的入职计划还不够，还要充满着温暖的爱心和微笑去执行你的入职计划。比如，当第一天到企业报到的时候，新员工对企业和同事有一种自然的拘谨感。入职计划和流程应当充分考虑到这样的情况，并从一开始就为他们提供便利条件。比如，第一天组织团队和新员工来一次聚餐。或者每天有人招呼他一起吃午饭。有人带领他去办公室，将他介绍给同事。别看这些细微小事，只要你真诚的发自内心，你会在意想不到的程度上给予新员工内心震动和感动。新员工在情感上与你的联结也会更紧密。这些动作的执行者自然是招聘部门和新员工所在的业务职能部门。

我会要求我的招聘团队的同事将招聘跟踪至少6个月，并且要求每个招聘主官负责跟踪和关心他所招进来的新员工。因为招聘主官是新员工在企业中接触时间最长、情感交流最多的人，也是最信任、最愿意倾诉的对象。当然，直线经理和业务主管负责人也是入职计划最有利的执行者。新员工在业务上遇到的问题、工作中需要的必要支持、工作效率的保障和提升等，直线经理是解决问题的最佳人选。我将这项计划称为"新员工心理适应期关怀"。

应当记住，你对新员工投入的情感越多，你获得的感情投资回报率就会越高。

四、入职流程

入职流程按照候选人入职的时间段，分为入职前、入职当天、入职一周、入职一个月内、入职三个月内来规范。

1．入职前

（1）招聘部门收到候选人接受 offer 的确认函后，正式通知用人部门负责人、行政、人事等相关人员做好入职前准备。

（2）用人部门负责人提前指定好导师，部门负责人 / 导师准备好书面的新员工工作目标、试用期工作目标、考核标准、培训计划等，直线经理给新员工的工作计划安排必须经总监确认，提前一天邮件发送给总监、HR，并抄送给上级主管领导。

（3）行政部提前准备好办公电脑、工位、胸牌、办公用具等。

（4）人事主管提前为候选人申请开通办公邮箱、微办公账号、办公工具包（入职欢迎信、入职快速指南、笔记本、签字笔等）、劳动合同、员工手册等。

（5）入职前一天，人事主管检查入职准备工作，提醒用人部门的负责人或直线经理早 9:30 前到公司做好迎新准备。

2．入职当天

（1）HR（人事主管）应当提前到达公司，准备迎接新人。

（2）HR（人事主管）按照《新员工入职手续清单》逐一办理入职手续。如果入职资料不全的，要登记记录，并要求新员工延期一周内提交。

（3）HR 将新员工加入公司 QQ 群、微信群组、微办公群组。

（4）办理结束入职手续后，HR 带领新员工到用人部门，交接给直线经理和部门总监。

（5）直线经理和部门总监需要做到如下几点。

① 上午介绍新人给部门同事相互认识，老同事每人都要记住新员工的姓名。

② 上午介绍公司和部门的业务情况。

③ 上午明确新员工的工作目标、试用期工作目标、考核标准、培训计划等，需要新人在《新员工试用期考核表》上签字确认。先安排一周的具体工作计划。

④ 发出全员欢迎信。

⑤ 进行一般性的工作导向，参观和介绍。

⑥ 中午带领新员工一起午餐，了解新员工的家庭情况、住址、交通远近、个人爱好等情况。

⑦ 帮助用电脑或其他设备进行设置。

⑧ 下午带领新员工认识其他部门的同事和业务相关联的同事，让新员工知晓基本的业务流程和经办人。

（6）HR提供员工手册并回答任何问题，解释补偿和福利。

（7）HR提醒和监督用人部门迎新工作落实上述每一条，没有做到的记录在案，计入管理者绩效考核。

（8）HR更新员工档案和通讯录等相关人事资料。

3．入职一周

（1）用人部门提供部门业务培训，要求新员工要知晓基本的业务要求、流程、规范和经办人。

（2）企业规章制度、职业道德、行为准则和相关政策介绍。

（3）HR跟进了解新员工入职后的工作计划、培训等情况，了解新员工的困难和要求，及时协调资源帮助解决。

（4）给新员工布置一些简单工作和任务，以便熟悉基本工作流程。

（5）员工试用期考评方法和绩效评估指标确定，并与本人沟通。

4．入职一月内

（1）HR集中安排新员工入职培训，培训内容包括公司文化愿景、使命、价值观、业务介绍、组织结构、公司产品、业务模式、管理制度等。

（2）用人部门参照"新员工入职180天管理者培训计划"执行。

（3）试用期考核，定期反馈。

（4）询问和了解新员工的感受和反馈意见。

（5）检查布置给新员工的工作完成情况，以及后续工作安排。

（6）检查新员工培训项目的落实和效果。

（7）检查新员工工资是否发放正常，有无须要解决的问题。

5．入职三月内

（1）阶段性绩效评估。

（2）检查新员工的工作完成情况，以及后续工作安排。

（3）设定未来的绩效目标。

（4）检查员工培训进度。

（5）试用期考评和试用期结束流程。

（6）和员工交流，听取建议和意见。

6．入职六月内

（1）新员工半年绩效考核和表现评估（对于试用期为 6 个月的进行试用期考评）。

（2）检查新员工的工作完成情况，以及后续工作安排。

（3）设定未来 6 个月的工作目标和绩效指标。

（4）检查员工是否接受过所有必要的业务培训。

（5）试用期考评和试用期结束流程。

7．入职一年后

（1）进行新员工年度绩效考核和表现评估。

（2）讨论和设定下一年度的工作目标、项目和计划。

（3）讨论薪酬、福利调整或职业发展设想。

（4）定期听取新员工的反馈意见。

五、流程表单

下图是新员工入职流程图。

入职前　　　　　　　　入职当日　　　　　　　　入职后

用人单位

业务负责人准备：
（1）指定新员工的导师
（2）制定试用期目标、计划和培训计划

业务负责人准备：
（1）介绍新人给团队
（2）介绍公司和部门业务
（3）试用期工作目标、计划和考核要求
（4）发出欢迎信
（5）带新员工一起吃饭
（6）向协作部门介绍新员工
（7）解答新员工问题

按照相关管理制度和流程的要求对新员工进行试用期管理、培训辅导和考核

人力资源部

新员工入职准备、邮件通知

员工关系准备：
（1）办公电脑
（2）开通邮箱/账号
（3）工牌、工位
（4）办公用品
（5）劳动合同/员工手册

员工关系主管办理入职手续等

更新档案、通讯录、门禁权限等

督促和检查用人部门履新工作落实情况

与新员工沟通，了解新员工的心理动态与需求

新员工试用期管理和考核流程

新员工

准备相关入职资料：
（1）离职证明
（2）身份证
（3）学历证明
（4）入职体检资料
（5）照片
（6）银行卡

入职当天在上午9:00前到公司报到

填写入职相关登记表格，领取相关文件

如果有问题或困难，直接向主管或HR反映

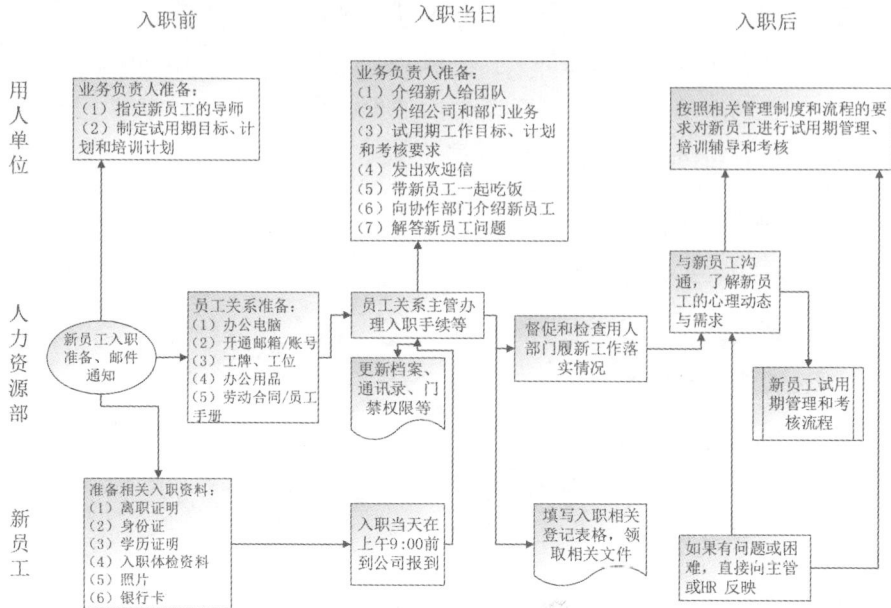

下面是新员工入职手续清单。

个人资料	姓名		年龄	
	性别		入职时间	
	部门		入职岗位	
	直接上级		员工代码	

请在入职前确认下列项目

类别	项　　目	确认状况	经办人	新员工签字
个人提供资料	员工入职登记表	□已办；□未办		
	个人简历	□已办；□未办		
	身份证原件及复印件	□已办；□未办		
	毕业证书、学位证书原件及复印件	□已办；□无须办理		
	工行银行卡（标注开户行）	□已办；□未办		
	离职证明	□已办；□无须办理		
	收入证明（银行入账单也可）	□已办；□无须办理		
	QQ和E-mail联系方式	□已办；□未办		
	健康证或体检表	□已办；补办时间：		
	白底1寸照片	□已办；□无须办理		

类别	项　　目	确认状况	经办人	新员工签字
行政人事部手续办理情况	指纹登记	□已办；□未办		
	名片	□已办；□未办		
	建立邮箱地址，加入通讯录（公司邮件群、QQ群）	□已办；□未办		
	员工手册	□已办；□未办		
	入职QQ群公告	□已办；□未办		
	劳动合同两份	□已办；□无须处理		
	员工保密及竞业协议2份	□已办；□无须处理		
	办公位置安排	□已办；□无须处理		
	PC配备	□已领；□未领		
	文具（办公用品）	□已领；□未领		
	办理停车证	□已办；□无须处理		
所属部门手续办理情况	无线网络	□已办；□未办		
	欢迎函	□已办；□未办		
	介绍公司	□已办；□未办		
	岗位职责与工作说明	□已办；□未办		
	直线上级	姓名：		

第二节　劳动合同签订与风险管控

新员工入职，第一件事就是签订劳动合同，切记！我在一家美国上市公司做HR总经理时，曾遇到过这样一个案例：一位年轻员工入职第一天，在送他去部门报到的路上，突发急病晕倒在公司内部道路上，120急救车到场未能抢救过来，人已去世。由于还没来得及签劳动合同，处理善后时非常棘手和麻烦。

不及时签订劳动合同的另一个风险是，有被要求"支付双倍工资"的风险。按照《中华人民共和国劳动合同法》（以下简称《劳动合同法》）第八十二条规定：用人单位自用工之日起超过一个月不满一年未与劳动者订立书面劳动合同的，应当向劳动者每月支付二倍的工资。

一、劳动合同模板与定制

绝大部分中大型企业都有自己经过律师审核过的定制版《劳动合同》，但依然有相当数量的企业，特别是二三线城市的中小企业，依然习惯于使用当地人社部门提供的《劳动合同标准模板》。在使用劳动合同标准模板时，需要注意几点。

（1）最大化利用附加条款。大部分劳动合同标准模板的后面都会有一个"附加条款"栏，供企业添加他们认为需要增加的条款。通常只有两三行的空间，一些企业图省事也就只是简单列出一两点内容。但我建议，使用劳动合同模板的企业应当重视附件条款的制定和添加。因为劳动合同标准模块是以劳动合同法的主要条款作为依据来制定的，立足点偏向于劳动者更多一些（这无可厚非），所以企业应当在法律允许的范畴内适当添加保护自身合法利益的条例。如果附加条款所留的空间不够，可以通过"另加附页"的方式弥补。

（2）增加合同附件。我们还可以通过"签订其他相关文件，作为劳动合同附件"的方式。可以作为劳动合同附件的文件包括 offer、员工手册、企业规章制度、竞业限制、保密协议等。作为劳动合同附件的文件，应当在劳动合同中明确标注。

从合法地保护企业利益的角度出发，我个人更倾向于建议企业使用定制版的《劳动合同》。使用定制版劳动合同需要注意几点。

① 合同条款必须符合相关法律规章的规定。参考的法律包括《劳动法》《劳动合同法》《中华人民共和国劳动合同法实施条例》，以及其他有关劳动报酬与社保相关的法律和地方法规。

② 定制版劳动合同可以在法律上允许企业自主决定，或法律规定可以由雇主雇员双方约定的事项上做出对企业有利的约定条款。

③ 在定制版劳动合同中，要避免"显失公平"的倾向性条款，特别是"明显对员工不公平"的条款，即使该项内容属于法律允许自主决定或者可以双方约定的情况。因为"公平"是《劳动合同法》的基本原则。

④ 定制版劳动合同必须经过劳动法律师或有经验的法律顾问把关审核。

二、合同风险管控一点通

以下所列出的是在劳动合同以及劳动合同签订中经常遇到的风险管控点，供读者参考。

1．关于工作时间、工时制

现行的工时制共有 3 种：标准工时制、综合工时制和不定时工时制。标准工时制来源于《劳动法》第三十六条规定：国家实行劳动者每日工作时间不超过八小时、平均每周工作时间不超过四十四小时的工时制度。不定时工时制和综合计算工时制出自原劳动部颁发的《关于企业实行不定时工作制和综合计算工时工作制的审批办法》（劳部发〔1994〕503 号）。一些企业为了减少支付加班费用，在劳动合同中对一些不符合条件的员工（如实行计件制的工人）选择采用"综合工时制"或"不定时工时制"，这是有风险的。事实上，对于采用"综合工时制"或"不定时工时制"的对象是有明文规定的。

《关于企业实行不定时工作制和综合计算工时工作制的审批办法》第四条规定，可以实行不定时工作制的职工为：

（一）企业中的高级管理人员、外勤人员、推销人员、部分值班人员和其他因工作无法按标准工作时间衡量的职工；

（二）企业中的长途运输人员、出租汽车司机和铁路、港口、仓库的部分装卸人员以及因工作性质特殊，需机动作业的职工；

（三）其他因生产特点、工作特殊需要或职责范围的关系，适合实行不定时工作制的职工。

《关于企业实行不定时工作制和综合计算工时工作制的审批办法》第五条规定：综合工时制"分别以周、月、季、年等为周期，综合计算工作时间，但其平均日工作时间和平均周工作时间应与法定标准工作时间基本相同"。可以实行综合工时制的职工有：

（一）交通、铁路、邮电、水运、航空、渔业等行业中因工作性质特殊，需连续作业的职工；

（二）地质及资源勘探、建筑、制盐、制糖、旅游等受季节和自然条件限制的行业的部分职工；

（三）其他适合实行综合计算工时工作制的职工。

对于计件制的工人，显然不适合采用"不定时工时制"或"综合工时制"。

2. 关于标准工资、基本工资、加班费

一些企业为了降低计算加班费的基数，于是便将员工的标准工资分解为基本工资、绩效工资、工龄工资、岗位津贴、住房补助等。并以故意设定的数额较低的基本工资作为计算加班费的基数。

关于加班费，《劳动法》和《劳动合同法》只是规定了支付不低于工资的150%、200%、300%的工资报酬。但并未对计算基数"工资"做明确说明。在实践（劳动仲裁和司法）中，通常遵循以下规则。

① 如劳动合同有明确约定工资数额的，按合同约定的工资数额作为加班费计算基准。如劳动合同中工资项目分解为基本工资、职务工资、岗位津贴、住房补助等，按各项工资（含补助津贴）的总和作为加班费计算基数。

② 如合同中没有明确约定工资数额或约定不明确的，以实际工资（含工资、奖金、津贴、补贴）作为加班费计算基数。但不含加班费、伙食补助和劳动保护补贴。

③ 实行计件工资的，以法定时间内的计件单价作为加班费计算基数。根据1994年劳动部印发《工资支付暂行规定》（劳部发〔1994〕489号）第十三条第三款规定：实行计件工资的劳动者，在完成计件定额任务后，由用人单位安排延长工作时间的，应根据上述规定的原则，分别按照不低于其本人法定工作时间计件单价的150%、200%、300%支付其工资。

3. 关于试用期

《劳动合同法》第十九条规定："劳动合同期限三个月以上不满一年的，试用期不得超过一个月；劳动合同期限一年以上不满三年的，试用期不得超过二个月；三年以上固定期限和无固定期限的劳动合同，试用期不得超过六个月。"

"同一用人单位与同一劳动者只能约定一次试用期。以完成一定工作任务为期限的劳动合同或者劳动合同期限不满三个月的，不得约定试用期。"

"试用期包含在劳动合同期限内。劳动合同仅约定试用期的，试用期不成立，该期限为劳动合同期限。"

《劳动合同法》第十九条规定："非全日制用工双方当事人不得约定试用期"。

任何不符合上述规定的条款，都是违法的，不生效的。

4. 关于工作内容和工作地点

大部分企业的劳动合同中对"工作内容"的描述比较简单，一些企业为了能够方便地调动员工去本企业的其他工作地点工作，于是便在劳动合同中不注明工作地点，或者在约定的工作地点后加上"以及其他工作地点"。这是有法律风险的。

《劳动合同法》第十七条第四款规定：劳动合同应当具备"工作内容和工作地点"条款；第三十五条规定：用人单位与劳动者协商一致，可以变更劳动合同约定的内容。这意味着当企业调动员工到新工作地点与劳动合同上标明的工作地点不一致，或转换员工的工作岗位和职责与劳动合同上标明的工作内容不一致时，应当"与劳动者协商一致"，否则是违法的。

这里，规避风险的办法是：在劳动合同上明确注明员工的岗位名称和主要职责；员工可能的工作地点的城市名、县市名。一般情况下，同一城市内的不同工作场所的变动不视为"工作地点的改变"，但如果是下属郊区县市、单列市等则被视为工作地点改变。

5. 关于合同签署和保管

有少数企业出于各种原因和理由，虽然与员工签署了劳动合同，但并不返还另一份合同正本让员工持有，而是两份合同全部保留在企业人力资源部，这是违法的。《劳动合同法》第十六条规定：劳动合同文本由用人单位和劳动者各执一份。

关于合同签署和保管的另一个风险是，企业已经在《劳动合同》上签字盖章，让员工在《劳动合同》上签字时，员工以各种理由拖延不签，或者借口"拿回去仔细看""与家人商量"为由故意拖延不签劳动合同或不交回企业已经签字盖章过的劳动合同。企业面临着《劳动合同法》第八十二条规定的"用人单位自用工之日起超过一个月不满一年未与劳动者订立书面劳动合同的，应当向劳动者每月支付二倍的工资"的风险。规避此项法律风险的方法有如下几条。

① 让员工先在劳动合同上签字，企业后签字盖章。即便员工需要带回家，也只是一份空白合同。这样企业始终把握住控制该项风险的主动权。

② 双方当面签字盖章。

③ 留取具有法律效力的证据，比如，相关录音录像、律师在场、邮件往来等。证明双方已经正式签署了劳动合同，或企业已经在劳动合同上签字盖章，员工迟迟未予返回应返回的企业劳动合同文本。

6. 关于"五险一金"缴纳

很多时候，一些员工以各种理由要求自己缴纳"五险一金"或公司帮助在自己指定的某地缴纳"五险一金"。对于员工自愿不缴纳"五险一金"的情况，企业人力资源通常的处理办法是，在劳动合同中（或另行签订协议）注明，或让员工提供书面承诺，员工自愿提出不需要企业缴纳"五险一金"，由个人自行缴纳，"五险一金"企业缴纳部分的金额，由企业和工资一并发给个人。对于员工要求异地缴纳"五险一金"的情况，企业通常的处理办法是，通过第三方社保代缴商业平台代缴。这两种处理办法均存在法律风险。

对于员工自愿不缴纳"五险一金"的情况，即便签订了相关条款或员工做出书面承诺，在法律上依然无法逃过不缴纳"五险一金"的法律责任。《劳动法》第七十二条规定：用人单位和劳动者必须依法参加社会保险，缴纳社会保险费。《中华人民共和国社会保险法》第二条规定：国家建立基本养老保险、基本医疗保险、工伤保险、失业保险、生育保险等社会保险制度，保障公民在年老、疾病、工伤、失业、生育等情况下依法从国家和社会获得物质帮助的权利。《住房公积金管理条例》（中华人民共和国国务院令第 710 号）第十五条规定：单位录用职工的，应当自录用之日起 30 日内到住房公积金管理中心办理缴存登记，并持住房公积金管理中心的审核文件，到受委托银行办理职工住房公积金账户的设立或者转移手续。由此看到，为员工缴纳"五险一金"是企业的法定责任和义务，该义务不随着企业与员工之间的任何约定而消失，也不以企业是否支付了款项为标准。

对于通过第三方商业平台代缴"五险一金"的情况，虽然现在已经非常普遍，市面上也有很多非常著名的规模较大的"社保代缴商业平台"，但我们依然应当警惕其中的法律风险。大部分平台代缴模式是：企业与第三方平台签订"五险一金缴纳代理合同"，再由第三方在当地的分支机构与员工本人签订一个形式劳动合同，平台以此形式合同为该员工在当地缴纳"五险一金"，企业将企业应缴纳部分的金额加上平台代理费用打入平台账号。《中华人民共和国社会保险法》第十九条、第三十二条、第五十二条规定：个人跨统筹地区就业的，其基本养老保险关系、基本医疗保险关系、失业保险关系"随本人转移，缴费年限累计计算"。因此，从严格的法律逻辑上来看，"五险一金"第三方代缴存在一定的法律风险。

7. 关于"保密协议"和"竞业限制"

对于"保密协议"和"竞业限制"存在着两种极端情况：一种情况是大部分中小企业对此相对忽视，认为企业小也没有秘密需要保密；另一种情况是对竞业限制协议的过分依赖和信任，以为只要签了保密协议和竞业限制就可以"万事大吉"了。

企业无论大小，企业运营数据、技术资料、产品参数、客户信息等都是企业的宝贵财富，都是需要对外保密的信息和资料，一旦被竞争对手获取，将会给企业造成不可估量的损失。因此，企业应当重视对信息和技术资料及敏感数据的保密工作。应当要求每个新员工入职时必须签署"保密协议"。

关于"竞业限制协议"很多企业认为，只要签署了"竞业限制"，员工即使离开了，也不能去同行那里工作了。这是一个误解。《劳动合同法》第二十三条规定：……用人单位可以在劳动合同或者保密协议中与劳动者约定竞业限制条款，并约定在解除或者终止劳动合同后，在竞业限制期限内按月给予劳动者经济补偿。这里有一个关键点：企业在竞业限制期限内按月给予劳动者经济补偿。如果企业未给予劳动者竞业限制的经济补偿或者劳动者未领取该经济补偿，竞业限制条款均不生效。

8．其他法律风险

劳动合同中可能存在的法律风险还包括如下内容。

① 在劳动合同中与员工约定终止劳动合同的情形，错！终止劳动合同的情形属于法定而非约定，《劳动合同法》中规定了终止劳动合同的各种法定情形。

② 在劳动合同中设立显失公平条款或不符合法律规定的条款。如约定入职后不结婚、不生育、发生工伤概不负责等。

③ 在合同中约定：乙方（员工）无条件接受甲方工作地点和岗位的改变。

④ 在合同中约定：员工参加职业培训需要一定的服务期，或约定员工参加企业提供的专项培训未满服务期，员工需要承担企业损失支付赔偿金。《劳动合同法》第二十二条规定：用人单位要求劳动者支付的违约金不得超过服务期尚未履行部分所应分摊的培训费用。第二十五条规定：

第二十五条　除本法第二十二条和第二十三条规定的情形外，用人单位不得与劳动者约定由劳动者承担违约金。

第三节　入职管理实操指南

一、新员工入职，投其所好

大部分情况下，人力资源在进行入职流程设计和管理时重点关注的常常是"公司需要怎样""新员工应当怎样"，立足点在于"企业"，而非"新员工"。大部分新员工在入职时也只是被动地跟随、静静地接受，很少能够激发起内心的激动。为什么呢？我们不妨换一个角度，如果我们的入职流程能够和新员工的期望相吻合，与其产生共鸣和互动，这样的入职管理是不是可以更有效果和效率？

新员工到新公司上班，最希望的事有以下几件。

（1）参观公司。新员工自然不希望第一天就被"埋藏"在一堆表格文件中，他们希望更多地了解他们刚刚加入的公司的真实情形。以前虽有了解，但还只是停留在纸面上和口头上的介绍，他们需要获得切实的感受。以"公司内部旅游"的形式开始他们的第一天，让他们有机会看到公司整体面貌，与未来的同事见面，绝对使他们内心萌动。

（2）在职培训。在职培训为新员工提供了发展自己的技能和知识以更好地满足公司需求的机会。有关调查显示，35%的员工认为入职培训会吸引他们留在公司。

（3）导师计划。"师傅带徒弟"是我们的传统。师傅不仅可以帮助新员工提升技能，而且在工作排忧、生活解惑、人际关系以及情感等方面给予新员工安慰，帮助他们摆脱工作和生活压力。

（4）职业发展。在新公司新平台，我能获得怎样的提升，这几乎是每个新员工，特别是新生代员工的相同愿望。在面试时，我经常被问到的一个问题是：在这里，我的职业发展空间有多大？我能获得怎样的提升？

（5）反馈有门。新员工很关心提意见的管道是否畅通，他们心里有想法、有怨言是否有地方去反映，反映的问题是否能获得解决或者反馈。

二、入职第一天的流程

（1）迟到。新员工第一天报到时间应该设在上班后至少两个小时，而绝对不要将报到时间设在和其他员工一起上班的时间。否则，至少有两个风险：一是当新员工提前到达时而其他员工尚未到达（大概率事件），迎接新员工的是一个上锁和黑暗的办公室，让新员工感到不受欢迎；二是新员工将目睹着老员工懒洋洋或者手忙脚乱地开始着一天的工作准备，给新员工一个非常不好的印象，也让新员工十分尴尬。

（2）重量级人物出面欢迎。当一个新员工入职时，如果有一个高管（如总监、总经理甚至 CEO）出面见他，哪怕只是寒暄几句、握握手、讲几句鼓励的话，这对新人来说都会感到莫大的感动。这是一个非常容易做到的小动作，收到的却是赢得新员工的大效果。

（3）专人负责入职流程。为了入职管理更专业，让新员工感受一个温暖、难忘的欢迎，建议安排专人负责入职流程和新员工接待。通常由员工关系部门或 HR 共享中心指定专人（如员工关系主管或经理）负责。以确保入职流程专业、正常和高效运行。

（4）欢迎午餐。一个热闹的午餐聚会会让新人感到温暖，陌生感和拘谨感会随之消失。并不需要搞一个盛大的 Party，也不需要花太多的钱搞聚餐，哪怕是从员工食堂打回来的工作餐。只是部门团队在一起，表达大家对新人的欢迎就行。但你需要认真对待，要把它作为一个向新员工体现团队和谐、展示大家庭式温暖的机会。

（5）指派导师。分配导师（或者师父）意味着你对新员工未来的发展有关心，意味着新人遇到问题有一个他可以随时问随时咨询的指导者。这对新员工克服紧张心理和忐忑不安有帮助，同时也对新员工塌下心来服务企业增加新员工稳定性有帮助。当然，指定导师要注意导师对企业文化的理解和态度将直接影响新员工对企业文化的认可和融入。如果你不想失去这位新员工，就不要让一个牢骚满腹充满负面情绪的人担当新人的导师。

（6）定调子和期望。入职流程是设定新成员表现和期望值的理想时机。我经常会遇到入职不久的员工向我抱怨："当初我入职的时候他们没和我讲清楚！"因此，人力资源和业务直线上级应当充分利用入职流程，让新员工知道他们可以期待什么，交代清楚他的职责、公司对新员工的期望，以及如何对他的绩效表现进行评估。新员工普遍抱怨的不是工作职责的多寡、评估标准是否公平，而是他们对职责的不清晰、不知道评估标准和怎样被评估。

（7）第一天不必太紧张。一些公司由于人手紧张，经常会让新员工入职初期就开始正式销售体验或者客户服务体验。让新员工花时间进行销售和客户服务是个好主意。但要注意，不宜让他们一开始就涉入很深或者太紧张忙碌。这里有两个考虑：一是一开始就紧张或让他们感觉到太多的挫折会吓到新员工，导致他半途而废；二是新员工业务不了解，免不了忙中出错，或会给客户带来不好印象；三是由于新员工的稳定性不详，一开始让他们涉足过深，了解到企业的深层秘密，万一离职，对企业的泄密风险较大。

三、给新同事一封欢迎信

写一封欢迎新员工的邮件并不困难，可能只需要几分钟的时间，却能给你带来员工满意度的提高和新员工离职率的降低，回报巨大。欢迎信范例如下。

各位同事：

我很高兴向大家介绍我们的新同事，David 张先生已经接受了我们的邀请，担任我们市场部经理职位。他将于今天（5 月 12 日）正式开始工作。请于下午 4 点在四楼会议室参加欢迎 David 张的仪式。

David 具有 15 年大型企业集团负责市场销售管理的经验，他先后在富士康、GE 中国等著名企业负责营销工作。在加入本公司之前，他是 ××（公司名称）公司的营销经理。

他毕业于 ×× 大学半导体材料专业，学士学位。目前他正在攻读中国人民大学工商管理在职硕士研究生学位。

作为市场部经理，David 主持和负责市场营销部门和营销人员的全面工作。向（上级姓名和职位）汇报。他的工作内容包括：

- 制定公司市场营销战略，设计整体营销策略和现有市场计划的执行。
- 研究潜在产品的需求以及客户需求，评估新产品机会。
- 与产品开发团队合作管理新产品的开发。
- 管理产品的分销渠道，包括电商渠道。
- 确保有效的品牌营销传播，包括在线营销和传统媒体营销。
- 管理社交媒体渠道的品牌营销。
- 为市场营销人员进行内部业务培训和提升。

他的办公室是：（地点）

他的工作邮箱是：（邮箱地址）

感谢 David 加入我们团队！希望各位同事大力支持 David 的工作。

（总监 / 上级的名字）

通常新员工欢迎信通过内部电子邮件系统发送给相关同事（或每一位员工）。

四、新生代入职风险防范

90 后早已成为职场主力军，更为值得关注的是，大批 95 后甚至 00 后已经开始进入职场。根据一项调查显示，超过 30% 的新生代会在入职后的头 6 个月内离职，有些甚至是不辞而别。因此，应当把对"防跳槽、防不辞而别"考量加入新生代的入职管理内容。

那么如何通过新生代的入职管理来减少新生代的高流失率呢？特别是对于那些无法像大公司那样提供全面入职培训计划的创业型公司尤为现实和重要。

（1）入职仪式非正式化。新生代的反叛精神决定了他们对几乎所有正式的、一板一眼的、传统的抵触和鄙视。他们认为，那些东西没有新意、没有特色、没有萌点。新生代员工可能对有特色、好玩、有新意的入职形式更有兴趣。

（2）沟通与反馈。新生代员工渴望不断的沟通和反馈。这种沟通和反馈不只是每年一次，而是希望每天都有。新生代对沟通和反馈的渴求主要来自三个方面：一是新生代的自我价值体现需求。他们需要有人关注他们，希望得到他人的认可，以体现他们的社会价值，满足他们"成就"的欲望。二是对他们观点的验证需求。新生代其实对他们的很多做法、观点是否有效心里也没有底，希望获得他人的看法，得到验证。三是他们对"一对一"导师的希求。新生代常常有一种自我迷茫，他们的职业发展和生涯规划其实是缺乏清晰的规划。希望身边有一个可以随时咨询和指点的"家教"。四是与他们自我改进的愿望有关。新生代员工自我实现、自我成就欲望较高，他们需要定期的反馈以及路线图来指导他们改进。

（3）找个"一对一"导师。新生代对"一对一"导师的需求，比 60 后、

70后、80后都要强烈。新生代是在"一对一"家教老师的伴随下成长起来的，对"一对一"导师有一种依赖感。指派一个导师或师傅来指导一个新生代员工有一些显著的效果。导师（师傅）解答他们工作中遇到的疑难问题，帮助他们提升业务技能，帮助他们在工作中建立良好的人际关系，实现他们雄心勃勃的目标等。

（4）个性化流程。一个呆板的入职流程对新生代是毫无吸引力的。新员工需要多种形式来开始和进行他们的职业发展。用通用的方式来指导新生代的入职管理是无法满足他们的需求的。应当考虑更多个性化的项目。比如，"一对一"咨询、挑战游戏、逆向指导等。所谓"逆向指导"就是在于高管沟通中，让高管（上级）和新员工一起参加游戏，一样面对相同的挑战，尝试寻找自己的解决方案，让高管向新生代学习，接受新生代的逆向指导。

（5）不要期望太高。刚刚走出校门，这些新员工对企业文化、对行业甚至对专业技术知之甚少。他们担心问出来的问题是初级基础或愚蠢的问题，害怕自己的"无知"会暴露。因此，要避免和消除他们的这种心理，期望值不要太高，需要假设他们是零基础。在培训和介绍时，要尽量避免使用专业术语、行话、减缩词。必须要使用时，应当做详细的解释。

第四节　入职培训，老话"新说"

一、培训形式，你可以做更多

新员工培训是每个企业的必备流程。每个公司的人力资源都会在新员工入职后进行新员工入职培训。但不同的公司入职培训的内容和形式各有不同。新员工入职培训通常由员工关系部门组织，企业大学（培训中心）和业务部门负责具体落实和运作。

对于入职培训，一些新入行的人力资源的年轻同仁们经常会有一些困惑：我知道怎么做，做什么，但我不知道我做得对吗？别人也是这么做的吗？

首先，我们需要进一步清晰为什么做入职培训。其实这点大家都知道，很简单，通过入职培训，让新员工尽快了解企业、了解企业规章制度、熟悉企业文化、熟悉工作流程，能够尽快进入角色，投入正常的工作中。并逐步接受和融入企业文化、满足岗位要求、胜任本职工作，具有专业性、创新性、主动性、积极性，成为能够为企业创造价值做出贡献的合格员工。

其次，通过入职培训，我们还需要让新员工明确工作职责，知晓本职工作流程和具体工作内容及要求，包括常用和专业工具的使用等。以使新员工能够尽快开展工作，进入工作状态，熟悉和适应岗位工作要求。

这两个目的通常可以通过两种不同形式和组织的入职培训来完成。

前者一般由人力资源部门负责组织和落实。培训方法有短期脱产培训、业余时间面授培训、在线自学集中考试等。培训时间通常安排在入职后最初的一周内，时间长度根据实际情况和培训内容而定，通常会介于一天至一周的时间。

后者由新员工所在的业务部门来组织和落实，培训方法有在岗培训、导师"一对一"辅导、参加部门内部定期业务培训、集中短期脱产培训、在线业务课程学习等。时间通常安排在入职后一周至六个月之间。培训时间随培训内容的不同而定，可以是半个小时至几个小时，甚至全天不等，以不定期、经常化为主要特点。

二、传统培训内容

新员工入职培训的内容主要包括以下几个方面。

（1）企业简介。

① 发展历史。

② 组织结构。

③ 企业文化。

④ 产品和业务。

⑤ 行业发展状况。

⑥ 周边环境及交、食、商、医、教信息等。

（2）企业规章制度。

① 员工手册。

② 人事行政制度。

③ 财务报销制度。

④ 保密制度。

⑤ 安全和质量制度。

（3）员工福利（福利、保险、股权激励、薪酬发放）。

（4）公司产品知识。

（5）行政事务（工牌、电邮设置、办公用品领取、停车位申请等）。

（6）消防和安全教育。

（7）ERP 系统和 OA 操作。

（8）绩效考核体系及方法。

（9）商业道德和反腐败。

以上内容通常由人力资源部门进行统一培训。以下培训内容通常由新员工所在部门负责进行。

（1）岗位职责和工作内容。

（2）工作流程和工作规范。

（3）工作相关的规章制度。

（4）工作质量要求。

（5）工作指导手册。

（6）横向协调部门及联系人。

（7）常用和专业工具的使用。

（8）在岗安全培训。

（9）在岗业务培训和专业技术提升。

三、培训讲师，防空、防假、防忽悠

入职培训的讲课通常由内部培训讲师负责。内部培训讲师一般是经过内部推荐后，人力资源部根据其资历、教案编写能力和水平、讲课技巧等项目进行考评后，特聘来担任公司内部培训课程开发和讲课。常常由企业的高管、经理、技术骨干和其他专业人员担任。

可以由一个培训讲师担任一项入职培训内容的授课，也可以采用一个培训讲师担任几项培训内容，或者多个培训讲师担任一项培训内容的授课。在入职培训前，人力资源应当做出"入职培训课程表"，注明课程项目内容、授课老师、授课时间、授课地点等，发送给内训讲师和参加培训的新员工。

内训讲师的选拔、聘用、管理、培养、考核、激励，应当制定相应的内部管理制度来规范。内训讲师一般都是业务骨干，实操经验丰富。他们讲授的内容真实、丰满，通常会受到员工的喜欢。对于内部讲师的管理和培养重点在于教案的结构和撰写、讲课技巧的提升。

很多时候，我们还会请一些外部讲师来企业内训。但需要关注的是，现在国内培训市场比较混乱、鱼目混珠，大量的缺乏管理实操经验，只会照搬书本的"搬运工培训师"充斥市场。还有一些曾在那些知名企业工作担任过职务的"培训师"，拿一些自己也说不清道不明、甚至逻辑不通但名声唬人的所谓"××管理模式"出来忽悠。这是我们要注意规避的。劣质的培训，将会扰乱员工的思维，误导员工走入管理歧途，导致企业遭受不必要的损失。看看市场上那么多所谓大公司的"著名管理模式"，但没有一个能够复制成功，没有一个落地成功收效。我们就不难认识到：培训风险防范很有必要。

四、培训考评与防范风险，一举多得

入职培训后应当对培训效果进行考试。培训考试方式可以采用笔试、口试、实操案例、在线答题等形式。

对于员工手册、员工奖惩规章制度的考试有 5 点建议。

（1）要采用书面笔试的方式。

（2）要独立试卷。

（3）要有参考人姓名和签字。

（4）要在试卷上注明："《员工手册》（或员工奖惩规章制度）培

训试卷"。

（5）要将此考试卷收入员工各自的员工档案。

为什么要这样特殊对待员工手册，员工奖惩规章制度的考试呢？原因很简单，按照《劳动合同法》相关规定，在处理劳动纠纷时企业具有证明相关规章制度已经告知员工的举证责任，否则企业会因为程序问题而败诉。如此处理，该培训考试试卷可以作为员工本人已知晓相关规章制度的书面证据。当员工与企业因劳动关系纠纷发生申请劳动仲裁或者民事诉讼时，让企业在符合法定程序上赢得一分。这是一个"一举多得"的风险防范办法。

第五节　试用期管理和风控

新员工入职通常会设置试用期，作为对新员工的水平、能力、经验、态度和道德的考察期。但我们需要注意的是，我们在做新员工试用期考评的时候，要注意避免"居高临下""掌握着生杀大权"潜意识。其实，试用期同时也是新员工对新雇主企业文化和工作环境是否适应和接受的思考期。所以是一个"双向选择"的过程。因此，我们需要端正态度，认真做好试用期的新员工考评。

一、试用期考评，不走形式

新员工的试用期考评内容，不同的公司有不同的考核项目和纬度。但总体上来说，不外乎有这么几大类：工作态度、工作能力、工作业绩、综合评定等。

工作态度：指新员工对工作所持的态度与行为倾向，包括价值观、职业道德、责任心、团队合作性、考勤和纪律性以及对工作是否认真、工作的积极性和主动性如何、努力程度怎样、对客户和他人的服务意识和态度如何等。考核因子有如下几个。

● 责任心——是否严格履行自己的职责，敢于承担有担当，是否有逃避责任和寻找借口？

- 纪律性——是否严格遵守各项规章制度，是否严于律己，是否经常迟到、早退和旷工？

- 积极性——工作是否主动积极，有无投机取巧、讲条件要挟，是否自我激励、自我学习？

- 合作性——工作协调和沟通能力如何，有无团队合作精神。讲求奉献而不计回报。

工作能力：指新员工在试用期内表现出来的个人的专业知识、经验、技能和才能是否满足所在岗位职责需求，也就是说新员工是否有能力胜任所应聘的岗位，是否称职。工作能力包括现实的工作能力和工作潜能。考核因子有如下几个。

- 专业技能——是否精通本岗位专业技能，了解行业趋势、独立解决问题、总结和提炼能力？

- 执行力——能否按期圆满完成上级交给的任务，有无创造性？

- 双创能力——是否有创新意识和创造力，对工作有独特见解和解决方案、有持续改进建议？

- 计划能力——能否有效制订工作计划，设定和预测工作期限，设计应急预案能力？

- 抗压能力——能否承受强大工作压力，在压力下工作，遇到困难不屈不挠？

- 沟通能力——能否主动交流？包括与领导、同事和客户的沟通协调能力如何？效果如何？

- 解决问题能力——能否独立解决问题，对于重大或特殊问题有方案有方法有解决有结果？

工作业绩：指新员工在试用期内按时保质保量地完成上级交给的各项经济效益指标和工作任务、实现工作绩效结果的情况。工作业绩是对新员工所担任的工作完成情况或者履行职务的结果的评价。考核因子有如下几个。

- 工作任务——包括完成工作的数量和质量，考虑工作的重要程度和难易系数。

- 工作效率——是否能正确有效地工作，投入产出比如何？

- 工作效益——取得的工作成绩，因此而产生的社会效益、经济效益、时间效益如何？
- 工作效果——工作表现能否赢得表扬和认可，有无投诉。

综合评定——除上述纬度和因子以外的整体评价。

但需要引起我们注意的是，试用期考评不要走形式。这里有两种情形。

一是，很多企业做试用期考评是本末倒置的，以"是否转正"为前置决定考评结果，而不是先有考评，后有根据考评结果决定"是否转正"。对于领导同意转正的，试用期考评就是走过场、走流程，只关注形式，填一大堆表格，很多表格还是事后补填，最后考评人简单地写上"同意转正"。并不能真正起到正确评估和考察新员工的考评作用。事实上新员工的一些问题和缺陷在面试时未能察觉的，往往会在试用期显露出来，正确有效地运用试用期考评，对于帮助新员工提升素质，帮助企业防范风险具有积极意义，不应当变成走过场。

二是，对于那些领导不同意转正，希望解除劳动关系的，很多时候试用期考评就不再进行，而是直接告诉对方：走人。这可能会给企业带来法律风险。虽然很多情况下，被解除劳动合同的员工并不一定申请"劳动仲裁"和"法律诉讼"。《劳动合同法》中对试用期解除劳动合同有明确的规定，在试用期被证明不符合录用条件的，举证责任在于企业雇主方。实践中这样的证明并非易事。如果企业能够严格地执行试用期考评制度，就可以降低和控制风险。

二、试用期考评方法的正确使用

试用期考核常用的方法是导师考评与360度考评相结合的方式。

新员工入职时，业务部门应当指派一位老员工作为他的"导师"（或师傅），关心和解决他在试用期遇到的问题和困难，帮助新员工迅速融入团队。同时，这位导师也肩负着考评责任。通常，导师每个月应当对他所辅导的新员工做一次全面评价。表现如何，有什么样的进步，需要做什么样的改进等。评价意见形成"月度评价报告"，发送到人力资源部。

在新员工试用期到达前大约两周至一个月，人力资源部门以书面方式正式通知新员工本人和所在部门对新员工在试用期内的表现进行评价，并填写《试用期考核表》等。员工对试用期的工作表现进行自评，人力资源部门分别组织新员工上级、同级和下级对试用期新员工进行"360度考评"。有些企业也会组织相关书面考试。考评和考试合格，发出并填写《试用期转正申请表》。综合上述结果，人力资源部做出试用期考评建议，按照试用期转正审批流程签批。该流程应当在试用期满前一周内完成全部流程。评估结果将对新员工的转正起到决定性的作用。

试用期考核结果有如下几种。

● 试用期合格，按期转正。

● 表现优异，提前转正。

● 试用期不合格，转岗或辞退。

如果员工在试用期内有薪资打折约定的，转正后应当按照入职时合同约定的薪资给付。当然经过双方协商一致，也可以重新确定薪资。

新员工转正后，人力资源部门、所在业务部门直属上级领导应当与员工进行转正沟通。反馈试用期转正时的考评情况和内容。肯定成绩、指出问题、了解需求、提出希望。同时，从企业文化、需求、建议等方面了解员工想法。对他们提出的合理需求及建议，及时反馈给相关部门。

试用期考评表如下所示。

《新员工试用期评审表》

姓名			部门			工号	
岗位			入职时间：2018年__月__日			试用到期时间：201×年__月__日	
考勤	病假		事假		旷工	迟到	早退	处罚	奖励
（天、次）									

员工自评	
	员工签名：

｛综合能力评价考核表｝

考核项目	考核内容	说　明	项目总分100分	评价标准			试用期评分
				较差	合格	优秀	
工作业绩（30分）	工作目标完工程度	完成每日的工作，达到目标，得到认可	10	1-5	6-7	8-10	
	工作效率	能及时按计划完成各项作业任务，效率高	10	1-5	6-7	8-10	
	工作质量	能确保工作质量	5	1-3	3-4	5	
工作态度（40分）	积极性	热爱工作岗位，高标准做好职务范围内的工作	10	1-5	6-7	8-10	
	纪律性	遵守公司各项规章制度及上级指示，忠于自己的岗位，表里如一	10	1-5	6-7	8-10	
	团队意识	团队内部沟通的能力及意识	10	1-5	6-7	8-10	
	责任感	工作认真负责，有责任心，遇到问题不绕道走	10	1-5	6-7	8-10	
工作能力（30分）	基本知识、技能	掌握试用期内所在岗位应具备的知识、技能，达到认定的基准	13	1-7	8-10	11-13	
	执行能力	理解工作要求，动手实操力强，处理灵活，独立承担本职工作范围内的工作任务	8	1-4	5	6-8	
	学习能力	勤奋好学，努力学习各项与工作相关的工作技能，更好地完成工作任务	6	1-3	3-4	5-6	
	表达沟通	横向合作协调能力强，与他人沟通顺畅	8	1-4	5	6-8	

评价意见：	综合得分	
	签　名	

部门意见	考核意见：
	建议：□ 同意转正　□ 不同意转正　□ 延期转正　　　　　负责人签名：＿＿＿＿＿
主管上级	考核意见：
	建议：□ 同意转正　□ 不同意转正　□ 延期转正　　　　　负责人签名：＿＿＿＿＿
人力资源	考核意见：
	建议：□ 同意转正　□ 不同意转正　□ 延期转正　　　　　负责人签名：＿＿＿＿＿

三、试用期，也是有法可依的

新员工试用期的设置和管理，必须符合法律规定。根据《劳动法》《劳动合同法》等相关规定，与试用期相关的法律条款如下。

（1）劳动合同除前款规定的必备条款外，用人单位与劳动者可以约定试用期、培训、保守秘密、补充保险和福利待遇等其他事项。（《中华人民共和国劳动合同法》第十七条）

（2）劳动合同可以约定试用期。试用期最长不得超过六个月。（《中华人民共和国劳动法》第二十一条）

（3）劳动合同期限三个月以上不满一年的，试用期不得超过一个月；劳动合同期限一年以上不满三年的，试用期不得超过二个月；三年以上固定期限和无固定期限的劳动合同，试用期不得超过六个月。（《中华人民共和国劳动合同法》第十九条）

（4）新录用公务员试用期自报到之日起计算，试用期为一年。（《新录用公务员试用期管理办法（试行）》）

（5）同一用人单位与同一劳动者只能约定一次试用期。（《中华人民共和国劳动合同法》第十九条）

（6）非全日制用工双方当事人不得约定试用期。（《中华人民共和国劳动合同法》第七十条）

（7）以完成一定工作任务为期限的劳动合同或者劳动合同期限不满三个月的，不得约定试用期。（《中华人民共和国劳动合同法》第十九条）

（8）试用期包含在劳动合同期限内。劳动合同仅约定试用期的，试用期不成立，该期限为劳动合同期限。（《中华人民共和国劳动合同法》第十九条）

（9）劳动者在试用期的工资不得低于本单位相同岗位最低档工资或者劳动合同约定工资的百分之八十，并不得低于用人单位所在地的最低工资标准。（《中华人民共和国劳动合同法》第二十条）

（10）劳动者在试用期的工资不得低于本单位相同岗位最低档工资的80%或者不得低于劳动合同约定工资的80%，并不得低于用人单位所在地

的最低工资标准。（《中华人民共和国劳动合同法实施条例》第十五条）

（11）在试用期中，除劳动者有本法第三十九条和第四十条 第一项、第二项规定的情形外，用人单位不得解除劳动合同。用人单位在试用期解除劳动合同的，应当向劳动者说明理由。（《中华人民共和国劳动合同法》第二十一条）

（12）用人单位与劳动者协商一致，可以解除劳动合同。（《中华人民共和国劳动合同法》第三十六条）

（13）劳动者在试用期内提前三日通知用人单位，可以解除劳动合同。（《中华人民共和国劳动合同法》第三十七条）

（14）有下列情形之一的，依照劳动合同法规定的条件、程序，劳动者可以与用人单位解除固定期限劳动合同、无固定期限劳动合同或者以完成一定工作任务为期限的劳动合同：（三）劳动者在试用期内提前3日通知用人单位的。（《中华人民共和国劳动合同法实施条例》第十八条）

（15）劳动者在试用期间被证明不符合录用条件的，用人单位可以解除劳动合同。（《中华人民共和国劳动合同法》第三十九条）

（16）新录用公务员试用期满，应当对其德、能、勤、绩、廉进行全面考核。考核应当在试用期满后三十日内进行，遇有不可抗力无法按期考核的，应当在相应情形消除之后的三十日内进行。（《新录用公务员试用期管理办法（试行）》第八条）

（17）用人单位违反本法规定与劳动者约定试用期的，由劳动行政部门责令改正；违法约定的试用期已经履行的，由用人单位以劳动者试用期满月工资为标准，按已经履行的超过法定试用期的期间向劳动者支付赔偿金。（《中华人民共和国劳动合同法》第八十三条）

四、试用期解聘，企业风险管控

对于在试用期内考核不合格，试用单位想要辞退的情况，我们要格外谨慎和小心。那种认为"试用期考核不合格，可以随时解除劳动合同""试用期解除劳动合同简单"的想法是错误的。按照《劳动合同法》第三十九条规定：劳动者在试用期间被证明不符合录用条件的，用人单位可以解除劳动合同。需要注意这里的"不符合录用条件"有严格的法律定义，并不是我们通常认为的"绩效不好""考核不合格"等。所以，我们简单地以"考核不合格""绩效表现不好""不能较好地完成任务"作为"不符合录用条件"的理由，解除试用期劳动合同是不可以的，具有较大的法律风险。

根据《劳动合同法》规定，以"不符合录用条件"解除员工的劳动合同需要同时满足以下四个条件。

（1）存在明确可操作的录用条件，而且有证据证明录用时该员工已经知晓。

（2）有证据证明该员工不符合录用条件。

（3）解除劳动合同通知书必须在试用期内做出。

（4）解除劳动合同通知书有说明理由，并在试用期内交由该员工签收。

以上四点缺一不可。而且需用有证据证明，否则都可能导致"解除劳动合同不生效"，企业承担违法解除劳动合同的不利后果。

在实践中，很多企业除了把"考核不合格"作为"不符合录用条件"的理由解除劳动合同外，以下理由也常常被用来作为试用期员工解除劳动合同的原因。

（1）身体不好，有病。

（2）不能胜任本职工作，能力较差。

（3）不服从领导管理，顶撞领导。

（4）连续两个月未完成销售任务。

（5）绩效考核得分较低。

（6）公司制度规定，绩效末位淘汰。

（7）试用期间出现重大工作失误，并且狡辩、强词夺理、态度恶劣。

（8）发现入职时提供的信息造假。

（9）严重违反企业规章制度。

（10）其他。

但上述各条款中，除第 6 条、第 7 条、第 8 条外，其他 7 条均不符合法律规定的可以解除劳动合同的理由。

第七章

离职管理：告别生硬

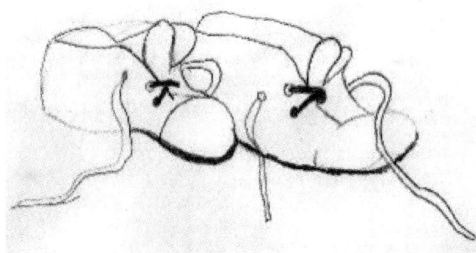

某跳楼事件凸显离职管理重要

最近，在微信朋友圈里传得纷纷扬扬的某跳楼事件，有很多种说法。但无论如何，从HR的角度看，企业离职管理绝对是个重要的话题。我在微信朋友圈里写道："离职谈话是个技巧性很强的技术活，不可草率而为。影响的也许就是一个鲜活的生命。"

前天，一位朋友给我来电话，告知他在试用期被解除劳动合同了。公司给他的理由是：不适合公司文化。我这位朋友非常恼火，要我帮他找一个劳动合同法律师，要和他的前东家打官司。显然，如果我的这位朋友申请劳动仲裁或打起官司来，他的前东家必输无疑！我有点惊奇他的前东家HR的离职管理水准。由此，我也在猜想"跳楼事件中的公司HR是怎样和他交流的呢？"这样的问题。用前年的一句网络流行词就是"扎心了，老铁"。

新员工入职，对于大部分人力资源的同仁们来说，只是程序性的填表格、领办公用品之类的事务性工作，通常由员工关系的专员负责完成。很少有人认真地去思考过，或者当成一个重要的人力资源项目去管理。本章将结合我多年实战中积累的一些经验和体会，和读者们分享一些我对入职管理的思考和实践。

第一节　流程制度严谨清晰

离职管理是一项重要的人事管理项目。

入职总是千篇一律，而离职各有各的不同。离职管理比入职管理更复杂，操作难度更大。因此，必须依仗着一套严谨、细密、清晰的流程制度来保证。

一、林林总总"话"离职

通常，离职分为"主动离职"和"被动离职"两种。主动离职指员工因为某些自身原因而主动发起的自愿终止与雇主之间劳动关系的行为。被动离职指由雇主发起的要求与员工解除劳动关系的行为。被动离职处理不当常常会引发一些不快、冲突、群体事件和一系列法律诉讼行为。

具体说来，离职有以下几种类型。

（1）员工主动辞职。员工主动辞职的原因有找到新的工作、自己做生意创业、不喜欢现公司或领导、搬家到外地、继续学习深造等原因。辞职是自愿的，因此相对比较简单。雇主需要考虑的是，如何留住员工和如何防止员工进一步流失。在员工主动辞职中有一种特殊情况"员工自动离职"，即员工不辞而别，连续旷工超过三天且无法联系，则通常被认为自动离职。

（2）自然离职。自然离职的情况有六种：一是劳动合同期满不再续签合同；二是劳动者开始依法享受基本养老保险待遇；三是劳动者死亡或者被人民法院宣告死亡或者宣告失踪；四是用人单位被依法宣告破产；五是用人单位被吊销营业执照、责令关闭、撤销或者用人单位决定提前解散的；六是法律、行政法规规定的其他情形。

（3）退休。员工达到法定退休年龄，员工与雇主之间的劳动关系自然终止而发生的离职。退休是一种特别的自然离职。当然，如果退休员工工作能力较强，经验丰富，本人有继续工作意愿，企业也愿意继续雇用，可以采用"返聘"的方式，使达到或超过退休年龄的员工"退而不离"。

（4）雇主解聘。雇主（用人单位）解除劳动合同的原因通常包括员工严重违纪、工作表现业绩差、到达退休年龄、公司减员、公司解散等。虽然在实操中，有一些用人单位解除员工劳动合同的理由千奇百怪。但法定的用人单位可以解除劳动合同的理由大致有以下几种。

① 用人单位与劳动者协商一致。

② 劳动者在试用期间被证明不符合录用条件的。

③ 劳动者严重违反用人单位的规章制度的。

④ 劳动者严重失职，营私舞弊，给用人单位造成重大损害的。

⑤ 劳动者同时与其他用人单位建立劳动关系，对完成本单位的工作任务造成严重影响，或者经用人单位提出，拒不改正的。

⑥ 劳动者以欺诈、胁迫的手段或者乘人之危，使对方在违背真实意思的情况下订立或者变更劳动合同的。

⑦ 劳动者被依法追究刑事责任的。

⑧ 劳动者患病或者非因工负伤，在规定的医疗期满后不能从事原工作，也不能从事由用人单位另行安排的工作的。

⑨ 劳动者不能胜任工作，经过培训或者调整工作岗位，仍不能胜任工作的。

⑩ 劳动合同订立时所依据的客观情况发生重大变化，致使劳动合同无法履行，经用人单位与劳动者协商，未能就变更劳动合同内容达成协议的。

⑪ 依照企业破产法规定进行重整的。

⑫ 用人单位生产经营发生严重困难的。

⑬ 企业转产、重大技术革新或者经营方式调整，经变更劳动合同后，仍需裁减人员的。

⑭ 其他因劳动合同订立时所依据的客观经济情况发生重大变化，致使劳动合同无法履行的。

二、离职流程有图有真相

每个企业都有自己的离职管理流程。员工主动辞职和企业辞退员工在离职流程上稍有不同。员工主动辞职的一般流程大致如下。

（1）辞职申请。员工应当提前一个月（试用期内提前三天）向雇主提出书面辞职申请，告知雇主离职理由和最后工作日。很多企业采用在线申请的方式，员工可以通过内网的 OA 平台提出辞职。

（2）表格填写。员工向人力资源部门索取或通过内网 OA 平台并填写"员工离职申请表"及其他相关表格的填写。

（3）辞职批准。员工辞职批准人通常包括该员工的上级部门负责人、上二级主管领导、人力资源部负责人，必要时需要直到获得总经理（或老板）的批准。

（4）离职访谈。通常由人力资源部员工关系部门以及员工的直接上级分别进行。了解员工离职的真实原因，提出挽留意向和挽留方案，了解员工对公司的意见和建议，以及随时欢迎回来工作和希望今后继续关注我们等其他内容。

（5）相关手续办理。包括工资结算、财务备用金清理、工作和文档交接、公司财产归还、开具离职证明、办理社保转移手续、交回员工卡等。

（6）假期和解密期处理。对于员工积攒下来的假期通常是将员工应休假天数按照日工资率折算到离职工资结算中。但也有企业让员工先休完所有假期后办理离职手续。对于脱密期，英文中叫 Garden Leave，即员工离职后原雇主仍然支付一定期间（通常为六个月）的工资，条件是员工只能待在家里不能去找工作。这是雇主防止职业经理人跳槽到竞争对手那里的一种"竞业限制"办法。国外企业比较流行。

对于辞退员工（标准法律用语是"用人单位单方面解除劳动合同"），后三项流程是相同的，但前三项流程有一些差异。

（1）辞退提前准备。是以什么样的理由辞退员工，是否符合法律规定？法定的程序和手续有哪些？需要哪些必要的文件和证据。有些证据需要事先收集和固化。这些都要在准备辞退员工前预先设计和做好。

（2）通知工会或政府部门。劳动合同法规定：用人单位单方解除劳动合同，应当事先将理由通知工会。如果工会认为系违法解除，有权要求用人单位纠正。用人单位应当研究工会的意见，并将处理结果书面通知工会。劳动合同法还规定：企业需要裁减人员二十人以上或者裁减不足二十人但占企业职工总数百分之十以上的，用人单位提前三十日向工会或者全体职工说明情况，听取工会或者职工的意见后，裁减人员方案应向劳动行政部门报告。

（3）辞退通知（面谈）。通知员工被辞退通常有两种方法：书面通知和当面通知。我个人建议采用当面通知的方式比较稳妥。通知员工被辞退

不是一件简单和轻松的工作,应当认真诚恳严肃对待。当面通知有几个好处:
一是面谈表示对此事的重视和认真;二是当面沟通可以使用语音和肢体语
言等委婉表达、缓解对立;三是可以密切关注被辞退人的心理波动,对沟
通内容适时进行调整;四是既是辞退通知,也是离职访谈,可以了解到更
多真实的东西;五是方便通知后立即办理相关手续和后续事项。

离职管理流程图如下所示。

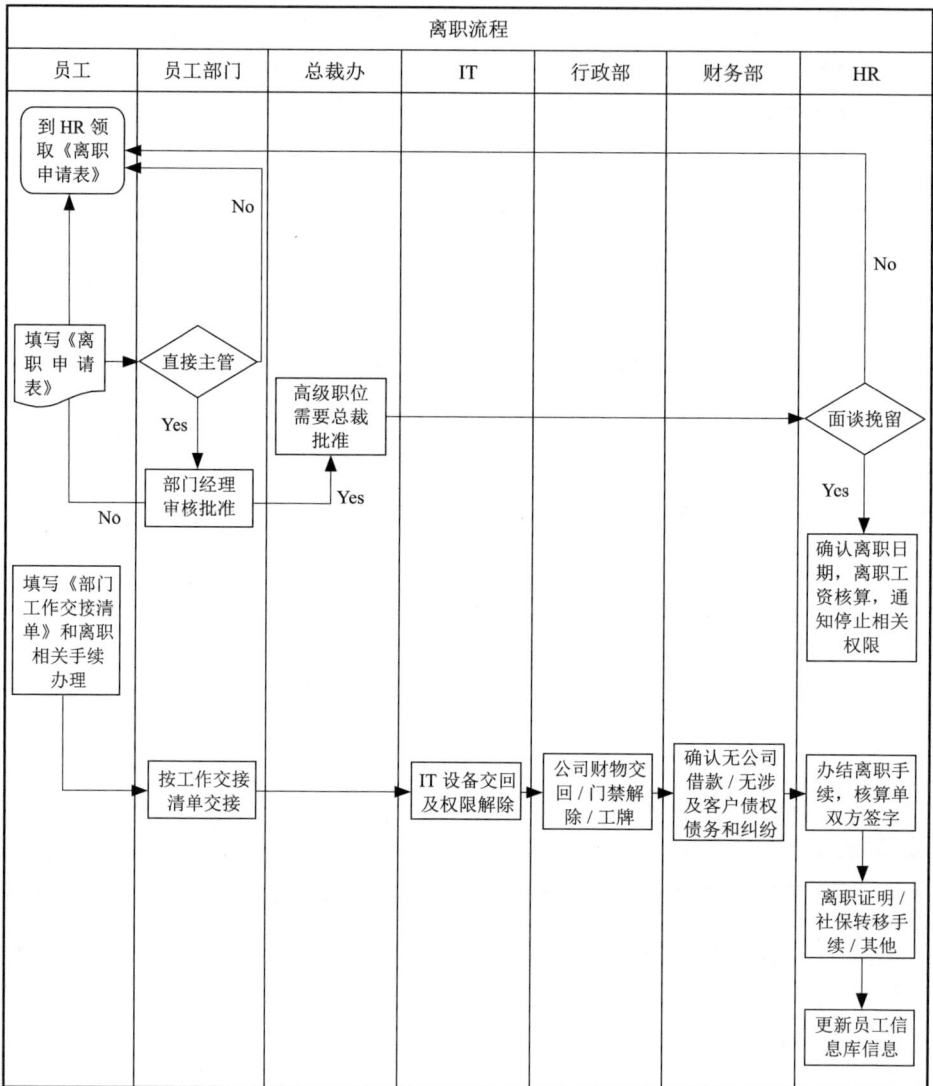

离职流程						
员工	员工部门	总裁办	IT	行政部	财务部	HR
到HR领取《离职申请表》						No
填写《离职申请表》	直接主管 / No / Yes / 部门经理审核批准	高级职位需要总裁批准 / Yes				面谈挽留 / Yes / 确认离职日期,离职工资核算,通知停止相关权限
填写《部门工作交接清单》和离职相关手续办理						
	按工作交接清单交接		IT设备交回及权限解除	公司财物交回/门禁解除/工牌	确认无公司借款/无涉及客户债权债务和纠纷	办结离职手续,核算单双方签字
						离职证明/社保转移手续/其他
						更新员工信息库信息

三、离职管理不只是流程，还有制度和表单

离职管理制度是一个非常重要的企业对员工离职行为进行规范管理的指导性文件。离职管理制度总体有以下几个部分组成。

（1）目的：为什么制定本离职管理制度。通常解释是：为了规范和完善离职管理，保障公司及员工的合法权益。

（2）适用范围：显然适用于全公司、含下属各分子公司、控股公司及分支机构等。

（3）职责分工：规定相关部门在离职管理中的角色扮演和职责分工。

（4）离职流程：离职流程各公司虽有不同，但大致相似，并无太大差异。离职流程中通常会定义离职的类型，然后再根据不同的离职类型，设计不同的离职流程。基本流程可分为：辞职流程（员工提出）和辞退流程（公司提出）。两者前部分有所区别（发起主体不同），后部分流程完全一致

（5）相关表单：与离职管理相关的一些文件、表单的列举和示例。

附：范例《离职管理制度》，仅供参考。

离职管理制度

一、目的：为规范公司离职管理，保护公司和离职员工合法权益，提高公司管理水平而制定。

二、范围：集团公司及其子公司

三、定义：名词和术语解释

四、职责：

1. 用人部门

（1）向人力资源部提报拟离职人员名单。

（2）员工辞职，上级主管领导应当尽力挽留。

（3）告知员工有关离职手续，并和人力资源部配合确保完成相关手续。

（4）确保工作平稳交接。

（5）检查和确认所有公司物品（包括工作服、设备/工具、文件资料）已经归还。

2. 人力资源部

（1）跟踪劳动合同到期情况，并按规定提前通知相关人员。

（2）确保离职程序和解除理由符合法律规定。

（3）离职访谈。

（4）离职文件准备和离职手续办理。

（5）培训部门检查辞职员工的服务期和补偿金状况。

（6）薪酬福利部门核算离职员工截止离职日的考勤、休假，计算应付工资。

（7）员工关系部门负责办理离职证明、社保转移手续等。

（8）员工关系部门负责离职文件存档。

3. 法务部

（1）配合人力资源部对因离职导致的劳动仲裁或劳动争议，法律诉讼案件应诉。

五、离职流程图：（略）。

六、离职管理：

1. 离职通知

（1）解除劳动合同的通知由人力资源部发出。

（2）公司提出解除劳动合同，应当提前一个月或支付一个月工资作为代通知金。

（3）公司提出与试用期内员工解除劳动关系时，必须符合法律规定。

（4）劳动合同期满不再签署劳动合同的，应当提前30天书面通知员工。

2. 员工提出辞职

（1）员工在试用期内提出辞职，应当提前3天向公司以书面方式提出。

（2）员工因个人原因提出辞职应提前30天，试用期内应提前3天向其直接上级提交《离职申请表》。

（3）人力资源部门获得离职信息后应主动与离职人联系做离职面谈，确定离职日期以及相关离职程序的指导。

3. 合同到期

（1）人力资源部在合同到期前至少30天向员工发送书面《劳动合同到期通知》。

（2）公司不再与员工续签劳动合同的，人力资源部应至少提前30天以上书面方式通知员工。

（3）员工不愿意续签的，应在合同到期前30天书面向公司人力资源部或主管上级提出。

4. 解除劳动合同

（1）解除劳动合同应当符合法律规定。

（2）以"严重违反公司规章制度"理由解除劳动合同的，必须提供相关证据材料，经人力资源部会同法务部，并与工会协商同意后，方可进行。

（3）以"不能胜任工作"理由解除劳动合同的，业务主管部门应当提交"经过培训或者调整工作岗位，仍不能胜任工作"的证据材料。

（4）对于试用期员工解除劳动合同，应当以"不符合录用条件"为标准。直接主管应提交"试用期员工不符合录用条件"的证据，并填写《试用期考评表》。在履行了相关批准程序后，方可解除劳动合同。

5. 离职访谈

（1）员工离职，其直接上级或人力资源部应当进行离职访谈。了解员工辞职的原因，征求离职员工对公司的建议和意见，平和离职员工的情绪波动，以及其他内容。

（2）公司鼓励离职员工对公司业务、管理等各方面提供合理化改善意见。

6. 保密协议和竞业限制管理

签有保密协议和竞业限制的员工应遵守协议内容，公司应当依照竞业限制协议的条款支付竞业限制补偿金。

7. 离任审计

对于副总裁及以上或关键岗位的员工提出辞职或被公司解除劳动关系时，公司应当进行离任审计。审计由财务部进行。离任审计完成前，当事人不得离开公司。

8. 离职程序

（1）员工因个人原因提出辞职的，由本人填写《离职申请表》并获得相关批准。

（2）员工离职当日应按照《工作移交单》中规定的项目和流程，交还公司财物，获得相关部门的签字批准。

（3）未完成工作交接或未归还公司财物等未完成离职交接手续的，不予离职结算。

（4）出勤单应该在离职日交给人力资源部。包括加班申请单、加班批准单、请假申请单、请假批准单。

（5）相关部门应陪同立即解除劳动合同人员进行所有离职清单的签署流程。如果有必要，可要求保安陪同。

七、附则：

1. 本制度的解释权和修订权归公司人力资源部门。

2. 本制度自发布之日起施行。

八、相关文件

1. 《劳动合同到期通知》

2. 《离职申请表》

3. 《工作移交单》

4. 《部门工作交接清单》

5. 《离职访谈表》

6. 《解除劳动合同证明》

7. 《试用期考评表》

离职管理相关表单如下。

附件1

离职申请书

尊敬的领导　　您好：

本人_____由于_____原因，无法继续为公司（单位）服务，现特提出离职，望公司领导予以批准。同时感谢贵公司一直以来对本人的帮助。谢谢！

申请人：_____

____年____月____日

附件 2

员工离职申请表

姓名		工号		部 门	
入职日期		合同有效期至		职 位	
申请日期		预计离职日期			
离职类型	□ 辞职	□ 辞退	□ 自离	□ 开除	□ 其他

离职原因详述：（若是辞职，由申请离职员工填写，其他情况由部门主管填写）

离职员工对公司的建议：

所属部门意见	□同意 □不同意　　部门主管签名：　　日期：　　年　　月　　日
直属副总	□同意 □不同意　　签名：　　日期：　　日期：　　年　　月　　日
人力资源总监	□同意 □不同意　　签名：　　日期：　　日期：　　年　　月　　日
总经理	□同意 □不同意　　签名：　　日期：　　日期：　　年　　月　　日

注：1. 试用期员工必须提前 3 天，已转正员工必须提前 30 天提出离职申请。

2. 此审批表完成所有签字后，交人力资源部。

附件 3

部门工作交接清单

工号：_____ 姓名：_____ 部门：_____

职位：_____ 最后工作日：_____ 直接上级：_____

项目	序号	交接内容	离职人签字 / 日期	接收人签字 / 日期
部门工作移交	1			
	2			
	3			
	4			
	5			
	6			
	7			
	8			
	9			
	10			
	11			
	12			

直接上级审核是否全部交接完成

□已完成

□未完成，原因：

直接上级签字 / 日期：

附件 4

员工离职交接表

工号：　　　　　　姓名：　　　　　　　　部门：

直接上级：　　　　工作地点：　　　　　　最后工作日：

相关部门	基本信息	签名	日期
部门经理	□本部门工作已完成交接，交接给：　　　　　　管理人员须附交接清单 □分配的工具、器材等交接　□办公橱柜钥匙交接 □文件交接 □其他，请注明：		
IT 部	□回收电脑 □取消内部网络账号 □电子邮件账号：　□取消　　□保留 □ 取消门禁／用餐系统许可　　□ 取消 ERP 账号 □其他，请注明：		
行政部	□返还计算器、文具等 □返还名片 □返还图书 □返还工作服 □返还宿舍房卡与钥匙 □其他，请注明：		
人力资源部	□社保缴费截至月：　　公积金缴费截至月：　　当期考勤结算（从　　年　　月　　日至　　年　　月　　日） 离职当月考勤：　　　　　　　　　　　　　 年假结余：　　　　　　调休结余：　　　　　 商业保险：如您还有未结案的理赔，请确保您之前提交的银行卡能够正常使用。 □离职者签有培训合同，须返还培训款人民币　　元 □离职者签有脱密期条款，须付公司违约金人民币　　元，赔偿金人民币　　元 回收员工卡。出具离职证明。 其他，请注明：		
财务部	□培训合同返还款已收回 □违约金已收回 □赔偿金 □无其他欠款		

以上工作移交已确认无误！签名：

联系电话：　　　　　　　　　　日期：

附件 5

离职访谈表

工号：		姓名：		部门：	
职位：		最后工作日：		直接上级：	
离职原因：					

项目	目前情况	改善意见
工作情况及发展		
团队关系（本部门及跨部门）		
薪资福利 / 员工激励		
工作资源及环境		
离职去向		
其他意见及建议		

联系方式（电话、微信、QQ）：			
离职人员签字 / 日期		面谈人员签字 / 日期	

附件 6

解除劳动合同证明书

_____先生 / 女士（身份证号_____，个人社保代码_____）自_____年____月____日加入本公司，由于_____原因，于_____年____月____日解除劳动合同关系，其在本公司的最后工作日为_____年____月____日，特此证明。

单位经办人：　　　　　　　　　　用人单位（公章）：

联系方式：　　　　　　　　　　　　　年　　月　　日

第二节　离职手续，不怕事多就怕多事

员工的离职手续办理主要包括几个方面：工作交接、公司财产归还、IT事务处理、HR 离职手续办理、结算、离开公司。

一、工作交接，简单的不简单

（1）工作交接内容和方式。离职工作交接内容主要包括三大项：工作事项、文件资料、业务资源。具体说，有以下九个方面的内容。

① 以前的工作成果。

② 正在进行的工作和项目。

③ 已经完成但结果对今后可能产生影响的工作和项目。

④ 尚未开始但应当立即开始或者不久应当开始的工作。

⑤ 今年计划开始工作。

⑥ 所有业务文件（收到的和发出的）的电子文本和纸质版。

⑦ 所有相关资料（包括客户信息、工作计划和总结的电子文本和纸质版）。

⑧ 相关工作联系人，特别是外部客户或供应商。

⑨ 其他应当交接的事项。

工作交接通常在部门内进行，离职员工将相关工作内容及所有纸质和电子版的文件资料移交给部门经理指定的工作交接接收人。工作交接通常在正式办理离职手续前需完成。

上述内容看似简单，但要真正做好其实非常难。如果交接不好或不清，对以后工作的平稳过渡有极大的影响。这对离职员工所在部门的主管领导提出了较高的要求。

（2）交接工作需要特别关注的事项。离职工作交接要注意以下几点。

● 部门经理应当指定专人接收工作交接，不宜随便找个人："你先接一下"。通常工作交接接收人也是将来可能接替该离职员工工作或职位的人。

● 工作交接应当仔细认真，进行必要的解释和提醒，并非一股脑儿地把所有文件抱来往眼前一放"文件都在这里"。

● 接收人应当仔细查验文件的位置、是否完整、有无遗漏。不清楚的需要问清楚。

● 对于电子文本文件应当清楚地了解文件分类规则、存放地点。同时在逻辑上判断文件是否完整，是否存在缺失或者被复制的问题。

- 对于涉及外部第三方的，如客户或供应商（服务商）的，应当附有客户名录和联系人联系方式。部门经理应当发公务邮件正式通知所有客户：××先生已经离开本公司，其工作由××女士接替。今后，所有活动均由××女士负责联系。
- 工作交接应当有"工作交接清单"，交接双方应当签字确认，并经过部门经理确认签字。"工作交接清单"应存档。
- 工作交接应当有第三方在场。

二、归还企业财产

员工离职应当将所有属于公司的资产、物品、非物质性财产归还企业。主要包括以下内容和项目。

（1）所在部门：工作记录和数据、业务文件和资料、固定资产、工具、办公用品等。

（2）IT部门：电脑及相关配件、电子设备、U盘、移动硬盘、所有网络登录账号和密码。

（3）人事行政部门：胸卡、工作证、员工手册、图书、工作服、宿舍用品及费用等。

（4）财务部门：借款、未结备用金等。

（5）业务部门：业务员有无在供应商或者经销商处借款、借拿经销商物品。

（6）其他部门：其他公司有形和无形资产。

三、IT动作，稳准狠

员工提出离职时，或者公司准备解除与员工的劳动合同前，应当及时通知IT部门按照离职流程采取必要的行动，以保护企业数据、网络、系统安全，防止数据和系统被破坏和盗窃。同时保存和备份必要的敏感数据、记录、日志以及可以作为未来可能发生的劳动关系纠纷法律诉讼证据的其他材料。通常我会让 IT 在我和通知被辞退员工前（或者辞退通知谈话中）采取以下相关行动。

（1）提前做好相关数据备份，防止信息丢失。

（2）立即撤销离职员工对所有计算机、网络和数据的访问权限。

（3）限制或终止员工登录内部邮箱或使用外部系统账号（如微信公众号或客服账号）。

（4）解除员工门禁登入许可及其他电子识别系统账号（指纹机、考勤机、办公设备等）。

（5）加强系统的安全性监控，防止安全威胁。

（6）注意对辞退员工项目数据和日志备份，为可能的法律诉讼准备必要的证据。

（7）收回离职员工的电脑、门禁卡及 IT 相关的设备、公司物品。

虽然绝大多数不会发生类似信息数据丢失、公司网络被攻击等问题，但我们有什么理由要冒险呢？

四、人事手续，平凡的不平凡事

员工离职，作为人力资源部门应当主动为离职员工办好相关的人事手续和证明。大部分情况下，离职员工对应当办理哪些手续、怎么办都不太了解。因此需要我们人力资源的同事以职业的精神和专业的态度，做好离职的人事相关手续的办理，给离职员工最后留下一个好印象。

人事相关的手续包括如下内容。

（1）离职证明。很多员工对离职证明的重要性认识不够，往往离职时并不向人力资源部门要求开具。而当他找到新工作，新雇主向他要《离职证明》时，才想起来回原公司要离职证明。因此，我们人力资源部门应当把给离职员工开具离职证明作为我们离职流程中的一个必要环节来办，以提高工作效率，也方便了前员工。

（2）"五险一金"手续。员工离职后，人力资源应当在 15 天内为前员工办理"五险一金"的转移手续。一般的做法是：到人社局的网站上在线填写（或下载）《社会保险增减表》，按照表中的内容填写离职员工的相关信息。离线下载的表格，则需要加盖公司公章，附带盖有公章的《解除劳动合同证明》，到当地行政中心的社保柜台，办理员工社保减少手续。

（3）员工档案。对于离职员工的档案的处理有三种：一是将员工档案交由当地人才中心托管；二是当离职员工找到新单位后，将员工档案转至新公司；三是离职员工未要求转移档案的，保留在公司人力资源档案室。这里所说的"员工档案"是指员工入职时，从其原单位转入的档案，同时增加该员工在本公司的档案。对于员工入职时无档案转入，该员工的档案系由本公司建立，则该员工档案由公司自行保存。

（4）《就业失业登记证》（劳动手册）。《就业失业登记证》是劳动人事和社会保障部门发给劳动者（通常是当地居民）的一个记录就业和失业状况、进行就业和失业登记、享受公共就业服务和就业扶持政策、享受失业保险待遇等的合法凭证。因此，员工离职时，应当将《就业失业登记证》归还前员工，以方便他进行再就业或在无法找到工作时领取失业救济金。

五、离职结算有讲究

通常员工完成所有工作交接，归还了公司所有财务，IT 完成了离职员工的所有网络登录和门禁权限，HR 收回了员工胸卡、工作证、员工手册等后，离职手续的最后一步就是完成离职结算。离职结算内容如下。

（1）截至离职最后一日的未付工资（含加班工资、各种补助和津贴）。

（2）所有调休、未休年假、福利假等折算。

（3）应缴纳"五险一金"和代扣个人所得税扣除。

（4）离职补偿金。

（5）公司借款扣除。

离职结算结果应当获得员工本人的认可和同意，并签字确认。离职结算清单应当一式两份，由员工签字并加盖公司公章后，员工和人力资源薪酬部门各执一份。

六、离开，新的开始

当员工签字确认完离职结算清单，这就基本完成了所有离职手续，到了握手说拜拜的时候了。一般情况下，人力资源部应当派专人陪同护送离职员工离开公司大门。一方面，当员工完成了离职手续后，他的身份变成了"非员工""访客"，应当按照外来"访客"对待；另一方面，由人力资源派专人陪同和护送离开，也表示了公司对离职员工的热情，给离职员工一个好的最后印象。

第三节　离职访谈，且行且珍惜

很多时候，我们人力资源员工关系部门的同事把与离职员工的沟通作为一项工作来完成。离职流程中必需的流程，不得不做，应付差事。这是不对的。与离职员工的沟通是一个极为重要的环节，它对于了解员工离职的真实原因，发现管理存在问题，提升和改善企业管理水平，消除离职员工对企业不必要的误会甚至敌意，防止意外事件发生具有积极意义。

一、真诚是王道

离职访谈谈什么，事关你能否通过访谈真正有所收获。取决于你是想走过场应付差事，还是真正想获得对企业改善管理有用的信息。离职访谈通常会聊以下几个主题或问题。

（1）你为什么会辞职？

（2）我做什么能够让你留下？

（3）你愿意推荐你的朋友加入我们公司吗？为什么？

（4）你喜欢我们公司的哪些方面？

（5）你不喜欢我们公司的哪些方面？

（6）你对公司有什么建议？对我们人力资源有什么希望？

（7）辞职后，你有什么计划或打算？

（8）有什么地方我可以帮得上你？

二、多点"绅士风度"

1. 和主动辞职的员工怎么谈

离职访谈应当在一个相对安静和隐秘的地方，气氛应当比较自由、宽松和自然亲切，谈话也是采用聊天的方式，不宜搞得很正式，以让对方放松、消除防范心理。只有这样，员工才会讲出心里话，才会畅所欲言。

千万不要将离职访谈搞得像入职面试一样。我看到网上有一些专家建议离职面谈采用诸如"举出有力的证据证明你对企业最大的贡献是什么"之类的"结构化的问题"，并说这样就最能挖掘出员工离职的真正原因。甚至建议离职访谈时，要求离职员工回答"你认为哪3个方面自己做得还不够好，如何才能做好？""如果离职的主要原因有3个，请按重要程度列出是哪3个？"这样非常生硬的问题。说心里话，我实在不敢苟同，这显然是缺乏真正实操，坐在办公室里空想出来的主意。根据我的实操经验，这样提问问题，这会让离职员工非常讨厌和反感，离职访谈气氛将会非常尴尬，离职访谈效果绝对不会好。

我更倾向于在访谈中更多地加入个人的"真诚情感"，多一点真实、多一点理解、多一点"绅士风度"。

2. 和公司辞退的员工怎么谈

当然要注意，对于主动提出辞职的员工的访谈和对于公司单方面提出解除劳动合同的员工的访谈方式和内容是完全不同的。以上所介绍的主要是针对主动辞职的员工而言。那么对于被公司单方面辞退的员工怎么谈？谈什么？

对于被公司辞退（无论何种缘故）的员工离职面谈，通常以解释、安抚情绪、回应疑问为目的，在沟通融洽的情况下，也可以适当地给予对方一些建议。因此，对辞退员工的谈话，有以下几个重点。

（1）要知道他的心态是敌对的，心里火气很大，要消气，不能火上浇油。

（2）让他提公司存在的问题，他会很积极、很坦率、很直接。

（3）要引导他谈对公司的哪些人、哪些事、哪些方面感觉不错。

（4）要明确指出，公司解除劳动合同是按章办事。

（5）要告知他存在的问题，希望他在今后的工作中加以改进。

（6）可以告诉他，如果对公司单方面的解除有意见，可以走劳动仲裁、民事诉讼。而且应当相对详细告知他相关流程、地点、如何进行。

（7）今后有什么需要我个人帮助的，可以随时找我。

（8）欢迎他继续关注公司，给公司提出改进管理的建议。

与被公司辞退（单方面解除劳动合同）员工谈话的要点是：用增强个人感情的角度，减弱他被辞退的火气；用"泄火"的方式减弱对公司的敌意。设想一下，如果今天对面坐的是你，你希望人力资源的人怎样和你谈！

三、离职访谈的沟通技巧

正如前面我所谈到的，与离职员工访谈是一件对沟通技巧要求颇高的工作，应当特别注意方式方法，更要使用一些特别的沟通技巧。

1. 做好准备

首先，人力资源同事在与员工进行离职访谈前，要充分了解背景情况。如他为什么要辞职？他是否已经有了新的 offer？对于辞退的情形，需要明确解除劳动合同的理由是否符合法律规定。另外，需要了解离职员工的基本信息、工作经历、在工作中的表现、同事对他的综合评价等。对这些情况有充分的了解，在和员工进行离职访谈时就会有的放矢，把握沟通的主动权。

其次，要认真准备好面谈的话题。虽然，我在上面列出了一些离职面谈的话题，但对于不同的人，沟通问题不宜千篇一律。问题提出也不能生硬地照本宣科。需要考虑如何根据员工的个性特征和具体情况，选用不同的主题和提问方式。

另外，还需要注意安排离职访谈的地点。一般会安排在一个相对私密、便于员工畅所欲言的场所，比如，面试室、会议室。对于个别我们需要更多地了解一些内情、比较重要的离职员工也可以在公司外部找个相对安静的茶馆、咖啡厅来进行离职沟通。让离职员工可以减少顾虑，在轻松的状态下说出一些真实的情况。

2. 选好主谈人和时间

要确定好由谁来对他做离职访谈。通常离职访谈由员工关系经理或主管负责进行。一些企业将离职访谈的工作全权交给部门主管领导去做，这是欠妥的。一般情况下，离职访谈会进行两轮，一轮是部门主管领导，另一轮是人力资源。这两论离职访谈的内容和主题各有不同，侧重点也不一样。人力资源离职沟通重点在了解对企业管理的建议和意见，更会涉及离职员工对其领导和所在部门领导的意见和投诉，这是部门主管领导无法替代的。在安排离职沟通主谈人时，还需要注意主谈人和离职员工性格的契合情况。两个同是性格直爽的人沟通可能很容易产生冲突，导致沟通不欢而散。通常，我会安排和离职员工非常熟悉、私人感情不错的人和他沟通。

对于访谈的时间很多同行一般不会很介意，通常随机安排。其实离职访谈的时间很重要，影响着沟通的效果。周五下午大家心里都在想着快点回家过周末，盼望着早早结束谈话的潜意识就非常强烈。双方谈话的兴趣显然就不如周一上午。

3. 以朋友的姿态沟通

离职沟通并非一件简单的事情，很多时候离职访谈非常困难和尴尬，特别是针对被辞退和不再续签劳动合同的员工。对方心里非常有气有火，如果离职访谈不注意态度，经常会搞得不欢而散。

在离职访谈时，员工最常有的心态主要有：一是反正要离开了，没必要得罪人，"多一事不如少一事"，没啥可说的；二是担心讲得太多，影响自己后续和原同事的相处；三是对公司有气，可能有极端的反感，特别是被公司单方面解除劳动合同的员工。因此，我们在进行离职访谈时，主谈人要注意沟通时的态度，要研究如何消除对方的敌对心态和后顾之忧。解决这一难题的关键在于，要拉近与离职员工的个人距离，以朋友的身份和姿态，真心实意地从理解和帮助他的立场出发，让他感觉到你的真诚，建立起你们之间的信任感。只有在建立了充分信任的基础上，离职访谈才会真正收到效果。

4. 要"少说多听"，关注"话外音"

在和离职员工沟通时，要注意多倾听。要多问开放性问题，引导和启发员工多讲，我们当好倾听者。切忌说教、大话空话甚至训斥。当然，对于被企业单方面解除劳动合同的员工，在沟通的初起，应当做好必要的解释工作。但要注意，解释不要过分强调客观性和合理性，这样容易刺激员工内心的脆弱，引起员工的反感和不必要的冲突。解释只是为了获得员工的理解，只是目的，而非目标。要明白，是否解释了远比是否真正获得理解更重要。因为当我们把获得理解作为"解释"的目标时，就会极力解释、过分强调，而这种强调非常容易引起离职员工反感。

在做离职访谈时，要学会听员工的"话外音"。因为种种原因，一些员工不愿意把话说明，通常采用"隐晦"的语言方式传达某些信息，让你去猜、去意会。读懂"话外音"就显得格外重要。

5. 要注意情绪控制，避免刺激对方情绪

在离职访谈中，经常会发生员工发泄内心不满，粗暴回应离职访谈主谈人的情况。对于类似有潜在冲突事件发生的情况，主谈人应当注意保持冷静，允许员工有机会适当发泄一下，同时真诚地表达你的理解。千万不要随着一起激动，也不要用空话套话去安慰和解释，更不要试图反击。避免刺激对方情绪，引起更大冲突。

第四节　离职结算，得有点"工匠精神"

离职结算是员工离职流程中的最后一步。离职结算因为涉及离职员工的切身利益，也是容易引起争议的关键环节，因此，对于离职结算应当认真细致，必须和离职员工反复沟通确认，以获得双方满意的一致结果。离

职结算包括如下内容。

（1）截至离职最后一日的未付工资（含加班工资、各种补助和津贴）。

（2）所有调休、未休年假、福利假等折算。

（3）应缴纳"五险一金"和代扣个人所得税扣除。

（4）离职补偿金。

（5）公司借款扣除。

一、工资结算"不差钱"才行

工资结算包括基本工资、加班工资、假期工资、补助、各种津贴等。根据我们相关法律规定：劳动者依法享受年休假、探亲假、婚假、丧假期间，用人单位应按劳动合同规定的标准支付劳动者工资。

1．基本工资的计算

计算离职基本工资，主要有两个关键点：一是工作天数，二是日工资率。工作天数指离职员工当期工资计算月的实际工作日。日工资率的计算有两种方式。

（1）平均日工资率法。

日工资率 = 月工资 ÷ 21.75（月平均计薪天数）

（2）当月实际日工资率法。

日工资率 = 月工资 ÷ 当月应工作日（不含周末和法定假日）

基本工资 = 当期工资计算月的实际工作日 × 日工资率

基本工资的计算亦有"加法"（正算法）、"减法"（反算法）和实际法 3 种。

加法（正算法） = 月工资 ÷ 21.75 × 实际出勤天数

减法（反算法） = 月工资 - （月工资 ÷ 21.75）× 缺勤天数

实际法（简单法） = 当月实际日工资率 × 实际出勤天数

在实际操作中，采用"加法"（正算法）和"减法"（反算法）计算，会因为产生结果差异而引起员工的不满，导致不必要的纷争。

例如，某一员工月工资为 15 000 元，员工于 2017 年 12 月 18 日离职。当员工出勤天数为 12 天（缺勤天数为 9 天）时，计算方法如下。

加法（正算法）= 15 000÷21.75×12 = 8 275.86 元

减法（反算法）= 15 000-（15 000÷21.75）×9 = 8 793.10 元

两者计算方法差异为 8 793.10-8 275.86 = 517.24 元。这是因为 21.75 天系法定的月平均计薪天数所致。这也是"加法"（正算法）和"减法"（反算法）在实际工资结算操作中常常遇到的问题。在以往的实操中，有时会采用"半数法"来解决这两者的差异问题，即如果员工出勤天数大于全月应出勤天数的一半，则使用"减法"（反算法）；如果员工出勤天数小于全月应出勤天数的一半，则使用"加法"（正算法）。这种实操规则，相对有利于员工。

实操中的另一种工资结算计算方法是"实际法"（简单法）。同样上述示例，2017 年 12 月全月应工作日为 21 天。

实际法（简单法）= 15 000÷21×12 = 8 571.42 元

实际法（简单法）工资结算计算方法看起来也相对公平，比较容易被员工接受。

注：月平均计薪天数 21.75 天是根据人力资源和社会保障部《关于职工全年月平均工作时间和工资折算问题的通知》规定而来。

月计薪天数 =（365 天 -104 天双休日）÷12 个月 = 21.75 天

月制度工作日 =（365 天 -104 天双休日 -11 天法定节假日）÷12 个月 = 20.83 天

小时工资率 = 月工资 ÷（21.75×8）

2. 加班工资的计算规则

根据《劳动法》及相关法律规定，加班工资按下列公式计算。

法定节假日加班工资 = 月工资基数 ÷21.75 天 ×300%× 加班天数

休息日加班工资 = 月工资基数 ÷21.75 天 ×200%× 加班天数

平日超时加班 = 月工资基数 ÷21.75 天 ÷8 小时 ×150%× 加班时数

其中，月工资基数按下列规则办理。

（1）如劳动合同有明确约定工资数额的，按合同约定的工资数额作为加班费计算基准。如劳动合同中工资项目分解为基本工资、职务工资、岗位津贴、住房补助等，按各项工资（含补助津贴）的总和作为加班费计算基数。

（2）如合同中没有明确约定工资数额或约定不明确的，以实际工资（含工资、奖金、津贴、补贴）作为加班费计算基数。但不含加班费、伙食补助和劳动保护补贴。

对于实行计件工资的员工，在完成计件定额任务后，由公司安排延长工作时间的（注意：是"由公司安排"，而非员工本人为"多劳多得"而自愿延长工作时间的情况），根据上述规定的标准，分别按照不低于其本人法定工作时间计件单价的150%、200%、300%的计件单价计算加班期间完成的计件任务。

经人力资源和社会保障部门批准实行综合计算工时工作制的，其综合计算工作时间超过法定标准工作时间的部分，应视为延长工作时间，并应按本规定支付劳动者延长工作时间的工资。实行不定时工时制度的劳动者，不执行上述规定。

在实操中，有一种观点认为：在基本工资中，已经包含了一倍的休息日工资和法定节假日工资，因此在计算法定节假日和休息日实际支付加班费时，应当从200%和300%中扣除。也就是，休息日加班实际按照（200-100）%加班费支付；法定节假日加班的加班费实际按（300-100）%支付。我们应当承认，法律法规对此尚无明确规定。但这并不影响我们对此有一些基本的逻辑判断。我个人认为这是一种错误的观点。其理由如下。

首先，工资是对员工付出劳动的劳动报酬。法定节假日和周末休息日均属"非工作日"。也就是说，工资中并不包括对法定节假日和周末休息日"非工作日"的回报。当员工在"非工作日"工作时，应当获得额外的回报。回报的计算应当按照法律规定的"150%、200%、300%"的比例执行。

其次，如果休息日加班按照（200-100）%支付加班费、法定节假日加班按照（300-100）%支付加班费，员工在休息日加班实际获得的加班工资还不如平日加班获得的加班费多。显然不符合《劳动法》对平日加班、休息日和法定节假日加班采取增量比率的设计初衷。

（3）补助和津贴。

员工离职结算中的补助和津贴的计算和给付相对比较简单，只需要按照公司的相关规定计算和给付即可。

（4）绩效工资和年终奖的处理规则。

在很多公司，由于采用了不同的工作结构和不同的绩效考核方法来做离职结算，是否给付绩效奖金、年终奖问题，有以下处理规则。

关于绩效工资，首先要看与员工签订的劳动合同和入职通知中是如何约定的。通常有几种不同情况。

一是合同中约定了月工资为多少，并说明其中百分之几十（固定值）作为绩效工资（或奖金）。这种"做减法"的情况通常会被认为是雇主人为设定，并非真正意义的绩效奖金。这里的绩效工资（奖金）被视为是工资的一部分。

二是合同中约定了月工资为多少，同时约定，如果绩效达标或绩效优异，可以获得"依绩效成绩而变化的绩效奖金"。这种"做加法"的情形通常会被认为绩效奖金是雇主额外给付，并非员工工资的一部分。

对于第一种情况，可以简单地将绩效奖金（年终奖）归入工资计算处理。对于第二种情况，特别是绩效奖金（年终奖）年终统一发放，而离职员工在绩效奖金（年终奖）发放前离开的情况，原则上，按照公司绩效奖金（年终奖）发放规则进行。如果公司绩效奖金（年终奖）发放规则中，存在（新入职员工）依当年工作时间长度按比例计算给付的规则，依照公平原则，对于离职员工也应当采用"比例"方式计算并给付绩效奖金（年终奖）。

二、调休、年假都是"钱"

1. 调休、福利年假的折算

对于离职员工有尚未休的调休的处理，一般可以按照"调休天数 × 平均日工资率"。

对于公司在法定年假之外额外给的福利年休假能否折算成工资，按照公司相关制度执行。如果公司规定可以折算的，按照"剩余福利年假天数 × 平均日工资率"计算。

2．法定年假的折算

对于离职员工的未休年假，《企业职工带薪年休假实施办法》第十二条规定：用人单位与职工解除或者终止劳动合同时，当年度未安排职工休满应休年休假天数的，应当按照职工当年已工作时间折算应休未休年休假天数并支付未休年休假工资报酬，但折算后不足一整天的部分不支付未休年休假工资报酬。

《企业职工带薪年休假实施办法》第十一条规定：计算未休年休假工资报酬的日工资收入按照职工本人的月工资除以月计薪天数（21.75 天）进行折算。月工资是指职工在用人单位支付其未休年休假工资报酬前 12 个月剔除加班工资后的月平均工资。在本用人单位工作时间不满 12 个月的，按实际月份计算月平均工资。

《企业职工带薪年休假实施办法》第十条规定：用人单位经职工同意不安排年休假或者安排职工休假天数少于应休年休假天数的，应当在本年度内对职工应休未休年休假天数，按照其日工资收入的 300% 支付未休年休假工资报酬，其中包含用人单位支付职工正常工作期间的工资收入。

如公司安排员工休年休假，但是职工因本人原因且书面提出不休年休假的，用人单位可以视同调休按照正常调休处理，即只支付其正常工作期间的工资收入（按一倍日工资收入折算）。

对于年休假天数的计算方法：

（1）离职时年休假＝（当年度已过日历天数÷365）×全年应享受天数－当年度已休天数

（2）对于新入职场"连续工作一年以上但不满两年"的员工，当年度年休假＝（当年度在本单位剩余日历天数÷365 天）×职工本人全年应当享受的年休假天数－当年度已休天数。

（3）对于新入职场"连续工作不足一年"的员工，不具备享受年休假资格。

注："连续工作一年以上"既包括在同一用人单位连续工作满一年以上的情形，也包括在不同用人单位连续工作一年以上的情形。

三、补偿金、赔偿金算法有讲究

离职补偿金是否给付和给付多少，基本上有两个依据：一是根据劳动合同法的相关规定；二是根据企业和员工之间协商一致的结果。

1．法律规定的用人单位应当向劳动者支付经济补偿的情形

（1）劳动者因用人单位未按劳动合同约定提供劳动保护或者劳动条件、未及时足额支付劳动报酬、未缴纳社保、规章制度违法损害劳动者权益、劳动合同无效以及其他法规规定的其他情形，而单方面解除劳动合同的。

（2）用人单位和劳动者协商一致解除劳动合同的。

（3）用人单位依照本法第四十条规定解除劳动合同的，即有下列情形之一的，用人单位提前三十日以书面形式通知劳动者本人或者额外支付劳动者一个月工资后，可以解除劳动合同。

① 劳动者患病或者非因工负伤，在规定的医疗期满后不能从事原工作，也不能从事由用人单位另行安排的工作的。

② 劳动者不能胜任工作，经过培训或者调整工作岗位，仍不能胜任工作的。

③ 劳动合同订立时所依据的客观情况发生重大变化，致使劳动合同无法履行，经用人单位与劳动者协商，未能就变更劳动合同内容达成协议的。

（4）用人单位因"依照企业破产法规定进行重整的"解除劳动合同的。

（5）"劳动合同期满"用人单位不再续签劳动合同、终止固定期限劳动合同的。

（6）用人单位被依法宣告破产，而终止劳动合同的。

（7）用人单位被吊销营业执照、责令关闭、撤销或者用人单位决定提前解散而解除劳动合同的。

（8）法律、行政法规规定的其他情形。

2．法律规定的用人单位无须向劳动者支付经济补偿的情形

根据《劳动合同法》第三十九条规定："劳动者有下列情形之一的，用人单位可以解除劳动合同"，且无须向劳动者支付经济补偿。

（1）在试用期间被证明不符合录用条件的。

（2）严重违反用人单位的规章制度的。

（3）严重失职，营私舞弊，给用人单位造成重大损害的。

（4）劳动者同时与其他用人单位建立劳动关系，对完成本单位的工作任务造成严重影响，或者经用人单位提出，拒不改正的。

（5）因劳动者"以欺诈、胁迫的手段或者乘人之危，使对方在违背真实意思的情况下订立或者变更劳动合同"致使劳动合同无效的。

（6）被依法追究刑事责任的。

3．法律规定的支付经济补偿的标准

《劳动合同法》第四十七条规定："经济补偿按劳动者在本单位工作的年限，每满一年支付一个月工资的标准向劳动者支付。六个月以上不满一年的，按一年计算；不满六个月的，向劳动者支付半个月工资的经济补偿。

劳动者月工资高于用人单位所在直辖市、设区的市级人民政府公布的本地区上年度职工月平均工资三倍的，向其支付经济补偿的标准按职工月平均工资三倍的数额支付，向其支付经济补偿的年限最高不超过十二年。

本条所称月工资是指劳动者在劳动合同解除或者终止前十二个月的平均工资。"

根据《劳动合同法实施条例》第二十七条规定：经济补偿的月工资按照应得工资计算，包括计时工资或者计件工资以及奖金、津贴和补贴等货币性收入。工作不满 12 个月的，按照实际工作的月数计算平均工资。根据国家统计局《关于工资总额组成的规定》第四条规定：工资总额包括计时工资、计件工资、奖金、津贴和补贴、加班加点工资、特殊情况下支付的工资等六项。

当然，如果企业和员工通过协商，对离职补偿金达成了一致的结果。无论数额高于或低于法律的相关规定，只要是双方真实的表达，并且符合法定手续，则是受到法律保护的。

4．法律规定的赔偿金标准

《劳动合同法》第四十八条规定：用人单位违反本法规定解除或者终

止劳动合同，劳动者要求继续履行劳动合同的，用人单位应当继续履行。劳动者不要求继续履行劳动合同或者劳动合同已经不能继续履行的，用人单位应当依照本法第八十七条规定支付赔偿金。即依照《劳动合同法》第四十七条规定的经济补偿标准的两倍向劳动者支付赔偿金。

这里需要注意的是，"赔偿金"与"经济补偿金"是两个不同概念。前者是对企业违法解除员工劳动合同的一种惩罚，后者是对被企业单方面解除劳动合同的员工的一种补偿。在数值上，"赔偿金"是"经济补偿金"的两倍，也就是常说的"2N"。根据《劳动合同法实施条例》第二十五条规定：用人单位违法解除劳动合同，依照《劳动合同法》第八十七条的规定支付了赔偿金的，不再支付经济补偿。

但对于支付了赔偿金后是否还需要再支付一个月工资作为"代通知金"的问题，在法律上并无明确规定，在实操中存在一些争议。大部分观点倾向于"不再支付一个月的代通知金"。但我个人观点是：代通知金是和赔偿金与经济补偿金完全不同的两个概念。不管用人单位是否"合法解除"或者"违法解除"员工的劳动合同，都应当按照《劳动合同法》的规定，提前一个月通知，如果未能提前一个月通知，则应当支付一个月工资作为"代通知金"。另外，从"代通知金"和"赔偿金"或"经济补偿金"的计算基数不同，也能佐证这两个概念的不同，所以，我认为即便用人单位支付了赔偿金，也不应当免除企业"提前一个月通知"的法律责任，因此，用人单位还是应当提前一个月通知员工，如果未能提前一个月通知员工，则应当支付一个月工资作为"代通知金"。

附：

员工离职结算确认函

先生/女士：

截至您最后一个工作日　　年　　月　　日，您的离职结算清单如下：

一、应发金额：

1. 工资（含补助费和津贴）

2. 加班费

3. 剩余假期、调休

4. 经济补偿

二、应扣减金额：

1. 五险一金

2. 个人所得税

3. 公司借款

4. 赔偿金（违约金）

三、实发金额：

实发金额＝（一）－（二）＝

感谢您对公司的贡献，若您对结算无异议，请签字确认。

人力资源部　　　　年　　月　　日

本人确认以上结算金额正确合理，对结算结果无异议。请将最终结算款项汇至本人工资卡账号中。

员工本人认定（签名）　　　　年　　月　　日

第五节　企业单方面宣布离职

在员工离职管理中，离职法律风险控制和管理是一个极为重要的内容，稍有不慎，就会被员工申请劳动仲裁甚至被提起民事诉讼。

一、试用期解除，忌用"飞刀"

试用期解除劳动合同的法律风险主要有以下几点。

（1）试用期设置不合法。《劳动合同法》第十九条规定，劳动合同期限三个月以上不满一年的，试用期不得超过一个月；劳动合同期限一年以上不满三年的，试用期不得超过二个月；三年以上固定期限和无固定期限的劳动合同，试用期不得超过六个月。同一用人单位与同一劳动者只能约定一次试用期。以完成一定工作任务为期限的劳动合同或者劳动合同期限不满三个月的，不得约定试用期。试用期包含在劳动合同期限内。

"同一用人单位与同一劳动者只能约定一次试用期"的规定，意味着如果该员工在本企业已经有过试用期，离职后被企业重新雇用时，不可以再设定试用期。

"试用期包含在劳动合同期限内"的规定，意味着我们通常认为"试用期的员工不是正式员工"的认识是错误的。

（2）试用期工资未按法律规定给付。《劳动合同法》第二十条规定，劳动者在试用期的工资不得低于本单位相同岗位最低档工资或者劳动合同约定工资的百分之八十，并不得低于用人单位所在地的最低工资标准。

这里有3个标准：一是不得低于本单位相同岗位最低档工资；二是或者不得低于劳动合同约定工资的百分之八十；三是不得低于当地最低工资标准。其中，前两项是"或"的关系，也就是说，满足一项即可。但第三项"不低于当地最低工资标准"与前两项是"并"的关系，必须同时满足。因此，"不低于当地最低工资标准"是底线。

（3）试用期不合法地解除劳动合同。这是最常见的法律风险。主要有：一是错误地认为试用期辞退员工只需要提前三天；二是经常会错误地使用"不符合录用条件"辞退员工。

注意：《劳动合同法》中规定的"试用期提前三天通知"的情形，只适用于员工向企业单方面提出解除劳动合同的情况。而不适用企业与员工解除劳动合同。法律并未规定，企业应当提前多少天通知试用期的员工解除劳动合同。

关于法律上所讲的"不符合录用条件"的情形，在司法实践中非常严格。至少有三个条件。一是存在明确可操作的录用条件，而且有证据证明录用时该员工已经知晓；二是有证据证明该员工不符合录用条件。那些简单地以"试用期考核不合格""试用期绩效较低""能力较差"等理由解除劳动合同的，具有非常大的法律风险，通常会在相关的劳动仲裁或民事诉讼中败诉。

只有当试用期员工符合《中华人民共和国劳动合同法》第三十九条所规定的情形，或者有《劳动合同法》第四十条第一项、第二项规定的情形，企业才可以解除在试用期员工的劳动合同。

二、企业单方面解除，是个大事

《劳动合同法》第三十六条规定：用人单位与劳动者协商一致，可以解除劳动合同。

在协商一致的情形下，解除劳动合同，没有法律风险。但如果企业单方面解除劳动合同，则需要格外谨慎和小心。

《劳动合同法》第三十九条规定了企业可以单方面解除劳动合同而无须支付补偿金的几种情形：试用期被证明不符合录用条件的、严重违反规章制度的、严重失职营私舞弊造成重大损害的、同时与他人建立劳动关系的、劳动合同无效的、被追究刑事责任的。

当企业根据《劳动合同法》第三十九条单方面解除劳动合同时，要注意规避以下法律风险。

1. 实体风险

企业有没有明确的规章制度条文认为员工的该行为是"严重违反规则制度"的行为。如果企业没有相应的规章制度，或者该员工的该行为并不违反企业现行规章制度的相关内容，或者根据企业现有的规章制度员工的该行为并不在"严重违反"之列（如只是"违反"而没有达到"严重"的程度和标准），则属于"非法解除"。

即便根据企业现行规章制度，员工的该行为达到了"严重违反"的程度。但根据社会一般性认知，是否属于"严重"。例如，某企业规定"员工上班必须穿西服，违者按严重违反企业规章制度论处"。如以此规章解除员工劳动合同，在劳动仲裁或民事诉讼中，通常会被认定该员工行为不足以构成"严重违反"而被裁定为"非法解除"。

企业的规章制度本身违反法律法规的规定，损害劳动者权益的。

以"不能胜任工作"为理由解除时，应当注意"经过培训或者调整工作岗位，仍不能胜任工作"的法律规定。因此，应当有证据证明，企业已经对其进行了培训或者调整岗位，但依然不能胜任工作。（这里绩效考核情况可以作为"不能胜任工作"的依据）

2．程序风险

作为单方面解除员工劳动合同依据的企业规章制度的制定，是否符合法定程序。例如，该规章制度是否经过了职工代表大会或者全体职工讨论，是否与工会或者职工代表平等协商确定。

该规章制度是否被该员工知晓。这里讲的"知晓"指有书面证据证明，被引用作为"解除劳动合同"依据的条款已经被该员工知晓（如有该员工的签字确认或者公示）。对于修改过的规章制度，如果作为依据的条款是新增加的部分，则需要有书面证据证明，该员工对该规章制度的修改内容是知晓的。

即便企业根据法律规定"将直接涉及劳动者切身利益的规章制度和重大事项决定公示"，在实操中，依然会遇到对方强行辩解说"我没有看到"。

企业单方解除劳动合同，是否事先将解除劳动合同的理由通知工会。当工会提出要求企业纠正"违反法律、行政法规规定或者劳动合同约定"的行为后，企业是否研究工会的意见，并将处理结果书面通知工会。

3．风险规避建议

相关规章制度经过职工代表大会讨论，并且有会议纪要、有参会职工代表签字。

相关规章制度全员进行培训，必要时有书面考试，每个员工均有参加培训和考试的签字，并将有签字的考卷放入员工档案备查。

在有员工签字的相关文件（如劳动合同、上述考卷）上加注："我知晓：我有责任关注和熟悉各项企业规章制度、包括企业对各项规章制度的不断修改和完善的内容。并确认对所有在企业内网或公告栏中公布的企业规章制度已知晓。"

在通知员工解除劳动合同之前，首先和企业工会沟通，并获得工会的签字确认。

三、保密协议和竞业限制风险犹存

《劳动合同法》第二十三条规定："用人单位与劳动者可以在劳动合同中约定保守用人单位的商业秘密和与知识产权相关的保密事项。

对负有保密义务的劳动者，用人单位可以在劳动合同或者保密协议中与劳动者约定竞业限制条款，并约定在解除或者终止劳动合同后，在竞业限制期限内按月给予劳动者经济补偿。劳动者违反竞业限制约定的，应当按照约定向用人单位支付违约金。"

《劳动合同法》第二十四条还规定，竞业限制的人员仅限于企业高管、高级技术人员和其他负有保密义务的人员。并规定竞业限制期限不得超过两年。

一般情况下，在员工入职时，企业一般都会要求与员工签订保密协议和竞业限制。但在实操中，我们要注意以下几个方面。

关于保密协议的执行和违反保密协议行为的法律责任追究，其实不是一件容易的事。在实操中，当准备追究某一离职员工违反双方签订的保密协议的法律责任时，需要做好以下准备。

① 有充分的证据证明，被泄露的是企业的秘密信息或技术，如有标有"秘密"字样的文件等。

② 有证据证明是该员工泄露的。

③ 有证据证明因为该秘密被泄露，导致企业重大的直接经济损失，且损失可数据化。

④ 有证据显示企业直接经济损失与该秘密泄露之间存在必然的因果关系。

以上条件，缺一不可。

关于竞业限制的核心点在于，企业是否按照约定"在解除或者终止劳动合同后，在竞业限制期限内按月给予劳动者经济补偿"。如果企业未支付"竞业限制经济补偿"（即使双方并未约定"竞业限制经济补偿"或约定"无经济补偿"）、员工并未领取该"竞业限制经济补偿"，则竞业限制就不成立。在劳动仲裁或相关民事诉讼中，不能获得支持。

四、其他法律风险

（1）"五险一金"相关风险。包括是否交了社保，是否足额交了社保。特别要注意的是，我们现在很多企业"异地代缴社保"的做法，是存在法律瑕疵的，要注意规避法律风险。（详细请参阅本书"第六章 防风险从入职管理开始"）

（2）大量裁员的法律风险。企业因《劳动合同法》第四十一条列举的情形裁减人数超过 20 人或超过企业职工总数 10% 以上时，应当提前 30 天向工会或者全体职工说明情况，听取工会或者职工的意见后，裁减人员方案经向劳动行政部门报告，方才可以裁减人员。

（3）裁员例外条款风险。《劳动合同法》第四十二条规定，劳动者有下列情形之一的，用人单位不得依照本法第四十条、第四十一条的规定解除劳动合同。

（一）从事接触职业病危害作业的劳动者未进行离岗前职业健康检查，或者疑似职业病病人在诊断或者医学观察期间的；

（二）在本单位患职业病或者因工负伤并被确认丧失或者部分丧失劳动能力的；

（三）患病或者非因工负伤，在规定的医疗期内的；

（四）女职工在孕期、产期、哺乳期的；

（五）在本单位连续工作满十五年，且距法定退休年龄不足五年的；

（六）法律、行政法规规定的其他情形。

如果违反上述法律规定，可能涉嫌"违法解除"。

（4）经济补偿计算风险。《劳动合同法》第四十七条规定了经济补偿金的支付标准。在实操中，"N+1"对 N 的算法不会有太大问题，主要争议点在于 N 的计算基数。《劳动合同法》中所称的"月工资"指劳动者在劳动合同解除或者终止前 12 个月的平均工资。

（5）违法解除的风险。《劳动合同法》第八十七条规定，用人单位违法解除或终止劳动合同，应当按经济补偿标准的二倍向劳动者支付赔偿金。也就是俗称的"2N"。

第八章

招聘心经："HR 帝"教你

开篇案例

关于招聘一个全球顶尖CEO的故事

若干年前，我在一家位于新加坡的中国香港上市公司担任全球人力资源总监。我们的国际海运集团需要一位CEO。我大约联系和面试了的20多个国家和地区全球TOP3海运集团的Managing Director（总经理，简称MD），均被要求苛刻的老板拒绝，理由很简单：MD大多是Business Development（商务拓展）较强，Operation（经营）较弱，而老板要的是Operation强的人！将近一年的时间，没有一个候选人能够入选。

终于有一天，一位我曾经面试过的一家全球TOP1海运集团的某地区首席董事的朋友告诉我，有一位行业著名CEO刚刚结束了一个合同，即将离开。那位朋友特别说明："在全球业务高端论坛上，他是Speaker，我只是听众！"但他只知道这位CEO的姓名和即将离开的公司名称，其他信息全无。我到网上Google一下：哇哦，绝对是大佬级人物！知名度甚高。通过一些资源和技巧，我联系上了这位先生，并获得了更新后的简历。老板看了简历后非常满意，马上让我安排他来香港面试。但一个在老板看来不是问题的问题出现了。

按照公司惯例，前来面试的高管，公司不承担差旅费用。经过和老板沟通，老板同意支付两晚上的香港酒店费用。但到香港的机票由候选人自己出。我不得不将这个规则和结果通过邮件告知候选人。第二天，我得到了候选人的一个简短邮件，大意是：他工作30年以来，第一次遇到这样的问题。他感觉，也许他不适合这家公司。

晚上回到家，我用私人邮箱发给他一封私人邮件。大意是：我理解您的感受，我也有同感。虽然，很多中国公司会有这样的规则；但是这样的规则并不意味着老板小气，只是他们认为给一个未知的候选人支付差旅费有风险，他们不愿意Take Risk，其实他们给薪酬还是很大方的。很遗憾，不能合作，但我们可以保持私人联系……我得到了候选人的Positive（积极）回应。

一个多月后，我突然收到这位候选人的邮件，告知：他将在半月后去新加坡参加一位朋友女儿的婚礼，他可以去一趟香港。也许这是一个和老板见面的机会！我马上重启招聘面试流程，安排老板在香港和这位候选人见面，并赶赴新加坡和这位候选人共进午餐。面试后，老板非常满意，毫不犹豫地发出了offer，并任命他为集团董事。

这个案例留给我一些思考：如果当初候选人拒绝了，我没有关注候选人的心境，没有给他那封私人邮件或者那封邮件不是那样写的，没有试着去保持私人之间的联系和友谊，可以肯定地说，后面的故事就没有了，这个位置的招聘还将继续下去，直到下一个候选人出现，也许是半年，甚至更久……

在招聘实践中，最让年轻招聘者困惑的问题是：方法都对，流程也没错，而且也使用了各种流行的测评工具，可为什么就是"找不对人"？其实他们进了一个误区，认为只要方法正确，使用了别人常用的招聘工具，就可以找到适合甚至是优秀的候选人。其实错了！要真正"找对人"，绝对是个经验活儿。

有很多因素决定着"找对人"的结果。除了招聘者本身选人识人的经验外，候选人对所应聘职位和公司的看法、条件是否产生足够的吸引力等也是关键要素，影响和左右着候选人的选择。因此，我们绝不可忽视招聘全过程中心理战术的使用。

第一节　心理暗示从职位描述（JD）开始

第二章我们谈到了职位描述（JD）由四个部分组成：职位概述、主要职责、任职资格和公司简介。招聘者通过这个四个部分的文字直观地向候选人展示该职位的工作内容和职责、应聘该职位所需要的基本要求、企业的规模和发展等信息，据此来吸引优秀的候选人应聘该职位。

以下是一个企业招聘行政经理的职位描述（JD）实例。这样一个常见的职位描述却让一些优秀的候选人退避三舍。这是为什么呢？

【职位描述实例1】

职位：行政经理

5年以上行政管理工作经验；本科以上学历，中文专业优先；优秀的外联和公关能力；熟练使用相关办公软件；机灵、思路清晰，较强的人际沟通、协调、组织能力和团队合作精神，责任心强。

这是一个我们非常熟悉的职位描述，几乎是行政经理职位描述的"标准模板"，很多HR经常使用。那这样一个"标准模板"会给候选人带来怎样的"心理暗示"呢？

一位候选人告诉我："我看到这个职位描述的时候，我第一想到的是，我不愿意去这家公司，为什么呢？因为这个职位描述没有任何特点，并不真实反映公司对这个职位的需求和准确定位，说明公司HR本身对这个职位的职责定位和需求也是不清晰的。我不会去应聘一个定位不清晰，需求不明确的岗位。去了也是白去。再说，这个职位描述太常见了，我怀疑它很可能是从网上下载下来的。看起来这家公司HR的人非常懒，他们水平也不太高，那我要去了还有前景吗？在这样一个环境里我能得到经验的积累吗？我肯定不考虑。"

这位候选人从这样一个非常普通的职位描述中读到了文字以外的内容。而这种解读，是招聘单位在起草和发布职位描述时绝对没有想到的。若干个类似这位候选人（甚至更优秀的候选人）的这种潜在拒绝并不会被招聘单位所知晓。这是一种无形的损失。如果我们在起草职位描述时关注职位描述对候选人的"心理暗示"的话，情况可能会完全改变。

一、职位描述，不仅仅是文字

以下我们通过几个职位描述的实例分析，来看看除了文字本身表达的意思之外，候选人还能从职位描述中读到了什么。

【职位描述实例2】

×××集团有限公司职位描述

职位概述：××××××

职位名称：集团人力资源部经理

工作地点：××市

汇报上级：集团人力资源总监

合同类型：有固定期限

薪酬：60万/年

开始时间：立即

公司简介：略

主要职责：

（1）带领HR团队，为集团的业务发展提供国际水准的人力资源支持及服务。

（2）根据企业战略发展及日常业务运营的需要，提供高质量、高效率、高效益的人力资源运营服务。

（3）为业务提供政策、规章、流程、组织发展、劳动法规等方面的支持和建议。

（4）确保准确、及时的薪酬、福利、考勤、个人税务等相关服务。

（5）提供精准和有效的第三方供应商管理，确保第三方服务的高质、高效和及时。

（6）人力资源日常运营管理和控制，如招聘、入离职、员工异动等，确保人力资源各功能模块正常高效运转。

（7）为集团高速发展，提供人力资源的中长期发展战略规划和建议。

（8）为满足不同的业务发展需要，制定和实施员工业务发展计划和人才培养战略。

（9）为业务发展提供必要的人才管理、人才发展、员工关系、奖惩、招聘和绩效管理的工具、流程和政策。

任职资格和经验要求：

（1）人力资源相关的硕士研究生学位。

（2）12～15年人力资源相关工作经历，其中4～5年部门经理岗位经理。

（3）人力资源流程、规章制度制定、人力资源系统设计实操经验。

（4）结果导向，有实现推动业务发展所需要的人力资源目标的能力。

（5）较强的团队领导能力，特别是对培训、人才招聘、HR计划管理等方面丰富的实操经验。

（6）能够与资深管理团队以及其他各级领导层进行有效的合作与沟通。

（7）较强的沟通能力和语言表达能力。

（8）较强的项目管理能力、分析能力、人际关系处理能力、问题判断和问题解决能力，以及对下属的影响力。

（9）在能源行业、航运行业工作经验者优先考虑。

注：本文中所述主要职责并非一成不变，有可能在实际工作中进行合理调整。

分析：

① 从职责中候选人可以感受到，这是一个国际化的或者准备海外扩张的企业。

② 这是一个部门经理的岗位，但从任职资格看，该公司对学历和工作经历的要求和其他公司HR总监的要求类似。这可能一是公司对候选人的要求高、工作风格压力大；二是公司里资历深的员工可能较多，晋升较难；三是有一群有经验的人，入职后能够获得更多的经验和成长。

③ 从职责看，工作内容比较多，从战略规划到HR日常运营，说明工作压力较大、比较忙。

④ 从职位描述中大量使用"确保""精确""高速""高质""高效""及时""较强"等字眼，说明该公司工作标准高、对员工的工作要求严、管理风格相对强硬。

⑤ 给出的薪资较高，说明该企业"不差钱"，求才若渴。同时也暗示，这个职位应聘的难度较大。（可能已经有一大批候选人被淘汰了）

⑥ 主要职责的描述顺序未经严格推敲，层次混乱，宏观工作内容（如

中长期发展战略规划）和微观工作内容（如薪酬、考勤个人税务等服务）不规则出现，职责的结构层次混乱。而且主要职责中（3）和（9）是重复内容，由此看出该公司 HR 部门团队做事欠认真、基本功欠缺，团队需要提升和严格管理。

以上只是对职位描述本身的简要分析，事实上候选人可能会从中读到更多的信息，不同的候选人从中获得的信息也会各有不同。

【职位描述实例 3】

职位职能：人事总监

职位描述：

一、岗位要求

1. 本科以上学历，8 年以上人事工作经验，至少 5 年以上大集团人事总监经验；人力资源专业博士或博士后文凭优先。

2. 具备高级人力资源管理师证。

3. 熟悉现代人力资源六大模块管理模式，有丰富的实战经验。

4. 熟悉工作分析法、目标管理考核等工具，对人力资源战略规划有独特的见解。

5. 独立制定现代人力资源管理体系或流程，具备战略人力资源管理、组织变革、流程再造、集团化管控等管理思维。

6. 熟悉培训体系、课程的开发、人力成本预算、人才动态等方面的工作。

7. 有丰富的实战经验，很强的激励、沟通、协调、团队领导能力，责任心强，具有良好的管理能力和决策能力。

8. 有商业地产项目行业经验优先。

9. 年龄：30～45 岁。

二、薪酬及福利待遇说明

1. 上述岗位原则上实行年薪制。

2. 此职位为公司高层管理职位，发展空间广阔。

3. 在本专业有突出业绩者，学历、年龄可适当放宽。

这是一则出现在某市"金领人才招聘会"上的实例。前不久，我在某 HR 高端微信群中也看到了类似的职位描述。设想一下，当一个有经验的

HRD候选人看到这样的职位描述时，他会获得怎样的信息？

① 从条件看，"30～45岁""8年以上HR工作经验，至少5年以上大集团人事总监经验"。通常一般人22岁大学本科毕业，这意味着合格的候选人被要求在大学毕业后三年，成为一个大集团的人力资源总监！如果读博士，极限的情况是，他读博之前就需要成为某个大集团的HRD。（可能不可能？）

② 再看"人力资源专业博士或博士后文凭优先"。"博士后"是文凭吗？

③ 从"上述岗位原则上实行年薪制"的说明看。"原则上"是什么意思？公司也没有吃的准是否是"年薪制"，抑或是"看最终结果，哪种情况对公司最有利就选那种"。但这一来，岂不是对员工（应聘成功者）利益的损害吗？

④ 从"此职位为公司高层管理职位，发展空间广阔"来看，已是总监高管职务，有怎样"广阔"的职业发展空间？难不成可以发展成"老板"？如果真如此，不如直接写上"有可能成为合伙人或股东"，更具有冲击力。

当一个有经验的候选人看到这样的招聘广告，产生的心理暗示是：这肯定是一个非常不正规、管理基础非常薄弱、前景黯淡的小公司。这种心理状态下，他还会去投简历吗？我猜，最终应聘这个HRD职位的可能会有很多应届毕业生。

这肯定不是这家公司的初衷或真实意图，但这篇招聘启事给候选人的心理暗示、候选人从职位描述的字里行间领会到的背后含义，是这家公司HR始料未及的。

由此看出，候选人在阅读职位描述时除了获得招聘者通过文字希望传递的信息之外，还能从文字之外获得更多的信息，包括公司的规模、职业发展的前景、领导的风格、工作难度和宽度、公司的管理水平、企业文化等。这就要求我们起草职位描述时必须严肃认真，仔细推敲。

除了职位描述文字本身会透露出大量信息外，职位描述刊登的媒介也会透露出一些额外信息。比如，职位描述刊登在一个全国性大报纸上，意味着公司资力雄厚、大气，但传统、不计投入产出比。出现在"人才大市场"

可能是普工需求，管理方法是传统制造型占比大。使用微信、手机 App 等新媒体，说明招聘团队年轻、活跃，高科技行业或新兴行业居多。

这些解读出来的信息，必然会对候选人产生一些积极或消极的心理暗示，从而影响候选人的行为。你无法控制别人的解读方法和解读结果，唯一能控制的就是：写好职位描述！通过职位描述给予候选人一些积极的心理暗示，以此吸引候选人。

二、最大化职位描述的心理暗示

职位描述既可以带来积极正面的心理暗示，也可能带来消极负面的心理暗示。积极正面的心理暗示有助于吸引优秀的候选人应聘，消极负面的心理暗示犹如一个天然屏障，直接将合适和优秀的候选人"拒之门外"。这种拒之门外并非我们的主观意愿，我们也无法感知，是一种"隐形淘汰"。对招聘工作而言，这种"隐形淘汰"是企业无形的损失。

一个出色的职位描述就是能够让优秀候选人产生申请这个职位的冲动。因此我们必须最大化职位描述积极正面的"心理暗示"。而最大化职位描述产生积极正面的"心理暗示"的诀窍就是：认真对待职位描述的每一个细节！

1. 职位描述审视

通常职位描述由业务部门负责撰写，因为他们对这个职位的职责和要求非常清晰。但由于业务部门对人力资源专业不熟悉，对职位描述的"心理暗示"通常不会太在意。因此我们招聘部门做好职位描述的审视，并和业务部门深入沟通，帮助他们完善职位描述。确保职位描述准确，最大化发挥积极正面的"心理暗示"魅力。职位描述的审视主要从三个维度来进行。

一看结构、文字。看职位描述的四个组成部分（职位概述、公司介绍、岗位职责和任职资格）有无遗漏，重点词句是否描述准确，是否有错别字和病句。

二看岗位功能和岗位特征。重点看该职位的主要职责是否完整准确，有无漏项，措辞是否准确、明了、易懂。

三看任职资格和条件需求。该职位应聘的充分条件和必要条件是什么，极限条件是什么，这些条件是否合适、有无瑕疵，是否存在 Over-qualified 或者 Under-qualified 的情况，有无违反法律法规的问题。

四看公司介绍。重点是公司介绍是否有吸引力。在实战中，我们通常犯的错误是，把产品说明书上或者网站上的"公司简介"直接拿来用了，这是不妥的。职位描述的公司介绍目的是吸引更多优秀的候选人，而产品说明书上的公司介绍只是为了让客户买产品。目的不同，写作角度必然不同，简单拿来只会是负面的心理暗示。

2．职位描述沟通

同时还要反复多次和用人单位沟通职位描述，以准确地理解这个职位的职责，准确了解用人部门希望要什么样的人，修改职位描述找准方向。让职位描述能够吸引更多符合用人部门要求的优秀候选人应聘。

通常与用人部门的沟通内容包括如下内容。

一是了解设置该职位的目的，为什么要有这个职位，这个职位的主要工作目标是什么。

二是了解该职位的主要职责有哪些，主要工作内容是什么，核心技能是什么，职位描述中写全了没有，描述是不是准确，能不能换一种更有吸引力的说法，这个岗位的 KPI 指标是怎样的，等等。加深对这个职位的目标和功能的了解，以方便修改职位描述时，最大化"心理暗示"又不偏离核心职责和工作内容。

三是向业务部门了解理想候选人主要集中在哪些行业和企业里，这一点非常重要！因为业务部门对行业最熟悉，他们最知道理想的候选人在哪里。向他们了解这些信息和情报，有助于我们更快更精准地发现业务部门满意的理想候选人，提高招聘效率。

四是了解职位描述的文字和语言风格是否可以做调整，因为不同行业不同级别的候选人的语言风格不同，职位描述必须用这些候选人喜欢的语言风格、句式，甚至还有些特别用词才能引起他们的共鸣，才能够吸引他们前来应聘。例如，把吸引90后的"网络热词"用于招聘资深技术骨干的职位描述中，显然会引起相反的效果。但文字的修改必须和职位描述的原意一致，不能产生"歧义"，这必须获得业务部门的检查和确认。

还有一个重要的沟通内容就是：有没有职位描述里并没有写的隐形条件。在招聘实践中，的确存在一些因为各种原因在职位描述中没有写或者无法写上去的隐形条件。而这些隐形条件也可以通过其他委婉的方式隐含在职位描述中，给予候选人一定的暗示。这样有助于提高招聘的准确性和效率。

第二节　用"心"面试，用这几招

我一直认为，面试是一个智慧的"交流"和"较力"的过程。在面试中，正确运用"心理战"有助于面试者全面正确认识候选人，有助于提高面试效率。

用"心"面试的方法主要由以下几种。

（1）尊重法。平等对待候选人，真正从内心尊重他人。尊重法讲的是平等对待候选人，不仅仅在于面试的礼仪，更重要的是从人格和内心真正尊重候选人。我们一些招聘人员经常会有一种下意识：我有岗位空缺、我给你工作、你求我，自觉不自觉地透露出一种居高临下的姿态。一些候选人为了给招聘主官一个好的印象，也会显得比较谦虚和谦卑。这就更加深了招聘人员傲气心态。这是非常不妥的。一方面会给候选人造成心理压力，导致不能正常发挥。更重要的是会影响企业形象、影响候选人对企业文化的正确认知，而导致一些合适和优秀的候选人"离你而去"。

下面是尊重法的三项原则。

●不要言过其实。

●不要武断地做评论。

●不要给别人贴上标签。

下面是尊重法的基本技巧。

●热情的态度、开放的心。

- 言辞温和，倾听对方的观点。
- 日常礼貌、礼节。
- 以欣赏的角度、不忘赞美。
- 关注目光交流、并注视对方。
- 避免吹毛求疵和武断。

（2）平叙法。平叙法是指采用比较平和的提问和沟通风格，消除候选人紧张和防范心理的一种方法。大部分候选人在面试刚开始都会或多或少有些紧张，特别是当面试场合比较正式、有高阶面试官参加或者"多对一"面试时。面试官应当有意识地去帮助候选人减少这种紧张情绪。因为在紧张状态下，候选人的能力和水平的发挥是非正常的，导致无法全面准确了解和评估候选人的综合素质能力。

有一些经验不足的面试官认为：让候选人产生紧张情绪有助于了解他的应变能力。所以会故意造成或者放任候选人的这种紧张情绪，这是不对的。首先，我们需要的是通过面试全面了解候选人的真实水平和各项能力。其次，应变能力是考察候选人在遇到以前从未遇到过的情况时，或者在突发情形下的思维逻辑、处理问题的思路和能力，并非指候选人在情绪紧张状态下的表现能力，与情绪紧张不相关。

下面是平叙法的主要目的。

- 消除对方防范和紧张。
- 让候选人对你有好感。
- 让对方多说，言多必失。
- 测试表达能力、归纳能力、逻辑思维等。
- 让对方了解你的公司，吸引候选人。

下面是平叙法的基本做法。

- 自然的开场语。
- 让候选人自述。
- 平和询问常见问题。

（3）细节法。通过询问细节，考察候选人对业务的了解情况以及掌握的深度和高度。细节法是了解候选人实操能力，核实候选人在简历和面试中所描述的取得成绩真实性的一个"利器"。通过追问细节，了解候选人是否真正深入了解，实操能力和审视候选人所介绍事件的真实性。

下面是细节法的主要目的。

● 了解候选人的实操能力。

● 审视真实性。

● 了解掌握的深度。

下面是细节法的基本做法。

● 深入专业和行业。

● 询问细节和为什么。

● 询问具体做法、方案。

● 询问解决问题的解决途径。

● 询问预算和财务情况。

● 询问分工，别问组织结构。

● 问做法和经验，别问知识。

● 问细节别问大概。

（4）分析法。分析候选人的关键话语和真实目的。分析法是通过分析候选人在面试过程中自我叙述、回答问题的答案，包括面试中的肢体语言等，看其是否有衍生和延伸含义，据此了解和判断候选人的真实意图。

下面是分析法的主要目的。

● 分析候选人求职的迫切性。

● 分析获取信息的真实性。

● 了解候选人的价值观与岗位的匹配。

下面是分析法的基本做法。

●关注"话外音、潜台词"。

●分析面试与 CV 中候选人的描述差异。

●分析有违逻辑、常规答案。

●分析通用答案。

●别信"平台说、发展说"。

通过了解和分析候选人对所应聘职位的迫切程度、候选人的价值观等，判断候选人接受 offer 的条件、入职到岗的时间、入职后的稳定性、"放鸽子"的可能性，以及是否存在候选人刻意表现或故意隐瞒而导致的失真、离职理由是否可信、候选人的回答是否需要推敲等。

很多候选人在谈到离职理由时的回答是"为了职业发展""为了寻找一个更好的平台"等。我通常对这样的说辞持怀疑态度。"为职业发展"通常是"为薪酬"的代名词，新东家给了一个比原来更高的薪酬而离开老东家。而很多被老东家解除劳动合同的候选人也会使用"平台说"。

（5）直率法。直接指出对方的问题，可适当提升你的地位。直率法指直接和坦诚地指出候选人简历存在的问题，面试中的表现不尽人意的地方，某个问题的回答欠佳，候选人应聘该职位的不足和劣势等，据此来审视候选人的反应。

下面是直率法的主要目的。

● 测试候选人的应变能力等。
● 适当提升你的地位。
● 吸引面试者对企业的兴趣。
● 在定薪中获得主动权。
● 在确定职位方面获得主动。
● 测试候选人的个性特质。

下面是直率法的基本做法。

● 直接指出候选人在应聘过程存在的问题。
● 直接说明候选人与理想候选人的差异。
● 说明现有团队状况，暗示。

直率法的使用通常会产生压力面试的效果。直率法的好处之一是掌握面试主动权。我常常会对面试比较满意、有可能发给 offer 的候选人采用"直率法"。出其不意地指出他的不足、对他以后的应聘工作提出建议，产生的潜在心理暗示是：你不是完美无缺的，你和我们的条件相比还有差距。这种潜台词可以为后续薪资谈判时获得主动。其次，可以测试候选人的随机应变能力和抗压能力。同时，直率法还可以让候选人对面试官产生由内而生的尊敬和感激。你指出了他的不足，像亲朋好友一般地给了他适当的建议，即使候选人未能如愿获得该职位，他也会感谢你的建议。但要注意，直率法提出问题和建议时，问题一定要准、有高度、有深度，建议要中肯、真诚，让候选人感到你是"真心为他好"，否则会适得其反。

（6）激将法。用过激的言语刺激候选人，看其反应及回击。激将法是利用别人的自尊心和逆反心理中的积极要素，以"刺激"的方式，将其潜能发挥出来，从而得到不同寻常的说服效果。激将法是压力面试法一种极端表现形式，是一种很有力但是也很危险的面试方法。

下面是激将法的基本做法。

● 直接提出相反的观点，并与之辩论。

● 提出与传统观点相悖的论点。

● 直接指出候选人的劣势。

下面是激将法的基本做法。

● 要看清楚对象、环境及条件，不能滥用。

● 要掌握分寸，不能过急，也不能过缓。

● 要注意对方的感受。

● 要与应聘的工作相关、或与企业文化相关。

● 观其行、听其言、察其情。

激将法是一个比直率法技巧性更强的面试心理战术方法，需要很强的发起、处理和控制技能。处理不好会变得不可收拾，因此要非常谨慎地选择使用。

第三节　学会听候选人的话外音

现在很多候选人热衷于对知识的吸取，而忽视对经验的积累，变成了"光说不练的假把式"。那么如何通过面试中的提问和候选人的回答，来更深入地了解和判断候选人呢？我的另一个经验是：听话外音，从候选人的答案中获得更多的衍生和延伸信息。

一、听出他的价值观

价值观是挑选候选人（特别是高管候选人）的一个重要因素，候选人的价值观直接影响着他的人品、职业精神、对公司文化的适应性和他未来在工作中做事的方法和逻辑。我在面试中判断候选人的价值观通常采用以下几个方法。

① 通过询问一些与价值观相关的面试问题，如"如果你发现你的经理接受客户的贿赂，你会怎样处理"，来判断候选人的价值观底线。

② 通过询问一些现实生活中案例的剖析或者对一些社会现象的观点，来判断候选人真实价值观标准。

③ 通过设计一个实战练习来测试候选人价值观的现实表现，如：请候选人写下 5 个需要改变的社会问题等。

那么如何从候选人的回答中判断他们的价值观呢？希望读者能通过以下实例获得一些启示。

这是我亲历的一个例子，招聘职位是营运总监，最后入围的 3 位候选人在水平、能力、经验等方法都非常强。与价值观相关的问题是：你怎么看 HZ 市刚刚实行的"工作日高峰期车牌限号行驶"的新规？

候选人 A 的回答：我认为市政府的这个规定太正确了，早就该限号了，现在城市交通堵得要死，我每次上班路上要花一个多小时。我认为，仅仅是限号还不行，还要限制购车。现在连外来打工的都可以在 HZ 买车，不堵才怪呢。

候选人 B 的回答：我不开车，限不限我没什么意见，领导认为要"限"，那就"限"呗。

候选人 C 的回答：我认为"限号新规"是为交通部门逃避他们管理职能开绿灯，是交通部门将他们的管理过错和无能转嫁给老百姓。城市交通拥堵真的是因为车多造成吗？交管部门有没有数据证明多少辆车是 HZ 不堵车的极限保有量？我看大部分与交通管理有关。就像 ×× 大道上绿灯间隔只有 15 秒，走不了 3 辆车就变红灯了，能不堵吗？再看 ×× 路限速是 60 公里 / 小时，途中的 ×× 路隧道却限速 40 公里 / 小时，这 20 公里 / 小时的差异，不就造成堵车吗？

从上述 3 位候选人的回答中，我们可以产生出对他们 3 位的价值观简单的初步印象。

候选人 A：

（1）相对比较自我，比较多地以"我的需要"作为评判标准，当事件与本人切身利益产生冲突时，比较多的倾向于维护个人利益。

（2）有"歧视"倾向和"高高在上的优越感"，领导风格趋于"控制型"。

（3）比较精明，善于 "见风使舵"，对"办公室政治"把握和运用较其他两位精通，有通常所说的"诡道"嫌疑。

（4）当企业文化对其有利时，他会全力推进，当企业文化对其不利部分，他会消极对抗，甚至导致离职。

候选人 B：

（1）相对温和、顺从、听话。

（2）事不关己，高高挂起，与世无争。

（3）可能缺乏创造力，循规蹈矩成分多于改革创新意识。

候选人 C：

（1）独立性，追求个性，追求普世价值观。

（2）创新性，思路独特，与众不同，创造力比较强，创意和点子比较多。

（3）批判性，敢于对企业管理中的问题提出自己的看法。

（4）逻辑性强。

（5）重数据说话，作风严谨。

（6）强势、不合群，容易得罪人。

当然，对于候选人话外音的解读，受解读人的阅历、经验和对价值观的理解影响较大。即使同样的条件下，不同的解读人也会有不同的解读结果。而且，一个人的价值观如何，很难通过一次两次的面试和沟通完全准确判断和把握。以上解读，只是"抛砖引玉"，给大家一个参考。同时，需要特别指出的是：我们面试官在面试中考察候选人的价值观，不能以自己的喜好作为评判标准，而是要看他的价值观是否和主流价值观一致，是否与公司文化相一致。这是在面试中考察候选人价值观的重点。

附：有关价值观的面试问题

（1）你觉得一个人在工作中，应当遵循的职业道德有哪些？

（2）你怎样看"善意的谎言"，你会愿意为你的老板或者为工作去向客户"撒谎"吗？

（3）描述一个你曾经面临的道德两难的选择情形，你当时是怎样选择的？

（4）当在工作中发生一个涉及道德或者你的价值观底线的事情，你想寻求帮助的第一个人是谁？第二个呢？第三个呢？

（5）你看过我们公司的《社会责任报告》吗？（如果贵公司有的话）

二、问出他的实操经验

我经常会遇到一些招聘经理和主管问：怎样才能发现那些"只会说不会干"的"假把式"候选人？在招聘实战中，的确有很多候选人简历很"高光"、面试表现也优秀，但入职后一到实际工作时才发现：他们说得头头是道，但只是"悬在半空中"的方法论，无法落地，缺乏实操。那怎样在面试时发现和判断一个候选人的实操经验呢？笔者根据多年的面试经验，总结出判断候选人实操经验的"八听八不听"秘诀。

（1）听细节，不听概述。很多候选人谈起项目或工作来说得头头是道，粗一听很在理、很在行、很有一套，但仔细一推敲，似乎多是泛泛而谈，谈概述多、概念多、细节少。事实上，判断一个人是否真的实际操刀过，重要的是要听他是否能说出做这项工作或项目的具体细节。细节越多，说明他的实操经验较多。

（2）听独特，不听共性。同一类型工作或项目在不同的条件下，都会发生不同的故事，完成的过程也会有不同。如果一个候选人只能谈出某项工作或者职责的共性，而说不出独特的个性来，那说明他很可能没有真正经历过。因为只有做过，才知其独特点，才知道这项工作的个性。而共性是很容易从别人那里听说或者从书本上和网络上获得的。

（3）听问题，不听结果。事件的结果是静态的、终极的、标志性的，而问题发生在过程中。通常，静态的、终极的和标志性的结果很容易被事件之外的他人所知，而过程中的问题只有亲历者才有切身体会。如果一个候选人只能谈得出事件的结果，而谈不出事件发生过程中所遇到的各种问题，那十有八九他没有真正参与过，他所谈到的结果很可能来自其他渠道，而非自我实践。

（4）听数据，不听方法。现在很多候选人看了很多相关的书，对知识了解较多，谈起方法论来头头是道。要想了解候选人是否真正实操过或者实操经验是否足够多，一个有效的方法是询问他们相关的实例和数据。如果候选人真正有实操经验，他应该能够讲得出支持他所介绍的方法以及参数。

（5）听俗语，不听术语。有些候选人为了展示自己业务知识渊博，满口专业术语。当你听到某个候选人专业术语不断地从他的口中"涌出"时，你应当首先下意识的认为，有可能他是在迷惑和误导你。通常一个真正有学识、技术层级高的专业人士，当他遇到一个非专业的"外行"时，通常采取的是"用尽可能使对方明白的通俗语言解释深奥难懂的专业"。而且只有真正精通的人才能有足够的水平和能力对"深奥"进行"通俗"的讲解。

（6）听失败，不听成功。从某种角度说，成功容易获得，而失败却并非人人可以经历。借用那句名言改成"成功的都是一样的，失败却各有各的不同"。而正是这种不同的特征，给了我们面试时判别"真实操"的利器。

（7）听职责，不听职位。面试时，判别一个候选人是否真的有某种职务经历，他在该职务上履行职务的实操能力如何或经验积累如何，最好的方法是询问他关于职责的问题，而不是听他介绍他担任过的职位。在很多时候，细节性的职责意味着是实践的体会，列举的职位可能只是组织结构中的一个非实操的"名词"。

（8）听措施，不听理论。措施是针对某一特殊事件而采取的"个性"对策，而理论是针对同一类或相类似的事件而采取的"共性"做法。处理某一事件中发生的某种问题所采取的措施是"一把钥匙开一把锁"，而理论需要经过实践才能落地。在面试中，要对候选人的理论性和概念性叙述提出质疑，追问他们实施的具体措施和步骤，并从他们介绍中判断此措施和步骤是否和业务工作流程一致、是否能解决实际问题、是否能落地、是否靠谱。

三、隐在回答背后的风格和个性

在招聘实践中经常遇到的一个情况是，候选人的能力水平非常好，但由于个性、工作风格等方面的问题，入职后与公司文化不适应，与周围和团队成员之间"格格不入"，导致能力和水平不能正常发挥，有时候甚至试用期内就不得不离开。因此，我们在招聘面试中要特别关注个人特质和工作风格与公司文化的契合。我的体会是："一个文化契合性强、业务能力较弱的候选人"常常优于"一个业务能力强、文化契合性弱"的候选人。

当然，这里讲到的"风格和个性特质"是广义的概念，包括人际交往能力、沟通能力、情商等各种"软技能"。一个见面和你主动热情握手打招呼的候选人，性格通常是开朗的。如果他的加入给整个房间带来一种积极的气氛，那么你几乎可以相信：这是一个自信的人、一个能够在压力下获得成功的候选人。

下面是一些常见的从话外音判断候选人工作风格和个性特征的分析。

- 通常在面试中批评社会现象的人，个性比较直爽，工作雷厉风行。创新性和创造力较强，但文化适应性相对较弱，与同事相处可能不是那么融洽。

- 说话大嗓门、语言朴实、比较多使用通俗语言和大实话的，大多数属于性格开朗型。遇事比较豁达，不会斤斤计较。情商相对不高，思维相对简单。执行力强，但持久性差，比较适合进行不需要太多创造力和创新性，而且又不需要细心和耐心的工作任务。

- 讲话用词直接、语速快、干净利索的人，大部分性格比较急，追求高效率。

- 讲话用词讲究、态度一板一眼，做事滴水不漏。通常城府较深，擅长办公室政治。这类候选人比较适合总裁办、人力资源等需要协调各方关系的相关岗位。

● 见面就会奉承你，吹捧你的人，通常比较会来事，情商较高，但忠诚度较低，比较擅长见风使舵。这一类人比较适合公共关系、销售等岗位。

● 讲话不多语速缓慢的人，大多数性格内向，与世无争。这一类型的员工中，默默无闻、勤勤恳恳工作的居多。他们通常是被动接收工作任务，工作主动性相对较弱、创新精神不够。适合做重复性工作的岗位。

● 喜欢抱怨的人，对工作的投入远低于其他员工。

● 技术类人才通常比较彬彬有礼、讲话的逻辑性较强。他们做事认真、严谨。但这一类人自尊心比较强，对观点比较坚持。

● 喜欢用长句子、抓不住主题、背景介绍比较多最后忘了核心句子的人，大多数比较迂腐没有主意，做事条理性不足，容易胡子眉毛一把抓，虎头蛇尾现象经常发生。

● 喜欢讲话绕弯子的人，可能存在"当面不说背后乱说"的习性。

● 思维跳跃性较强、说话时频道转换较快的人，通常创新意识较强，与众不同的点子较多。

● 说话尖酸刻薄的人，工作中的人际关系通常不好，与其他部门的协调和沟通会遇到阻力。

一般来说，员工的个性特征对其所承担的工作职责会产生影响。根据工作岗位的特点寻找性格特质和工作风格适合的候选人是招聘中必须遵循的一个重要原则。因为当员工的性格和工作风格与所承担的重任相匹配将会对职责的履行产生积极的作用，相反，则会产生消极作用。

更进一步地说，一个企业员工的个性特质的集合将会对企业文化产生极大的影响。因此，在招聘中对候选人个性特质是否符合和适应企业文化的关注和选择，是个认真严肃的话题。乔布斯在选择苹果公司雇员时，喜欢以下5种个性特征的员工。

① 理想主义者和工作充满激情的员工。

② 从不说 NO 的员工。

③ 不接受现状的员工。

④ 天生对事情不满意的员工。

⑤ 决不说"不可能"的员工。

第四节　"脑洞大开"谈薪资

薪酬谈判被认为是"招聘中最难、技术含量最高"的一项工作。很多招聘者更愿意把招聘的成败与否归纳于"在此一举"！的确，很多优秀候选人在此阶段痛失，大部分是因为薪资谈不拢。因此，大部分招聘人员对此有一种"担忧甚至恐惧"的潜意识。

工资谈判技巧需要技巧，但并非无章可循。很多情况下，谈判技巧和心理战术的使用，能够收到令人意想不到的效果。以下心理战术来自我多年的实操经验总结。

- 了解你的行业和领域是一个至关重要的工资谈判技巧。包括该职位在行业中的重要程度如何，行业中该职位候选人的供求关系如何，行业中同等职位的薪资水平如何，类似岗位和职级在本地区的薪资情况，等等。

- 了解候选人是否在职、离职的原因。候选人在职，他便拥有了更多的 offer 和薪资谈判筹码；候选人已经离职，相对谈判就会容易些。离职时间越长，他们对薪资期望的坚定性越弱。被动离职的候选人对尽快拿到 offer，具有较强的优先权。

- 介绍和强调这个职位给候选人带来的潜在好处，以及能够引起候选人激动的所有因素。在薪资谈判中应当避免纠缠于"薪资金额多寡"的细节争辩，要详细介绍和强调该职位"非现金"优势。诱导候选人在"精神价值""可预见前景"和"现金性收入"之间找到平衡点，而不是仅仅"盯"在薪资期望上。

- 在面试时直率指出候选人不足的地方，或者与其他候选人相比处于劣势的方面，为薪资谈判打伏笔。

- 询问候选人对薪资的最低要求，分析最低需求的弹性有多大。确保分析结果靠谱的一个要素就是候选人现有的工资水平。这是候选人的底牌，底牌掌握了，在薪资谈判中就获得了主动。确认候选人现有工资水平的方法就是：请候选人提供薪资证明。

- 介绍公司薪酬体系，介绍公司同级别人员的工资范围。消除候选人过高的期望值。

- 在面试中不要表现出你对候选人的过分热衷，更不要有任何你已经决定雇用他的信息透出。候选人通常会把自己的价值作为薪资讨价还价的资本，不要让候选人感觉出"他是这个职位的最佳候选人"——即使真的如此。

- 充分介绍公司的其他福利，比如业绩奖金、股票期权、企业年金、每年加薪幅度以及有薪年假、出国培训机会等。

- 尽量不要首先"出价"，不得已首先出价时，给出一个"相对宽泛的范围"，并加上"根据候选人的实际情况和岗位职责最终决定"之类的注释语，方便薪资谈判中进退。

- 先给出一个"低职位、低工资"进行试探。

- 不要害怕候选人不接受 offer，对期望过高、不切实际的候选人果断说"Sorry"。

- 在候选人正式入职前，永远有第二、第三个替补方案。

- 不遗余力地推销你的公司，给候选人一个美景，使他产生"这是一个极好的机会、我一定要在这里工作"的强烈愿望。

- 避免"Yes"或"No"的局面，避免让薪资谈判变成"斗气"。

- 避免轻易接受候选人的期望值、避免出价低于市场值和候选人现有的薪资——除非你有足够的理由说服候选人接受。

第五节　心理战术不只是解读

招聘实战中，心理战贯穿整个招聘过程，无处不在。

一、招聘突发事件的心灵沟通及应对

在招聘中，经常会发生一些意想不到的"突发事件"，如何妥善处理这些"突发事件"尤为重要。处理不好，或影响业务工作、影响招聘工作正常开展甚至会影响公司声誉。招聘中常见的"突发事件"有以下几种。

（1）候选人突然提出"加薪"。候选人接受offer后在入职前夕突然提出"加薪"要求，这在招聘实战中并不鲜见。候选人通常的说法是："我向老板提出离职时，老板挽留我，给我涨了不少钱。"对于此类突发事件的处理建议要区别对待。

① 加薪幅度不大（低于20%）。接受！虽然要求加薪20%是一个令人难以接受的增幅，但考虑到重新招聘所产生的费用成本、时间成本，通常接受候选人的加薪要求是一个不得已的最佳选择。当然要注意，接受候选人的加薪要求时，不要急于表态，要让候选人感觉到公司接受这个要求，走了比较复杂的流程，是HR费了很大劲才为他争取到的，以防止他今后故伎重演。

② 要求加薪的幅度很大（大于20%）。拒绝！除非增加的绝对值在公司可以接受的范围内（如候选人的薪资基数不高），除非业务部门对这个角色的需要非常紧急，候选人一天不到位对公司可能造成的损失很大，不得不接受候选人的这个要求。

③ 如果是高管。拒绝！除非特别情况。通常，对高管的声誉、责任感和履行诺言的"软能力"要求标准要远远高于一般员工。很难相信一个"出尔反尔"的高管能够很好地履行职责。实践证明：一个职业道德方面存在瑕疵的高管，能力越高对公司的破坏越大。

但如论如何，当上述情形发生后，你要开始准备寻找另外一个候选人，暗地里重启对这个职位的招聘。一来防止他在试用期内提出离职；二来做好替换该候选人的准备。我更愿意把这种情形归纳于"要挟公司"或者是"草率决定接受offer"。对于前者，会"要挟"公司的人对公司来说终究是一个风险，不宜久留；对于后者，意味着该候选人不能恪守自己的承诺，至少说明其心智不成熟。对一个不能恪守诺言的人，其履行职责的能力和对事业的忠诚是需要怀疑的。

（2）候选人修改入职时间。一般情况下，候选人因为各种私人原因修改原先确定的入职时间是正常的。但如果推迟的时间相对较长（超过半个月），这个时候，需要引起足够的警觉，即很可能背后另有原因，比如候选人同时在等另一个 offer。在招聘实战中，候选人以一个到手的 offer，向另一家"提价""一只脚踩两条船"的现象并不鲜见。你的应对策略有两个：一是保持和候选人的紧密沟通，包括和候选人个人之间的情感交流，以情吸引；二是开始和第二候选人讨论 offer。

（3）候选人"放鸽子"。特别是新生代开始进入职场后，"放鸽子"的情况时有发生。约定面试时间到了，候选人不出现也不打招呼，有的甚至是入职日不见人影。电话过去询问，回答是："哦，我不想去了。"因此，我们要提前做好"被放鸽子"的准备，时刻有第二、第三个后备方案替补，绝不"在一棵树上吊死"。

（4）候选人入职几天后辞职，甚至"不辞而别"。候选人离开的理由各有不同，有的候选人因为无法适应新公司的文化而离开；有的因为家庭突然出现变故而不得不离开。我亲历的一个最奇葩的案例是：候选人入职 3 天后，以"8 点半上班太早，起不来"为由，提出离职。

① 家庭突然变故而不得不离开的。设计一个双赢方案，比如：给予停薪长假，保留职位一段时间；允许在家工作等。

② 理由奇葩的，除了通过不同形式的沟通，减弱他对奇葩想法的热衷之外，尝试着在帮助他满足奇葩理由和公司能够接受的最低底线之间，找到一个平衡点。如果奇葩的理由本身"太奇葩"无法被接受或者突破了底线，那就只能"让他 / 她走"。

③ 文化不适应（特别是在一些民营家族企业）而离职的。除了沟通挽留当事人之外，重新启动这个职位的招聘是必须的。这里要特别注意的是：一些招聘人员担心员工的离职理由会引起老板不开心或担心被老板骂，因此会下意识地瞒着老板另行招人，或编出一些理由和原因搪塞。这些都是不恰当和危险的。建议：不要瞒着老板、不要怕被骂，把真实情况告知老板。但要注意和老板沟通的技巧。对于容易引起老板愤怒的理由，需要以温和

的方式进行。

（5）公司取消 offer。这种情况相对罕见，但也并非绝无可能，特别是在民营企业。候选人即将入职，老板突然告知或组织突然重组，不得不取消 offer。虽然有点不可思议，但一旦出现，对 HR 的危机应对技能是个极大的挑战！简单处理，肯定会对公司的声誉造成不可挽回的损失。这种情形我曾经遭遇过，我的做法如下。

① 在第一时间明确、温和、委婉地告知真相。当 HR 知道"公司取消 offer"的消息后，必须立即通知候选人，不要也不能有任何不必要的拖延。告知"offer 被取消"的结果要明确，语气要温和、要委婉。

② 施以人文关怀。可以以私人名义，给予候选人更多的关怀。比如，请候选人一起吃个饭、喝茶等，增进招聘者和候选人之间的私人感情，有助于减轻候选人对公司的敌对心理。

③ 帮助候选人找工作。动用公司和个人的一切可能的社交资源，帮助候选人发现新的工作机会。

④ 尽可能补偿。在可能的前提下，尽量给予候选人多一点补偿。

另外一个值得参考的秘诀是，终试结束后两天内给出 offer。积极主动，把握时机，否则你会失去这个人选。如果你在等待一个更好的人出现，那你的竞争对手可能已经雇用他了。

二、入职适应期的心理关怀

招聘的工作不能仅仅止于候选人入职。在候选人入职后的相当一段时间内，依然需要和候选人保持相对密切的联系，给予候选人必要的心理关怀。因为招聘主管是候选人最先认识也是接触最多的人，候选人会在潜意识中对招聘主管产生一种"依赖心理"。遇到不顺心或者挫折，最希望最愿意倾诉的对象就是招聘主管。所以，我们招聘部门需要对候选人"扶上马送一程"。

研究显示，新员工在入职后有大约一年的新环境适应期，适应期是新员工的离职高峰期。做好新员工适应期的关怀尤为重要。新员工适应期关怀包括如下内容。

（1）企业文化的适应性关怀。对文化的适应性是新员工遇到的一个最大的挑战。这种挑战对于中层管理和高管"空降兵"来说非常突出。招聘部门需要和新员工所在的业务部门的主管领导一起，帮助"空降兵"顺利地度过"文化适应期"。

（2）与现团队融合关怀。由于经历不同和自然的"潜在排斥心理"，新员工加入现团队会遇到一些不适应和抵触。招聘部门有联系"空降兵"和"子弟兵"的优势，因此利用和发挥这种"桥梁作用"，给予新员工融合关怀有助于消除这个不适应和排斥。

（3）工作环境适应性关怀。不同的公司有不同的工作节奏、工作风格和物理工作环境。当一个人进入一个新的环境，面对一个与过去不同的风格和节奏的工作状态时，适应新环境的压力是存在的，有时甚至是巨大的压力。因此，招聘部门应当也有责任帮助新员工顺利度过入职的适应期。作者的建议是：在新员工新入职的前三个月内至少每月应当有一次面对面的沟通，每月有不低于两次电话沟通，三个月后每月保持至少一次沟通。

（4）私人生活需求关怀。招聘部门还应当特别关照新员工有一些因为工作转移所引起的私人生活需要帮助。比如：孩子的转学上学问题、租房买房问题、社保转移、户口转移等。

（5）职业规划和发展关怀。招聘部门还应当帮助新员工设计在本企业的职业发展规划。根据企业的管理惯例，结合新员工的实际情况，描绘可能的几种职业发展路径。对新员工在工作中取得的每一点进步，提出表扬和鼓励，并向新员工的上级反映。

第九章

肢体语言："主"要看气质

开
篇
案
例

伍德先生说谎了吗?

　　我在写这一章的时候，竟然想起了著名高尔夫球明星老虎·伍兹先生（Tiger Woods）的故事。2009 年 11 月 27 日凌晨，伍兹在家门口发生了一起车祸，引起了全世界的关注："凌晨 2:30，老虎出门干吗?"12 月 11 日，伍兹发布了一个含糊其词的道歉声明。在媒体的穷追猛打之下，伍兹于 2 月 19 日发表电视讲话，最终承认"出轨"，并向家人和朋友、合作伙伴认错道歉。但是，伍兹的道歉是真的发自内心吗? 肢体语言专家们给出了不同的解读。

　　一个普遍的看法是：伍兹的道歉缺乏诚意。肢体语言专家、波士顿大学的神经心理学教授 Joe Tecce 认为，虽然伍兹努力在表现真诚，但实际上是照本宣科，看上去更像演戏。

　　肢体语言专家帕蒂·伍德（Patti Wood）认为，伍兹在讲话时"身体僵硬、双肩紧绷"，表现出极度的紧张。而且在提到孩子和妻子的时候"眼睛发直、声音单调、缺乏感情，处于游离状态"。帕蒂·伍德的看法是：这些肢体语言清晰地表明了伍兹在说谎。

　　但另一些肢体语言专家认为：老虎·伍兹的讲话至少一部分是真实的。当他在感谢妻子艾琳的时候，他的面部表情和文字是同步的，可见伍兹的话是真诚的。

　　从伍兹讲话时手放在胸口，眼睛看着镜头的肢体语言，英国曼彻斯特大学心理学学院院长杰弗里·贝蒂（Geoffrey Beattie）认为，这意味着至少伍兹内心是希望诚实的。但伍兹在谈到关键问题时频繁眨眼和吞咽，这些肢体语言暴露出伍兹处于焦虑之中。贝蒂认为，这种焦虑说明伍兹对是否真诚道歉在内心有煎熬，或者他担心由此会影响他的未来。

　　我无意"八卦"老虎的"婚外情"，但专家们对伍兹在电视讲话中的肢体语言的解读，引起了我的兴趣。的确，解读肢体语言在招聘面试中可以发挥极大作用。

在我们日常交流中，事实上仅仅靠语言或词语很难完全表达人们的情感和动机。很多时候，人们不得不通过肢体语言进行补充。据国外肢体语言研究发现：在人们的交流中 50% 左右的沟通是通过肢体语言来表达的。尽管统计数据有所不同，但肢体语言对于我们在交流和沟通中具有极其重要的作用是毫无疑义的。

本章将讨论如何解读候选人在面试中的肢体语言，以及面试官应当注意的可能引起候选人错误解读的肢体语言。

第一节　面试，肢体语言真的有用吗

肢体语言在一定程度上反映人的内心世界是有共识的，但能否运用到面试中，以及如何运用，这是一个值得探讨的问题。为了更好地讨论，我们先来看看什么是肢体语言。

一、透露"隐情"的肢体语言

什么是肢体语言？肢体语言是一种通过身体各部位细小动作传达信息的一种非语言的沟通方式。包括：身体姿势、身体动作、与他人的位置关系等，是一种有意识或下意识的情感、态度、情绪和想法的表达和解释。通过对肢体语言的解读，我们能够从语言沟通之外获得更多的信息。因此"读懂"肢体语言，对我们全面正确了解对方讲话的真实含义帮助极大。

心理学告诉我们，非语言沟通通常由大脑的边缘系统驱动，而大脑的边缘系统是情绪体验的重要区域。因此肢体语言通常是下意识的，是一种本能的反应。这种本能和下意识特性，决定了"肢体语言"比语言本身更准确。语言可能会骗人，但肢体语言难以掩饰内心世界。比如，当一个人回答问题突然变得犹豫，或者眼睛四下环顾。这时候可能意味着他的答案是言不由衷或者是不真实的。

事实上，每个人都是肢体语言的接受者和传递者。我们既可以通过肢体语言更多地了解别人的感受和潜意识，也可以通过自己的肢体语言更好地实现自我意识和自我控制。当我们懂得了肢体语言，便能够更好地完善和改进我们肢体语言的表达方式，通过肢体语言真实而准确地表达我们的内心世界，避免他人对我们的误解。

二、面试，肢体语言很重要

肢体语言在人际沟通中扮演着极为重要的角色，对于第一次见面的候选人，我们可以通过解读他的肢体语言，了解他的个性、举止、心情和意识，获得有关候选人更多的延伸信息，而且这种延伸信息比直接从语言中获得的信息更真实、更可靠。据国外研究显示：在人与人的沟通交流中，55%是肢体语言，38%是说话的语气，只有7%是实际讲话内容。这也是为什么我们经常会感觉到"电话面试效果远不如面对面的面试效果好"的原因之一。

面试的主要目的之一，就是挖掘候选人在简历中尚未表现出来的真实的潜在能力和特质，而肢体语言的观察和解读，有利于提高面试效果的准确度，有助于我们更深层次地和尽可能全面地了解候选人。因为一个人的肢体语言揭示的是他的真实和本质的一面。

对肢体语言的正确解读还有助于面试官区分候选人的哪些行为是由于过分紧张所致，哪些行为是因为"撒谎"所致。任何误判都会导致我们失去一个优秀的候选人，或引进一个名不符实的"绣花枕头"。

下面有两个例子。

候选人 A 从进入公司开始就表现出热情大方、乐观、自信。握手时力度正常、坐姿挺直，沟通时注意聆听、不时回报一个温和的笑容和点头，回答问题有时候稍做思考，有时候流利到位、充满信心。

候选人 B 一见面就自来熟，过度热情，握手过分用力恨不得要捏碎面试官的骨头、大幅度摇晃、躺坐在沙发上。回答问题信口开河、满口新名词，或吞吞吐吐。

从这两位候选人的语言看，也许差不多，但他们各自的肢体语言暴露了他们各自真实的个性和内心活动。

第二节　肢体语言，"面霸""戏精"的克星

当面试一个候选人的时候，你其实是在两个层面上与对方交流：语言的和非语言的。候选人的肢体语言真实地反映着他的内心想法。他的"希望、兴趣、接受"或者"拒绝、抵触、反对，甚至敌意"等想法，其实都能从他的眼睛、面部表情、手和腿脚动作中发现线索。

语言沟通固然非常重要，但如果候选人是"面霸""戏精"，或者当offer谈判进入僵持时，肢体语言变得越发重要。关注候选人的肢体语言——它对你在面试中如何准确地了解候选人起到了至关重要的作用！

一、肢体语言解读，从0到10

如何在面试中观察和解读候选人的肢体语言呢？根据我的经验，作为面试官，在面试中解读候选人的肢体语言应当遵循以下3个步骤。

第一步，确定你想知道什么？

在开始面试之前，首先清楚地想明白：你希望通过解读候选人的肢体语言实现什么样的目的。你想问什么样的问题？你希望从候选人的语言回答中了解什么样的信息？还希望通过候选人的肢体语言了解什么额外的信息？清楚了这些目的之后，才能做到肢体语言解读"有的放矢"。只有这样才能在面试中有目的地关注候选人的肢体语言，真正获得有用的信息。

第二步，聚焦你的关注点，并把它们深深地印入你的脑海中。

目的明确后，列出在面试中的关注点。这些关注点可能来自你在研判简历过程中的疑问，也可能来自你的面试经验总结，或者来自其他非面试官的需求。总之，列出这些重要的关注点，并把它们牢牢地印入脑海，以便你在面试中，对候选人的肢体语言产生足够的敏感度。

第三步，在面试中观察候选人的肢体语言，直观地获得信息。

仔细观察和分析候选人的肢体语言，通过运用肢体语言解读技术和方法，从候选人不同的肢体语言中获得他们的真实意图和想法，从另一个角度了解和评估候选人。

在上述步骤完成后，你便可以从候选人的语言和非语言（肢体语言）中获得你希望获得的信息。

二、实用肢体语言解读方法

肢体语言解读就是通过面试中候选人的形体动作，寻找相关线索，获得相关信息。常见的肢体语言解读方法有以下几种。

1. 寻找情感线索

情感线索是肢体语言解读中最直接、最容易发现的信息。比如人们哭泣，通常意味着悲伤或者欣喜。正如常言所说"悲伤而泣""喜极而泣"。再如候选人轻轻一笑头后倾，或双手倒插在裤后口袋中，通常是骄傲的表现。

事实上，我们可以通过候选人频频眨眼睛、嘴紧抿、坐立不安、不断搓手等动作，读出他的焦虑；通过候选人睁大眼睛、V形眉、嘴角向下，发现他的愤怒或者威胁情绪；而低头看着地板很可能是害羞、胆怯、尴尬。

2. 寻找兴趣线索

候选人对所应聘职位的兴趣和态度决定着候选人的最终选择。因此，了解候选人对该职位的兴趣以及面试过程中兴趣和态度的变化，对我们做最终决策具有积极意思。这一点对于一个比较优秀的候选人来说尤为重要。

兴趣线索通常隐藏在以下肢体语言中：

（1）候选人与面试官的空间关系——两者之间空间间隔小意味着密切、兴趣，两者之间较多的肢体接触意味着喜好、亲近；反之，则表示没兴趣、疏远和隔阂；

（2）候选人的眼睛——瞳孔放大意味着他非常有兴趣。研究发现：当人们在讨论一个有趣的话题时，他们的眼睛大约有 80% 的时间是在盯着对方看。更有意思的是，不只是看对方的眼睛，会从眼睛慢慢转到对方的鼻子、再而嘴唇，然后再返回注视眼睛。不看表示没兴趣，长时间盯着看意味着攻击。

（3）候选人的身体姿势——包括手、手臂、腿、脚、身体等。身体朝向你是倾听和接纳，反之则是抗拒和隔阂。

3．解读魅力线索

面试官可以通过评估候选人和他的目光接触时间、面部表情、手势和身体姿态，来发现候选人投入和被吸引的程度。

当然这种肢体语言会因性别差异和区域文化的影响而不同。比如，在北方，用力紧紧握手意味着亲近和好朋友，而在南方可能会解读为粗鲁。男人身体倾向于被吸引的对象，而女性则可能表现为向被吸引的对象忸怩身体。

4．寻找权威线索

权威线索对于面试资深职位候选人，需要了解他的管理风格和领导力是有一定意义的。首先是从目光的接触看，盯着对方看表示在探究和调查，通常是主导性的；在沟通中不苟言笑、皱眉、抿嘴也具有主导地位的倾向；指点对方、大动作手势暗示他需要成为中心点；站在一个前景广阔的位置上，被认为是一个强大的主导性的姿态；相反，则传达的是不自信、懒散、退缩的信号。

一般情况下，一个占据主导地位的人，会更多地主动联系和接触地位相对较低的人，以显示他的统治地位。如果两个人的地位平等时，则双方以平等的方式回报对方。

三、肢体语言，看哪里

解读肢体语言，重点看以下几个方面。

1．看头部

头是身体的核心，大脑是人的指挥中心。因此，头部姿势代表着人的整体态度和精神气，它是肢体语言最直接也是下意识反映最迅速的部位。

头部保持挺直看起来自信和权威。意味着候选人对此认真对待。候选人的头部轻松地微微向面试官倾斜，表示友好、轻松。点头表示候选人认真倾听、赞同。

2．看眼睛

眼睛是心灵的窗户，从一个人的眼睛可以看出他对正在进行的话题是否有兴趣。一般情况下，人们总是频频地将目光投向他感兴趣的目标。研究表明：候选人喜欢或者同意你的观点，或者对你所谈的内容感兴趣，他会下意识地增加和你眼神交流的时间。

候选人和你的眼神直接接触表示积极倾听和关注，对你所说的内容感兴趣；眼睛乱瞟、环顾四周意味着不诚实。低头可能是自卑的表象。但长时间盯看则意味着攻击、怀疑和藐视。自然眼神接触7～10秒后移开再转回，表示友好、关注。

瞳孔放大，表示候选人对此话题非常有兴趣。相反，如果瞳孔收缩，表示他没有兴趣或者不愿意接受条件。

3．看手和手臂

手和手臂是最能明显表达人的感情或情绪的肢体。手臂随意搭在座椅的后背上和自然放在腿上或者桌子上，表达的含义大有不同。大家已经知道的事实是：当候选人的手臂交叉环绕在胸前，意味着防范和自我保护；敞开双臂则意味着开放和接纳；双臂交叉或双手紧握放在两腿之间，等于告诉对方"请不要靠近我"。

而且，手势在沟通中发挥着重要作用，它通常可以用来强调所讲的内容和希望表达的思想。说话时使用右手动作意味着你愿意给出信息，而左手的手势表明你愿意接收信息，张开手掌表示公开和诚实。同时，说话时手臂挥舞动作的幅度大小也表达着不同的意识情感。通常的概念是手臂动作幅度小可能表示顺从、温和、胆怯；大动作意味着果断、坚定、执行力、攻击性、直率、粗暴、紧张。

有的候选人喜欢把手插在衣服或裤子口袋里，有的候选人在面试时，手上的小动作比较多：捋捋头发摸摸脸、手指在桌子上来回滑动等。我们可以通过候选人的这些手势，读到更多的信息。如果候选人不停地摆弄头发、摸鼻子、摸脸或者摸脖子，这是表达候选人焦虑和不确定的信息。肢体语言专家认为，触摸鼻子、嘴唇和耳朵可以表明候选人在撒谎。

候选人的手掌张开，向你展示手心，标志着他的坦诚、参与和活力。捏着拳头意味着警惕。通常，候选人的手势越展开，表示他越放得开；候选人展开手势次数越多，表示他对这个位置的兴趣越高；握紧拳头、紧攥手臂或手腕，表示的是强烈的不同意或反感。

4．看腿脚

对于爬行动物而言，腿和脚具有极其重要的作用。它们接受大脑指令，用来支撑身体、运动、防范攻击和进攻猎物等。因此人的内心活动会下意识地反应到脚和腿上来。而且当人们想伪装自己的肢体语言时，主要集中在面部表情、身体姿势、手臂、手势等肢体动作上，往往忽视伪装脚和腿的动作。所以，腿和脚的动作相对真实地反映了候选人的内心活动。

实践告诉我们，当候选人面临压力时，往往会通过增加脚的动作来舒缓紧张情绪。例如，候选人双脚来回移动、绕着椅子腿，透露的是候选人处于紧张和焦虑中。如果候选人双脚平行、平稳着地或者在脚踝处交叉，传递的信息是"这是一个充满信心、比较专业的候选人"。

更有意思的是，研究表明，如果不是双脚着地，要想回答非常复杂和刁钻的问题不是一件容易的事。因为双脚着地处于一种稳定状态，大脑皮层之间脑细胞活动相对比较容易，双脚着地有助于创造性思维和理性思维。由此看出，双脚平稳着地的候选人会更专心、更认真。候选人面试时跷二郎腿透露出傲慢和随意，同时也意味着防守；而轻轻摇晃腿传递的则是紧张和心不在焉的信息。

5. 看身体

候选人的肩部和身体面对并向面试官倾斜，意味着他们赞同和有兴趣；如果候选人下意识地模仿面试官的动作，比如，身体微微前倾、稍微移动，那这意味着他在积极回应面试官。如果他们的身体往后靠，依靠在座椅背上，这表示他们希望与面试官保持一定的距离，意味着他们对正在讨论的话题没有兴趣。

6. 看握手

握手是最原始、最有力的非语言线索。在面试中，一个热情的握手能够产生一个持久和积极的印象。人们对握手对象也会更热情和友好。研究表明，人们记住和他握手的人的概率两倍于没有握过手的人。

握手时完全握住对方，眼神真诚交流、力度恰到好处，这种坚定热情的握手传递的是自信、敬业精神和正能量；握手时微微接触、轻轻地一下，意味着候选人胆小、没有安全感；握手时长时间盯着对方透露出来的是傲慢；而握住对方的手不放会令人非常尴尬。

7. 看坐姿站相

候选人的坐姿和站姿暗示着他的信心和参与程度。我们可以从候选人坐相和站相看出他的个性风格，他对这个职位的兴趣如何，对面试的重视程度如何等。正确的坐站姿是：头肩直立、头稍低、腰板挺、脊柱垂直于椅子面。身体自然放松、稍微前倾10到15度。手放松地放在腿上，双脚平放着地，动作连贯平缓。

有些候选人一落座就是全身紧绷、僵硬挺直，表明候选人非常紧张、处于高度防范状态；有的候选人左倚右靠、松垮懒散，意味着懒散和不勤奋、缺乏信心和兴趣；坐半边椅子暗示着候选人随时准备站起来（走人）。放松自然、双肩和背挺立显示的是候选人的自信心和自恃。坐立不安透露给我们的不仅仅是紧张可能还意味着候选人的个性特质和工作风格。

8. 看表情

微笑通常是一种积极的肢体语言。真诚友善的微笑展示着平易近人的风度，是沟通的最好途径之一。同意你意见的候选人会用微笑和点头表示，皱眉可能表示候选人在思考、担忧、困惑或怀疑；当眉毛低垂、双唇紧闭、肌肉紧张、或头转向远方，说明候选人和你意见相左或不接受你的提议；脸红表示尴尬和愤怒。

虽然点头表示赞同，但当候选人对你所讲的内容不同意或表示怀疑但又不太愿意戳穿时，也会使用"微笑"来代替反驳。频繁点头表示虚伪的奉承，过多地点头还意味着"干扰"。

观察表情还要注意一纵即逝的微表情。对于一些善于隐藏面部表情的候选人，要特别关注他面部表情的细微变化。因为面部表情的细微变化反映的是他未经修饰的潜意识，更真实地反映他的内心世界。

9．看语速语调

虽然从严格意义上说，语速和语调等不属于肢体语言范畴，但语速、语调和音高相结合，可以给我们提供另外一些语言表达之外的衍生信息。候选人讲得太快可以解释为紧张。道歉和防御的语气可能意味着不自信和缺乏安全感。没有语气和音调变化的"滔滔不绝"意味着不想让其他人插话。

10．看小动作

通常候选人在面试官讲话时会注意倾听，表现相对安静。但有些候选人会有一些下意识的小动作出现。比如：手臂晃来晃去、捋头发、玩笔、来回摇晃椅子、频繁移脚、脚尖打拍子等。这些小动作通常倾向于被解读为：缺乏教养、缺乏专业、无聊等。

11．看着装

从候选人的着装你可以看出一个人的风格、性格，以及他是否认真对待这次面试。着正装表示候选人非常看重这次面试，对该职位的欲望比较强烈。工作风格可能偏向于正式、传统、严谨、逻辑、专业。有可能存在某种程度上的自恃清高。而着休闲装，候选人可能有些自由反叛，对此次面试并不十分重视，只是试试看，抱着"能上最好，不能也行"的心理。

12．看道具

如果候选人在他和你之间放置了一个笔记本电脑、公文包、皮夹子或者书籍，那你应当提防，他试图在你和他之间加一道屏蔽，这是典型的"防范"的肢体语言暗示。即使是一个咖啡杯或茶杯，也含有有意阻止隔离和疏远对方的含义。

我的一位在 500 强担任资深高管的英国朋友告诉我，他可以通过他的团队成员在 Tea Break 时，拿咖啡杯子的高度，来判断他们的感受。比较高的举着他们的咖啡杯的通常比其他人安全感更差。一般情况下，大家拿咖啡杯的位置通常是在腰部。如果放到了胸部，那这些成员内心可能是有些不舒服或者紧张。

肢体语言解读从何时开始？我的观点是：解读候选人的肢体语言从他进入公司开始。当候选人进入公司大门和前台沟通开始，我们就应当注意观察他们的肢体语言。注意看他做什么、看他们的精神状态、一举一动、观察他们动作的细节。而且，在没有正式开始面试前，候选人还处于放松阶段，这个时候的肢体语言相对真实地反映他们的内心活动，所以不要忽略这个阶段候选人的肢体语言。

四、解读注意事项

在解读肢体语言时，应当注意以下事项。

- 我们要充分认识到，解读肢体语言是一件非常具有挑战性的事情，绝不是想象的那么容易。因为非言语行为本身是复杂的，而且不同的候选人的肢体语言也有所不同，这给肢体语言解读带来了相当的挑战性。
- 对熟悉人的肢体语言的解读准确率高，对不熟悉人的解读准确率相对较低。所以练习肢体语言解读从你熟悉的人开始，多观察、多练习，以提高准确度。
- 肢体语言受地域文化的影响很大。因此对肢体语言的解读应当考虑和关注不同区域的文化差异。有些肢体语言在某些地区可能有其特定的含义。比如：微笑普遍表达的是友好和善意，但在某些地区就可能被误解为"嘲笑"。

- 肢体语言表现的是一种意图和倾向，并非特定的含义。所以，我们解读肢体语言只是试图去发现候选人的内心意识的倾向，而不是他们具体的想法。比如，我们可以解读出他对这个职位有没有兴趣，而很难通过肢体语言读出，他是否已经决定接受 offer。

- 肢体语言解读要考虑个体差异，不要"一刀切"。一个人的肢体语言受他的社会地位、教育背景、生活环境影响较大。不同生长环境下成长起来的候选人表达同一种情绪的肢体语言可能有所不同，不能机械地一概而论。

- 一个人的肢体语言也会因受到当时的个人情绪的影响而不同。比如：候选人因为在面试前和太太闹了别扭而情绪低落，这时他的肢体语言就会因为这个纠纷受到比较大的影响。

- 非言语沟通渠道通常包括：身体动作（眼神接触，面部表情和肢体语言），触觉（触摸），以及空间关系（个人空间）。一般情况下，人最擅长阅读面部表情，然后肢体语言，最后是个人空间和触摸。

- 并不是所有的表情都同样容易理解。通常解读愉快的肢体语言要比解读不快乐容易，解读幸福、知足和兴奋的准确性要比解读愤怒、悲伤、恐惧和厌恶要更高。

- 要关注"微表情"。"微表情"是一种稍纵即逝的面部表情，也许只有一、二秒钟。"微表情"是一种情感的突然泄露。当我们试图掩饰一个非常强烈的感觉时，真情实感的表达会突然短暂地突破候选人"装出来"的表情出现在脸上，就像闪光灯一样，一闪即逝。

- 不要机械地照搬解读，要防备你可能遇到了"面霸"而故意做出相反的肢体语言。肢体语言是一种下意识的情感流露。只有在下意识下的肢体语言才真实反映候选人的潜意识。有意识的肢体语言可能产生的是误导。例如，一般情况下，回避目光交流意味着心虚，而有些"面霸"可能为了掩饰心虚和谎言而故意与你直接交流眼神。

第三节　典型面试肢体语言展览

通常肢体语言能够传达的信息远远大于我们自己的感觉。有时候自己都会感觉到奇怪，我怎么会是这样？因为大多数时候，我们自己并不知道身体给出了这些信号，因为它们是下意识流露出来的，我们的主观意识无法主动控制。因此，这就给我们在面试中通过肢体语言解读获得更多真实信息创造了条件。

一、内心崩溃，诠释负能量

候选人通常会在面试时极力表现出积极向上的一面，即使有时候是"装出来"的也很正常，无可厚非。对于面试官来说，重要的技巧是：通过发现和解读"伪装积极"的肢体语言，抓住他们自觉不自觉流露出来的肢体语言来获得真实的信息。这个时候，解读负面的肢体语言显然比关注积极的肢体语言来得更重要。

以下是对面试中常见的几种消极负面的肢体语言的解读。

（1）懒散坐姿。没精打采地瘫坐在沙发或椅子上，手随意搁在后椅背上，双腿张开甚至翘在椅子扶手上，这意味着懒散、不感兴趣、过于自信或自大。后靠在椅背上是傲慢的体现。身体大幅度前倾意味着攻击性。

如果你看到候选人的脚拉开与你的距离或脚尖指向别处（如大门、出口等）或者环绕椅子腿，这可能表现出候选人渴望对话尽快结束，准备离开了。

（2）双臂交叉。虽然双臂在胸前交叉折叠可以有很多含义。但通常当一个候选人采用这种姿势时，他把自己的身体变成一个封闭的姿态，这是一种防御性的地位。意味着不愿意接受他人的意见，也不愿意与他人分享观点。它发出的信息是候选人感觉拘束或者感受到了威胁。暗示候选人的不安、沮丧、不确定或者试图隐瞒什么。这种肢体语言也可能意味着候选人不同意面试官所说的内容或对此不感兴趣，拒绝面试官。

（3）躲避目光，表情冷漠。眼神接触是在人际交往的一个关键因素。太多的目光接触，通常让人感到不舒服，但过少的目光接触，总是低头，或望着远处，可能意味着候选人对刚才他所讲的内容不踏实、撒谎或是在试图隐藏什么。有些候选人在面试中眼睛低垂、表情淡漠、不苟言笑。有些候选人面试时躲避面试官的目光接触和眼神交流。这些都是非常负面的肢体语言。意味着候选人对这个职位没有太大兴趣，或者意味着这是一个自卑、内向的候选人。

（4）皮笑肉不笑。皮笑肉不笑是政治家式的微笑，是一种虚伪的外在表现。冷美人式的微笑展示的不仅仅是高傲和冷艳，留给他人的印象恰恰是"假模假样"。相反，一个自然的笑容会让人感觉到热情、自信和开放。怎样才能区分皮笑肉不笑和真诚微笑呢？这里有一个判断诀窍：真实的微笑发自内心，表现在眉梢和眼角，而皮笑肉不笑只是挂在脸上。一个真诚的笑容来自心底，而虚假的笑容只是嘴部动作。

（5）频繁点头。"鸡叨米"式的点头让人看起来奇怪和别扭，这样的情况经常发生在一些女性候选人身上。如果候选人在面试官面前不停地点头称是，表示他善于讨好他人，是个好好先生。

（6）手指别人。在面试中，用手指指别人是一个非常粗鲁的动作，意味着很强的攻击性。无论是面试官还是候选人都应当绝对避免出现手指他人的情况。另外，在面试中如果候选人的手臂或其他身体部位离你很近，"入侵"了你的私人空间，表现出的是候选人具有强烈的攻击性。

（7）隐藏手。刚开始面试时，候选人的手放在桌子上但后来把手放到桌子下面，意味着他感觉到某种不安，或者刚才发生了他不希望发生的事；也许意味着他刚才说的与事实有出入、不真实。如果候选人的手一直在桌子上面做着手势，那说明他表达的是真实的。

另外，有些候选人会习惯于把手放在背后。手背后会使动作受到抑制，看上去显得僵硬，可能意味着候选人的工作风格相对僵硬。

（8）坐立不安。坐立不安是典型的烦躁、没兴趣、希望快点结束的肢体语言。虽然有时候也表示候选人高度紧张，但取决于坐立不安发生的时间段。如果在面试刚开始，紧张的成分居多，如果在面试进行中部或者接近面试结束时，坐立不安意味着候选人感到无聊，希望面试快些结束。

在面试中坐立不安，除了表明了候选人的焦虑和紧张外，很多时候也暗示着候选人生性多动、浮躁、扎实工作不够、稳定性不强。尽管有很多专家告诉候选人：在面试中一定要避免坐立不安，但依然有很多人还是忍不住，下意识地我行我素，因为他们的个性如此，难以隐藏。

（9）口是心非。是否诚实是面试中对候选人的一个重要考核内容。那我们怎么才能知道候选人口是心非呢？这里有一个诀窍，当一个候选人在侃侃而谈"他怎样充满着激情"时，他脸上表情平淡、缺乏热情，那就是口是心非！犹如我们去饭店吃饭，很多饭店的服务员会在客人进门时齐声高喊"欢迎光临"。你感觉到是"虚假"、是商业气息、是"口是心非"。

（10）不正常握手。握手时，轻轻地接触，软软地握手可能意味着候选人胆小，没有安全感。而过分用力地握手放出的是嚣张和强势的信息。握手时间过长意味着候选人想过分表现自己，同时也意味着候选人可能会夸大自己的成就、知识和经验。

（11）大动作和小动作。面试中过大的动作和小动作都是比较负面的。一些大的挥手动作可能会侵犯到他人的私人空间，非常不礼貌。快速、重复和进攻性很强的大动作，暗示候选人可能有些激进。

候选人面试时经常摸头、颈或眼睛，意味着候选人缺乏兴趣。触摸鼻子、摆弄头发透露的是不诚实信息。脚尖打拍子、晃腿、捏拳头、咬指甲、搓手、搓眉毛、玩笔、玩首饰或手指，呈现的是候选人紧张、有压力。也意味着候选人有可能试图掩饰什么，或试图分散你的注意力。

（12）奇装异服。候选人着奇装异服参加面试是个"找死的节奏"，基本上可以直接拒绝。大多数企业不能接受员工奇装异服或暴露过多。同时，候选人使用太多的香水会令人窒息。过分鲜艳的指甲和珠光宝气的首饰也是不恰当的面试佩戴。

（13）面试中的其他肢体语言。

① 满头大汗。候选人面试时紧张是正常的，但不停地出汗始终是个负面信息，除了紧张，有可能存在某种担心。比如：担心简历中的某些夸大甚至是编造的内容被戳穿。

② 口吃结巴。这也是常见的一种紧张的表现。但有时候也可能是候选人在思考选择合适的语言来表达，这意味着：对他说出来话的可信度要打折扣。

③ 说话太多和太快。区别对待：侃侃而谈表现的是自信和开放、意味着坦诚和直率；但机械的背书般叙述，意味着紧张。

④ 嘴唇紧闭或咬嘴唇。意味着候选人反对他们听到的内容，咬嘴唇暗示紧张。

⑤ 早到或迟到。意味着候选人急于求成，很希望获得这份工作。迟到说明你的计划性不强，考虑问题不周密，相对懒散。

⑥ 手舞足蹈。意味着候选人可能试图用夸张的肢体语言来掩饰他的紧张。如果手舞足蹈贯穿整个面试过程，则说明候选人可能不够稳重和有过激倾向或神经质。

⑦ 脸红。很多人在情绪化或者紧张时会脸红，谎言被戳穿时也会脸红。脸红也意味着该候选人可能并不精于世故、腼腆成分大于老奸巨猾。

肢体语言不仅仅能够透露一个人的积极和消极的信号，而且还透露出一些很多怪癖。比如，攻击性强、注意力不集中、统治欲望、逆来顺受，或浪漫、无聊、封闭、欺骗、防御等。在面试中要严加注意仔细观察，并多练习，以免导致误判。

二、说谎、对抗、无聊，肢体语言各有不同

1. 无聊和没兴趣的肢体表现

对候选人在面试中的注意力的观察非常重要，它不仅关系到候选人是否在注意倾听面试官，也反映了他对所应聘职位是否很有兴趣、很介意。我们可以根据候选人注意力的不同程度看出他对该职位的兴趣程度。

如果在面试中候选人的身体后靠而不是往前倾向于面试官，这表示他希望与面试官保持距离。如果候选人在面试中不停地看手表或手机，这意味着对面试官的话题不感兴趣。

面无表情、额头紧锁、皱眉头、眼睛往下看，这些都是不感兴趣的肢体语言。坐立不安、不停地整理衣服、玩手机、摘除毛衣袖口上的小绒球，这些都是分神和冷漠的表现。

一个无聊的人可能会出现疲倦、总打哈欠、表情发呆，或重复出现某一动作，比如：双脚来回移动、手指头不停地"敲鼓"等。无聊的人很容易被一些发光的物体、小鸟、虫子、电视等事物分心。无聊的肢体语言表明候选人对你说什么并不关注，他们的注意力不在你这边。

需要注意的是，有时候无聊并非候选人的本意和希望发生的，可能由面试官引起。由于对面试官所谈的话题已经了解、缺乏兴趣、持悲观态度，也许是因为面试官本身缺乏吸引力，或者面试官喋喋不休，导致候选人不耐烦，或候选人未能获得充足的睡眠和对面试进行充分准备，也会导致无聊。

2. 缺乏自信的肢体表现

一个坚决洪亮的语调表现的是候选人的自信和权威。而说话声音低、嘟嘟囔囔、不停地解释，或讲一半吞一半，通常意味着候选人不确定和犹豫不决，没精打采和疲惫的神态表现出的是候选人不自信和自卑的信号。

握手时缺乏目光交流，只是轻轻地接触一下"弱握手"可能意味着胆小、没有安全感；握着一个冰冷或者湿乎乎的手，意味着对方缺乏自信，紧张和"亚历山大"。

3. 说谎的肢体表现

人的肢体语言下意识地传递着人的诚实和信誉，皮笑肉不笑的虚假笑容可能意味着候选人在撒谎。面试中常见的可能意味着说谎的肢体语言有以下一些。

① 频繁地眨眼是骗子常见的肢体语言。候选人不停地眨眼通常表明他在思考，也意味着候选人的智力可能比正常人更高，但这里的潜台词是"他有可能在玩心眼"。

② 瞳孔放大可能意味着候选人在撒谎，也可能意味着他对面试官所讲的话非常有兴趣。

③ 肢体语言的不一致。当一个候选人嘴上说的和心里想的不一致时，此人是在撒谎。

④ 耸肩通常表示候选人对他所说的内容缺乏自信、可能存在夸大或者编造。

⑤ 候选人去触摸自己脸、鼻子、手或其他身体部位，可能意味着不诚实。

⑥ 语调变化。在讲话中途改变语调通常表示紧张，或者企图有意识地改变什么。

⑦ 讲话错误／犹豫。当人想撒谎时通常会出现讲话错误或者表现出犹豫的情况，这是一闪即逝的犹豫。

⑧ 短回答。候选人回答你的问题如果答案很短、不具体，可能带有骗人的成分，因为对于大多数人来说，撒谎是有压力的。

⑨ 嘴唇周围肌肉抽搐或者眼角轻微跳动，通常也是欺骗的信号。

4. 对抗性的肢体表现

眼睛乱转、挤眉弄眼的面部表情清晰地表明他的不赞成；眯着眼睛、闭嘴意味着在思考和分析对方的观点，同时也意味着质疑；分神、转移视线、转移对方正在进行的话题，意味着不敬；双臂在胸前交叉折叠或双腿交叉放置表现的是防卫和自我保护。

一般说来，身体周围50厘米是一个人的私密空间，如果一个人突破了这个距离，就意味着侵犯和不尊重。未经许可进入对方的办公室，未经许可乱动别人的私人物品，把脚翘在办公桌上等，这些都是传达一种不尊重和攻击性的信息。

对抗性通常在肢体语言上表现为不容置疑和咄咄逼人。对抗性的面部表情包括：皱眉、噘嘴、嘲笑、面红耳赤、大汗淋漓；还有许多动作来表示对抗，如握紧拳头、竖中指、挥拳、突发动作、大发雷霆等。

如果一个候选人在面试中表现出较强的攻击性，通常需要引起注意。一个正常的思路是：他在如此重要的工作面试中如此，那在工作中的情况可能会更加强烈。如此强烈的对抗性，是否和应聘的岗位所需要的候选人个性特征一致？是否能搞好工作中的人际关系？是否被客户所接受？

5. 感兴趣的肢体表现

候选人头部微微倾斜，表示他在聆听你的讲话并且对你所讲的内容非常有兴趣。歪头是一种"把耳朵给你"的姿态，意味着他想听到更多的东西。一般来说，如果一个人对你有兴趣，好奇和希望参与其中，头部倾斜是一个信号。

如果候选人下意识地模仿你的肢体语言，可能意味着他对你有好感。这是因为当我们与一个我们喜欢或者感兴趣的人沟通时，潜意识会支配我们的动作切换到和这个人一致的模仿他的肢体语言，以此产生某种联系。

如果候选人双腿交叉，向前伸直，而且脚尖指向你，表示他对你的感觉不错、赞同你的观点、愿意加入。候选人故意离你很近是一个套近乎、自来熟、会来事的表现。虽然不礼貌，但意味着他对所应聘的职位非常有兴趣。

第四节　面试官，别暴露了你的秘密

面试官可以通过对候选人肢体语言的解读，获得对候选人个性、思想、情感、关注度等有用的信息，帮助他做出录用与否的结论。相反，候选人也能通过解读面试官肢体语言，来洞察面试官的内心，获得有价值的信息。所以，作为面试官的我们来说，一定要学会管理自己的肢体语言。一方面可以提升我们的职业形象；另一方面，也可以防止被有经验的"面霸"利用。

一、面试官常见肢体语言暗示

（1）脚踝交叉双腿向前伸直。信息：我对你感兴趣。

（2）双脚后放隐藏在椅子下面，脚尖向着大门。信息：希望结束面试。

（3）停止做笔记，反复看钟或表，快速提问。信息：我对你感到厌烦。

（4）身体正面朝着候选人，歪着头，肩部微微前倾。信息：我有兴趣，想听到更多的东西。

（5）双臂环抱在胸前，鼻孔扩张，来回转肩，或脚朝出口。信息：我很生气。

（6）突然发笑，或眉毛上扬。信息：我不同意或者我不相信你。

（7）在整个面试中一直在看候选人的简历。信息：我在找你的毛病呢。

（8）回答"呃，呃，很快"。信息：我在犹豫选择怎样的言辞来回答或者搪塞。

（9）仔细阅读候选人的简历。信息：我认为你的经历和这个职位匹配度比较高，愿意考虑录用你。

（10）下意识地模仿候选人。信息：我对你有好感，可能愿意考虑录用你。

二、怎样让你看上去自信满满

一些资历相对比较浅的面试官在面试一个非常资深、行业知名的候选人的时候，会不自觉地表现出不自信。这种不自信事实上会影响到面试效果，甚至会影响到候选人对公司的看法和决定。因此，面试官在面试中保持自信非常关键。

在面试中，展示自信的肢体语言有以下几种。

（1）抬起你的头，下巴微微上扬。自信的人总是仰视，抬头。目光绝不会往下看地面、桌面和自己的脚。

（2）站直。挺直腰板、舒展双肩、全身放松、挺直站立让人看起来充满信心、权威和风度；而懒散会让你看起来不专业。

（3）脚站稳。不要以为别人不会注意你的脚。一个自信的人双脚一定稳固地站立在地上。双脚放开、保持与肩同宽、脚尖向外。这样的站姿可以平衡身体，同时这也能增强你的信心。双脚离得太近让你看上去胆怯。

（4）掌心朝上。你手心向上的手势给人以诚实的感觉，这也会让你看上去更加自信。

（5）暴露双手。不要把你的手放进口袋。通常情况下，手放进口袋意味着你感觉到了紧张、不舒服或无以适从。暗示着你的自傲、隐藏、笨拙和拘谨。

（6）眼神接触。强大的目光接触可能是表示信心的一个重要指标。时间稍长一些的注视，会为你的自信加分。

（7）语气。人们看你是否自信，首先是从你的说话方式、语调等来直觉判断。所以，你的举止和语气对衡量你的信心非常重要。切记尽量不要使用"哼、嗯、噢"这样的字眼。用腹部肌肉调动语言，这样会发出来低音丰富、更有力的声音，让你看起来更加自信。

三、坐着你是面试官，站起你是被面试人

在面试中，面试官的确处在掌握面试主动权的位置上，但这并不意味着面试官可以随心所欲地掌控一切。面试官言行可以影响候选人所应聘的公司和职位对其的吸引力。因此，面试官要注意在面试中的肢体语言。

1. 控制肢体，掌握主动

当面试官开始一场面试时，需要有意识地努力控制好自己的肢体语言，保持良好的身体姿势，舒展背部、挺胸、保持头部挺直、不要垂肩，让自己充满信心。

握手是面试的一个细节，但影响不小。作为面试官，你应主动伸出手去握手。与候选人握手时，手要完全把握，要相对坚定和稍稍有力，并保持目光交流和微笑，以表示热情以及你在面试中的主导和控制地位。但要注意，长时间握住一个异性候选人的手是极为不妥的。

面试时通常面试官应当坐在面向大门、身后坚实（无大空间、无过道）的位置。如果在自己的办公室，应当坐在方便自己取文件、倒水的位置。因为面试官在面试中从候选人面前走过有被动的含义。

要绝对避免看起来过于放松和懒散的坐相，如弯腰驼背、胳膊乱放腿乱晃等。既不要紧张，也不要过于休闲。

2. 表现自信，避免紧张

一些经验少资历浅的面试官在面试职位比较高、在行业内有一些知名度的资深候选人时，往往会表现出一种紧张情绪来。比如：语无伦次、手心出汗、面部潮红、眼神放光等，这些肢体语言对于面试官来说是不太适当的，暴露了紧张和不自信的弱点，会使你在面试中失去主动权。

走进面试室时，让你的肢体语言散发出自信、经验和专业的强大信息。舒展双臂、双肩放松、头部挺直、挺胸，步伐坚定稍快、双脚与肩同宽。这种姿势不仅让你看起来更自信，而且还能通过影响大脑中的睾酮和皮质

醇水平，刺激减少你的压力和紧张感。

如果你感到紧张，试着给出对方一些微笑。一个微笑就会使你平静下来。最重要的是，微笑直接影响着别人对你的反应。当你向某人微笑，他们几乎总是微笑的回报。

3．目光交流，真心微笑

微笑着走进面试，真诚的微笑能够建立彼此的信任，让你看起来轻松和自信，平易近人。用微笑和目光交流抓住候选人的注意力，吸引候选人自然地融入面试的交流中。同时通过微笑和目光交流展示一个积极开朗的个性，显示着你的友好礼貌，也表现出你的经验和老练。当然，要注意微笑是从内心发出，虚假的笑容反而使人感到反感。面试官在目光交流中，可以稍稍表现出一点"进攻性"。

眼神接触意味着投入和关注。当然，眼神接触时间的长短需要把控，太长会令人不舒服。通常眼神接触只是几秒，然后移开。如果你要同时面对一个以上的候选人，应当让自己的眼睛和每一个候选人都有交流和接触。可以先看正在说话的候选人，然后再转向下一个，再下一个，然后转回来关注第一位候选人。

4．聚焦话题，直接坦诚

在面试时，面试官要紧密扣紧讨论的话题，要控制面试沟通的方向，不宜偏离主题太远。即使候选人岔开了话题，也应当及时调整回来。同时，要直截了当，不要绕弯弯。使用语言要精确严密，不要故意让候选人产生误解。要注意语气和语调，太软显得胆小，太大声显得霸气。

要注意倾听、不要轻易打断候选人——除非不得已。要注意一些小动作。摸脸和鼻子等于告诉候选人你可能不值得信任。撸头发、晃腿等小动作是无聊和不耐烦的迹象；指尖相接触象征着权威；手心朝上是公开和诚实的标志。

5．积极正面，举止专业

积极正面对于面试官来说极其重要。它不仅展示了面试官的个人风范，更重要的是透露出公司的文化和管理水平。热情洋溢、心灵坦荡、放松呼吸、真诚对视。保持手臂打开、手势自然，保持目光接触、认真聆听。这一点非常重要。同时不要一心二用，别一边面试一边去看短信或微信。如果有重要电话进来不得不接时，应当对候选人说句抱歉再去接。

在面试结束时，不要匆忙离开办公室，以免造成赶候选人离开的架势。站起来，微笑着和候选人说些题外话，甚至是玩笑，缓解刚才的紧张气氛。然后给候选人一个有力的握手，感谢他的时间，感谢他来面试，以显示你的主导地位和作为主人的专业度。

6. 利用手势，加深感染力

在大脑中有一个叫 Broca（布罗卡氏）的区域主导我们的语言交流，可以让语言表达更加有感染力。而手的动作对刺激 Broca 作用极大。因此，在面试时你可以充分运用手势和动作来增强所表达内容的感染力。另外，面试时适当使用手势，也能增加候选人对你所讲内容的理解。

另外，还可以通过语音语调来增加感染力。在面试之前先调节你的语音语调。我从一个演讲专家那里学到了一个能够增加语音感染力的方法：闭住双唇，让声音通过鼻腔发出"嗯哼，嗯哼，嗯哼"，调节气流和双唇的间距，让声音听起来更放松更有磁性。如果你是一位女性，注意不要让高音落在句子的结尾，即便你是在提问题。具有权威性和感染力的语音调式是平和开始，语调上升并保持，在句子结束时用降调——这就是俗称的"权威语音曲线"。

肢体语言的解读是一个经验活，需要通过不断地实践才能获得一定的收获。只要我们在工作和生活中注意观察、多练习，就能使我们的解读更准确、更靠谱。

第十章

面试官工作坊：正式出道

开
篇
案
例

企业需要怎样的培训？

　　David 曾是我手下的一名培训总监，后来他成了一家上市公司的人力资源总监。在"双创"热潮中怦然心动，辞职下海开始自己创业，开办了一家培训公司。起初，由于他有多年在企业从事人力资源培训的实操经验和广泛的培训师资源，培训业务源源不断。但后来由于培训业竞争日益加剧，加上企业开始厌倦了那些靠表演、噱头、夸张言语博取现场效应、华而不实的"表演式培训"，业务急剧下滑。

　　一位客户的人力资源副总裁直言不讳地告诉他："上次×××（一个业内名气如雷贯耳的著名培训大师）培训后，我们做了一个调查，大家反映，听的时候热血沸腾，培训后却什么收获也没有。更有学员留言说，除了还记得他课堂上讲的两个'段子'，其他什么也没记住。"副总裁的一番话令 David 感到了压力。

　　他找到我，询问如何摆脱这种困境。我建议他试试工作坊培训模式，"工作坊"能够让客户通过培训获得真正的"干货"，真正收到实际效果。

第一节　开坊准备，先定一个"小目标"

　　工作坊是一种采用面对面进行专门技能或特定科目授课和练习的一种教学形式。其名称由英文名 Workshop 直译而来。工作坊主持人通常是具有特定主题知识或掌握具体技能的老师、专家、领导或者其他专业人士。一般来说，根据主题的不同，工作坊的长度可能只有一两个小时，也可以是一个系列、延续几周的时间。要使工作坊组织得有条不紊、有声有色，真正收到效果，我们应当认真做好工作坊的规划和具体事项的准备工作。准备工作进行得越充分，工作坊取得的效果就越明显，获得学员们的信任也就越多。

本节主要针对面试官工作坊的组织者，介绍工作坊开课准备的基本步骤和要点。

一、定目标做规划

1. 定义工作坊的目标

做工作坊应当有一个目标，组织一个面试官工作坊也不例外。目标是确定策划的基础，也为工作坊确定方向和产出内容。所以，当我们要准备做一个面试官工作坊的时候，我们需要想清楚，这次工作坊我们的目的和目标是什么？也就是通过这次培训我们想实现什么？我们希望培训结束后学员有什么变化？无论如何，定义面试官工作坊的目标十分重要，是所有计划和准备工作的中心。没有明确目标的工作坊一定不会成功。

工作坊的目标可能是培训一个具体的技能，也可以是提供关于面试相关的一些信息或者一些指导。您准备提升公司业务部门参与面试的领导们的面试技能？希望清晰面试中各部门面试官之间的职能划分？或者指导面试官如何提问面试问题和如何分析应聘者的答案？

工作坊目标的制定应当遵循"SMART 法则"。

- Specific（特色）：准确地告诉学员将学到和获得的与众不同的内容。
- Measurable（可衡量）：这些目标是能够被实实在在感受到的收获。
- Attainable（可达到）：这些目标和收获在特定时间和条件下一定可以实现。
- Relevant（相关）：工作坊的目标与学员和组织者的需求密切相关。
- Time-framed（时间）：目标的实现是以在工作坊结束时为期限的。

例如：工作坊目标，通过本工作坊，学员将：

- 熟悉面试的基本流程。
- 熟练掌握和灵活运用几种主要面试方法和面试技术。
- 知晓如何在面试中正确提问。
- 掌握对应聘者的面试问题答案的分析和判断。
- 如何在面试中识别应聘者是否有实战经验和是否诚实。
- 如何判断应聘者的价值观和职业精神。
- 了解面试中的肢体语言的识别常识。

2. 工作坊的总体策划

工作坊开办前应当有一个总体策划，体现的是工作坊的整体思路和具体操办路径。工作坊总体策划包括以下几方面的内容：

- 工作坊的目标对象是哪些人？
- 面试官工作坊的主题是什么？
- 如何吸引他们参加？
- 教学内容和学习方法。
- 面试官工作坊的议程是什么？
- 工作坊的时间长度。同一主题需要进行多少期？
- 各种资源（老师、场地、材料、预算等）是否充足？

3. 根据学员的需求，确定工作坊教学内容和学习方法

了解和确定工作坊的学员的需求，是使工作坊能够收到真正效果的一个保证。注意，这里的"需求"指我们要为工作坊学员解决怎样的具体需求。这有助于工作坊主持人（老师）为学员量身定制工作坊的授课内容和练习方式，是对"工作坊目标"的补充和细化。需求越明确，量身定制越多，工作坊就越有效果。

根据学员的实际情况和需求，确定主要教学内容。包括难度系数、定制信息内容、工作坊学习方法等。例如：什么样的教学内容通过怎样的形式或活动进行。有些内容适合课堂讲授，有些内容适合小组讨论或做实操练习。有些教学方法和活动适合大课堂，而有些教学方式和活动则只适合

小组和人数较少的小课堂。这些需要进行仔细设计。

例如，针对没有太多面试经验的招聘面试官，面试官工作坊将采用较多讲授和练习的方法，提供给学员，诸如：

- 真正理解所招聘的职位。
- 同样的问题问应聘该职位的每一个应聘者。
- 面试练习。
- 如何提前准备好面试问题。
- 面试提问技巧等。
- 常用面试方法的适用和使用等。

而针对有经验的招聘面试官，面试官工作坊将提供：

- 如何制定有效的面试计划。
- 如何识别应聘者的价值观、实操性。
- 面试中的肢体语言解读。
- 面试外籍应聘者注意事项和禁忌。
- 面试技术和方法使用高阶。

4．工作坊规划模板

面试官工作坊规划

工作坊主题：

目标对象：

时间长度：

工作坊目标：

学习内容：

主讲老师：

组织者和联系人：

课程表（工作坊议程）：

工作坊资料准备：

供应商：

5．行动计划备忘录

制订工作坊行动计划是组织面试官工作坊的一个重要事项。特别是准备工作的一些细节。大部分情况下，还可以做成一个 Excel 表格的形式，作为 CheckList（清单），以防被遗忘。这些细节内容包括：

- 工作坊日期、时间、地点、参与组织者（联系人）等。
- 工作坊组织者 / 老师（主持人）的联系方式。
- 工作坊宣传材料和传播。
- 供应商联系信息。
- 工作坊资料准备和印制。
- 场地租赁或预定。
- 茶点提供和准备。
- 音响和视频设备设施要求。
- 场地布置和音频视频设备调试。

二、面试官工作坊课程大纲范本

工作坊议程（课程大纲）既是一份工作坊策划书、一份课程大纲，也是一个工作坊的介绍和宣传文件。通过工作坊议程介绍工作坊主题（包括子主题），安排工作坊主题顺序，确定工作坊基本规则，设计工作坊时间分配等。

面试官工作坊课程大纲

工作坊主题：《从大白到面试专家》

课程目标：

- 了解和熟悉面试基本流程
- 掌握常见面试方法和面试技术
- 懂得如何设计和提问面试问题
- 了解面试中的心理战术技巧和肢体语言解读
- 掌握面试实战技巧和注意事项
- 如何正确和成功地面试潜在应聘者

● 工作坊时间：2 天

主讲老师：HR 帝

工作坊第一天

早上 9:00 ~ 12:00

● 破冰游戏

● 欢迎，介绍课程和目标

● 面试概述及流程

下午 1:00 ~ 5:30

● 常见面试方法和面试技术

● 互动练习：常用面试技术

● 教师点评

工作坊第二天

早上 9:00 ~ 12:00

● 面试问题设计

● 面试"读心术"

● 互动练习

下午 1:00 ~ 5:30

● 面试实战技巧解析

● 互动练习：常用面试技术

● 教师点评

● 工作坊总结

三、工作坊场地准备DIY

1. 场地选择

场地的选择取决于面试官工作坊规模的大小和参与人数的多寡。一般来说，如果是企业内部工作坊，可以选择在公司内部的会议室、培训室，以节约工作坊费用。如果是培训机构举办的面试官工作坊，一般选择在第三方场地，有利于抗干扰集中精力培训。外部人数较少的工作坊可以选择在咖啡馆、酒店餐厅、博物馆/美术馆，人数较多的工作坊可能选择在附带小会议室或会客室的报告厅、学校阶梯教室、剧场等。

对场地的选择，也要注意到交通、环境和住宿条件等细节。如果您需要某种技术，如电话会议，该位置是否支持？是否有适当的分组会议设施？大家能否到达会场？您是否需要为长途跋涉的人们组织住宿？场馆提供什么餐饮设施？

2．场地签约和信息提供

如果工作坊是在酒店或者第三方提供的场所举办，通常第三方会要求提供一些相关信息，你需要准备几张打印有以下信息的 A4 纸。

- 确定的工作坊举办日期。
- 参加人数。
- 会场设置风格。（教室，U 形会议桌等）
- 工作坊开始和结束时间。
- 茶歇的食品饮料要求。
- A/V 需要。（包括屏幕、麦克风等）
- 会场布置时间。
- 第三方需要的其他信息。

3．场地布置

- 室内布置：工作坊的会场是不是足够大，有没有空间做活动？桌椅够不够数？怎样布置座位有利于活动，同时也不挡住学员们的视线？是布置成一排一排的"会场式"，还是布置成围圈的"小组讨论式"？一般倾向于将椅子安排成马蹄（U）形或半圆形，以方便对话，并将基准规则放在所有学员可以看到的板或墙上。
- 灯光：会场的灯光是否太亮或太暗？太暗会让人昏昏欲睡，灯光太亮学员不太容易看清楚课件 PPT 投影。
- 温度：室内温度是否适合？空调的控制开关在哪里？

● 就餐：吃饭问题怎样解决？是集中团餐还是学员自行解决？附近有没有饭店，有没有提前和饭店打好招呼？

● 音频／视频设备：工作坊的教室有没有音响视频设备？比如：投影仪、话筒、扩音器、电视机、DVD 播放器等。这些设备好不好用？由谁来操作？密码是多少？有没有 Wi-Fi，或者网线接口在哪里？电源线和电源插座够不够？需不需要延长线？

● 其他项目：需不需要白板？需不需要准备一些大白纸，以方便学员分组讨论、头脑风暴时记录想法。每个座位上应当准备白纸、笔和简单文具，方便学员做笔记。

四、讲师、学员和助教

面试官工作坊的人员准备包括：教师、学员、助教（工作人员）。

1．确定工作坊教师

教师是面试官工作坊的核心，体现着工作坊的实力和水平。工作坊教师的实力直接影响面试官工作坊的举办效果，影响着学员们对工作坊的期望实现和评价，也会影响后期面试官工作坊的继续开展。如何选择和确定一个合适的面试官工作坊的教师，展现着面试官工作坊组织者如何选人。如果工作坊组织者选错了面试官工作坊的教师，本身就暗示着这个面试官工作坊的质量一般或者可能获得的是错误信息。现在市面上太多的培训师华而不实、滥竽充数，需要引起工作坊组织方的关注。

对于面试官工作坊教师的选择，有 3 个核心标准：教师具有面试实操经验；拥有所需的背景信息和技能；所讲授的内容真的是"干货"。至于怎么样判断工作坊教师是否真正具有实操经验、他们讲授的内容是否是干货，请参考本书第四章"面试，从菜鸟到专家"中的部分内容。判断培训师所讲内容是否真实干货，我的体会和判断标准是，看看他讲的是否是其他人讲过的？是不是可以从百度或者 Google 中搜到？是从某本书上搬过来的还是老师自己的经验总结？

2．邀请学员

根据工作坊的目标和目的，确定面试工作坊的培训对象。然后做出一个参加人员名单，具体到姓名、单位、联系方式。然后逐一发出邀请或通知。主要重点关注的是：是不是所有的应当加入的目标学员都获得了邀请，总共有多少人参加，如果有外地学员，还要考虑交通、吃饭、住宿、接站接机等事项。

3．工作人员准备

工作人员的准备取决于工作坊的大小规模和场所。工作坊场所设在内部的，工作人员可以少一些，因为一些临时性的工作可以由内部的其他同事兼顾。如果工作坊场地设在第三方，工作人员的准备就需要考虑细致和周全一些。一般说来，工作坊的工作人员主要有以下几个方面的人员。

- 学员报到注册登记引导人员。
- 音响、摄影、摄像人员。
- 教师接待和联系人。
- 茶歇餐食交通安排联系人。
- 资料准备和发放人员。

以上工作人员，根据工作坊的规模，有些可以合并和兼任，有些需要几个人共同完成。

五、资料、设备和茶歇，全了吗

面试官工作坊材料准备包括3个方面的内容：一是教学所需要用到的课程大纲、讲义、表单、老师授课用的PPT简本以及工作坊相关的宣传海报；二是工作坊所需要的设备；三是工作坊所需要的文具等。具体有如下项目：

1．工作坊材料和资料准备

- VIP和学员座次卡或姓名标签。

- 工作坊议程（确保人手一份）。
- 工作坊教学中用到的表单、练习、参考资料（确保人手一份）。
- 老师上课用的 PPT（确保人手一份）。
- 工作坊教学中所用到的教具。
- 工作坊组织活动需要的道具。
- 宣传用易拉宝。
- 相关宣传海报。
- 合作供应商宣传海报（易拉宝）。
- 工作坊效果评估表格。
- 通讯录（学员、教师、工作人员）。

2. 设备准备

- 预装有教学所必须软件的笔记本电脑或台式机。
- 苹果 MAC 所需打印机和投影仪多用接口。
- 打印机连接线、投影仪连接线、手机（iPhone 和 Android）充电线。
- 便携式打印机。
- 投影仪、投影屏幕、翻页器。
- 电子白板（或白板）。
- 复印机（在现场找到）。
- 胶片幻灯投影机（含备用灯泡）。
- 现场联系电话和传真机。
- 2 ～ 4 个挂图画架及 1 号白纸若干（分组讨论演示用）。
- 分组讨论用会议室（如果需要）。
- 饮水机、咖啡机、茶歇台。
- 多用电源插座数个（含 5 ～ 15 米延长线）。
- 计算器、裁纸器、打孔器。
- 外置 DVD 播放机和 DVD 光盘（确保笔记本中已安装驱动程序和播放软件）。
- 照相机和摄像机。

3．文具和茶歇准备

- 学员胸牌。
- 记事本、A4 纸。
- 签字笔、荧光笔和铅笔。
- 记号笔、各色白板笔（黑、蓝、红）和白板擦。
- 即时贴、不干胶、双面胶、透明胶带、固体胶水。
- 文件袋、文件夹、资料袋。
- 剪刀、订书机、秒表、日历。
- 回形针、图钉、长尾文件夹子、橡皮筋。
- 幻灯机备用透明胶片（如需）。
- 纸巾若干盒、一次性纸杯。
- 小型工具、工具包。
- 收纳箱。
- 玩具，游戏，漫画，音乐，视频，笑话。
- 茶歇点心。

六、工作坊传播

当你决定做一场"面试官工作坊"，并且已经完成了"工作坊目标规划 / 整体策划"后，另一项非常重要的准备工作就是推广和宣传你的工作坊，以吸引更多的学员参加。

当然，如果是组织内部的内训形式的工作坊，推广工作相对容易些。但对于面对社会的公开课形式的商业工作坊，推广宣传工作极为重要，也相对有些难度。这里介绍几种公开课形式的面试工作坊的推广宣传方法：

① 制作一张工作坊宣传海报。并将其张贴在相关的社交媒体上。比如，博客、微信群、LinkedIn 群组等。并且要便于感兴趣的朋友转帖分享。

② 如果有自己的网站，创建一个关于面试工作坊的页面。

③ 还可以写一些"软文"在公众号上发布，然后分享到朋友圈。

④ 通过电子邮件向你网络中的相关人员、以前的相关客户等发送邀请。

⑤ 参加与面试官工作坊主题相关、有目标学员参加的各种论坛、演讲、研讨会。在你的演讲结束时提及你的面试官工作坊。

⑥ 向你遇到的每一个新人宣传你的工作坊，并请求他们分享。

⑦ 有条件的话，请当地的新闻媒体就活动主题采访你。找一个有趣或热点的角度来讲故事。

⑧ 请你的朋友、家人帮你在他们的社交网络中分享你的工作坊。

⑨ 有条件的可以做一些商业推广活动。

七、工作坊其他准备

（1）在可能的情况下，避免在下午 2:00 至 3:00 之间开办工作坊。因为对于许多人来说，这段时间是犯困的时间，最难集中精力、效率最低的时间。如果是全天工作坊，这一段时间可以安排一些互动环节或者游戏。一般来说，上午或下午晚些时间人们更精神，团队可能更有活力。

（2）许多人面对陌生环境容易产生紧张感。当内向的学员处于一个不熟悉的工作坊小组中时，说话也会很紧张。当你在工作坊分组练习时，要充分考虑这个因素，一方面鼓励内向的学员在小组中扮演角色、积极分享；一方面也要注意保持每个小组的人数不宜太多，以方便学员更加舒适地交流和互动。

（3）将不同类型的学员混编在各个小组，避免以熟悉人群为单位组成工作坊小组。例如，如果几个部门参加了你的工作坊，不要把同一个部门的成员放在自己的团队中。鼓励学员与其他部门（单位）的学员进行互动，以拓展思路，学会从不同的角度观察和思考问题。

第二节　手把手教你组织面试官工作坊

一、开坊准备

在工作坊开坊当天，组织者应当提前到达现场进行最后布置和检查。

一般来说，应当在工作坊开坊当日提前两个小时到达工作坊场地。重点检查和安排以下事项。

- 工作坊需要而无法提前布置的所有项目和内容，比如标识、会标、线路指示牌等。
- 从酒店入口开始，沿着参加者的线路走一遍，看看是否有任何瑕疵。
- 再次检查所有音响、话筒、投影仪、计算机、视频设备、翻页器等是否正常工作。
- 必要的讲义、活动资料、标牌、登记表、餐票等是否妥当。
- 所有为学员准备的资料和活动所需要的材料是否能保证人手一份。
- 附近哪里有复印机以备使用，在工作坊开课期间万一计算机或投影仪不工作了，有无应对措施。
- 如果临时有其他学员加入，是不是有必要的准备和应对措施。
- 主持人（教师）的 PPT 是否已经在计算机中，是否有更新版。
- 学员的座次名单放置在正确的位置上。
- 所有工作人员是否已经提前各就各位。
- 其他应当检查和布置的事项。

二、工作坊进行时

面试官工作坊主要为面试官所准备，让面试官们通过参与工作坊的讲课、互动活动和角色扮演练习等，获得有关面试的知识和技能。通常情况下，面试官工作坊可以是一天或两天的议程。工作坊一般包含以下 4 个阶段。

（1）破冰——通常工作坊从"破冰"开始。学员们可能来自各个不同的公司、部门，大家并不熟悉。我们可以通过破冰活动让大家彼此了解和熟悉，消除紧张和压力。破冰方法有多种，有破冰游戏、自我介绍等互动活动。例如，教师将学员分成两人一组，学员相互介绍和了解对方。15 分钟后，每个人将其他人介绍给大家，包括家庭、家乡、喜好、简历、个性特征等。

（2）主题——面试官工作坊涵盖的主题。包括面试的基本流程、基础面试方法、常用面试技术、面试中如何提问、如何设计面试问题、如何破译面试中应聘者的话外音、应聘者面试肢体语言解读、应聘者实操经验和价值观等要素判别等。

（3）实践——面试官工作坊实践部分。主要是通过实操练习，让学员有机会在实践环境中尝试面试技巧，让学员亲身经历面试过程，身临其境地感受面试官的角色，获得反馈意见。同时在教师的指导下，发现自身在面试中存在的不足，发现面试中的实际难题，研讨解决对策。例如，教师可以将学员分成两组，一组充当面试官，另一组充当应聘者，完成后角色轮换。当一个学员在扮演角色时，其他同组学员可以在旁观察，发现面试官扮演者存在的不足，并提出相关改进建议。这种实践，有助于快速提升学员的面试技巧和技能。

（4）点评——面试官工作坊通过实践和互动环节，帮助学员分析和评判他们在面试中存在的不足和需要改进的地方，以及如何改进的建议方案和措施。给到每一个学员一个清晰的场景，怎样面试是正确的，以及怎样才能快速提升自己的面试技能和水平，如何快速积累面试经验。

三、"参与式"互动，聊起来

工作坊与传统培训的不同点就在于，工作坊是"参与式"的，学员通过积极参与而获得学习和培训效果。学习是通过提供新的信息和方法论给到学员，让他们结合自己的实际经验和现实情况进行分析讨论而获得。答案是学员们自觉得到的，而不像传统培训是"老师讲，学员听"。

工作坊更多地强调学员通过思考、理解和应用实践而不是仅仅通过"聆听"取得收获。

- 通过"思考"学习，要求学员承担起寻找自己结论的责任。
- 通过"理解"学习，要求学员将学习与自身的价值观和以往的经验联系起来。
- 通过"应用"学习，要求学员去使用和检验新技能、并获得对他们表现的反馈。

工作坊"参与式"学习改变的不仅是学员的知识、理解、技能、兴趣、行为，同时学员的价值观、意识和态度伴随着变化。学员的参与和互动将促进这种变化。因此，工作坊的教师应当将学习内容与学员参与的演讲、游戏和角色扮演等在内的互动活动有机结合起来。

工作坊期间的这些互动活动，应当经过教师的特别选择。活动目的是鼓励学员参与材料并积极活跃。例如，由学员提出思路和问题，另一群学员提出挑战意见，发生观点"碰撞"。通过这种"碰撞"，学员们各自提出观点，集体分析，相互获得启发，获得新的思路。这就是一种鼓励参与的活动形式。

在工作坊中，教师的角色不仅仅是传递信息、解释或提供答案，而是一个组织者和推进者。教师提出议题或者根据学员提出的议题发起讨论，并鼓励和吸引每个学员加入讨论。教师归纳和总结学员们的意见和观点，提出有挑战性的相反观点，引导学员去思考、辩论。最终将讨论主题和结论与工作坊的目标和主题联系起来，实现工作坊目标。

四、组织和运行工作坊的"十大规则"

规则1：工作坊不是讲课和演讲

通常我们会请一些专家或者大学老师来担任工作坊讲师，但大多数专家在工作坊上的表现都很糟糕，因为他们习惯于讲课。与课堂和讲座不同，工作坊的重点是学员，而课堂上教师是焦点。这意味着工作坊的重点应该在于教会学员如何做，而不是专家在自我陶醉中"滔滔不绝"。那样，应当称之为"课堂""演讲"，而不是工作坊。面试官工作坊意味着应当让学员有机会在面试专家的指导下学会面试。

规则2：工作坊不宜学员过多

工作坊的优势在于"在专家的指导下"学会面试，实操练习是一个重头戏。如果工作坊的人数太多（超过25人），"在专家的指导下"练习的效果就会减弱。就可能发生，专家在指导其他学员时，另一组学员互动不够或者进展不深入，甚至无以适从。虽然大部分情况下，学员可以在专家教师的精心设计下进行有效的练习，但可能不如由专家直接在小组中面对面指导那么有效，而人数一多，老师就可能照顾不过来。

规则 3：工作坊"三合会"——讲授、练习、分享

运营工作坊最简单的方法是"三合会"。

- 讲授：教师介绍和展示如何做（面试）。
- 练习：每个学员练习尝试做（面试，教师巡回指导帮助）。
- 分享：每个学员讨论和分享遇到的问题，解决思路是什么？学到了什么？

规则 4：别让"你"成为中心

工作坊是为了帮助学员获得面试技能，也包括他们从其他学员那里尽可能多地学到东西。要避免让工作坊教师（"你"）成为"聚焦中心"。教师要是善于调动学员之间相互学习，善于启发学员分享各自的经验和体会，而不仅仅是你讲他听。一个极容易犯的错误是把"你"置于工作坊的"中心"。这样的风格适用于讲课或讲座，而不是工作坊。

你还是一个催化剂。在工作坊中，有时候你是一名老师，有时候你是教练，有时候你又是游戏主持人。你需要帮助学员实现他们想要实现的东西。你笑，所以他们会笑。你充满激情，才能让学员们也充满激情。

规则 5：工作坊预演值得推崇

我们经常听到学员们对工作坊有很多投诉，有很多投诉是由于我们组织者经验不足或者教师的课程设计存在不足导致。如果你是初次组织工作坊，或者你对邀请做工作坊教师的专家并不熟悉，那我则倾向于建议你做一次预演彩排。在预演中，你可以发现很多你事先没有想到的问题和未曾料到的障碍。这样可以在正式开始面试官工作坊前解决这些问题或提出应对方案。

规则 6：做一个工作坊 list（备忘录）

在工作坊有一个诀窍，就是准备工作坊 list（备忘录）。就像去超市前，

我们做的购买物品清单。因为组织面试官工作坊是一项系统工程，有很多事情要做，也有很多事情需要记住。为了组织工作有条不紊、不至于丢东拉西，做一个工作坊 list 是一个不错的选择。将你在工作坊中要携带的所有设备和材料、学员需要携带的东西以及工作坊进行中需要重点关注的事项，记录在一张纸上，以防遗忘。并将其全部放在公文包中，以便随时准备就绪。

规则 7：紧紧围绕目标

面试官工作坊应当紧紧围绕着开坊的目的和目标，通过讲授、练习和共享，使参加工作坊的每个学员都有收获，获得和掌握面试技能和经验。要避免一些工作坊的不良现象：宣传大纲讲得天花乱坠，但实际中讲授的很多内容有明显的拼凑痕迹，或讲授的内容大部分并不实用，"干货"只占极少比例；或者工作坊变成了讲座，光讲不练，致使学员"掌握技能"的功能缺失。记住，工作坊宣传提纲上的描述，是你向学员做出的承诺。如果工作坊偏离了承诺，应当及时修正。

规则 8：像车间而不是教室

工作坊的英文是 workshop，它的另一个中文翻译是"车间"。面试工作坊的场地布置应当更像一个工作的"车间"，而不是一个学习的"教室"。教学场地中，应当有必备的白板或活动挂图，有纸张、图纸、图表、草图，备注和其他所有东西在一起。将每个练习的输出贴在墙上，以便学员们稍后参考。这样让学员们感觉到，这就是他们每天一直在工作的地方。这样一方面可以让学员们方便地融入角色，另一方面也是有利于工作坊的练习和分享。

规则 9：让工作坊更生动、更活跃

不同于讲座和讲课，工作坊的整体气氛应当是生动、活跃、参与、民主、自由。应当鼓励学员参与到工作坊中。互动活动是一种鼓励参与、活跃气氛的好方法，让学员介绍自己的工作以及他们为什么选择参加、他们的看法和观点是什么等。游戏环节对鼓励互动也很有帮助，可以给工作坊中的各小组自行取一个有趣的名字，加强创意和趣味性，鼓励各小组设计自己

的队标和 slogan（口号）；分享是另一个让工作坊气氛活跃的极有效方法，让学员分享他们的想法、观点和不同意见刺激和引起自由讨论甚至争论，有助于让工作坊的气氛更活跃和生动。

规则 10：收集建议，及时调整

面试工作坊运营期间，应当随时了解学员对工作坊的意见和改进建议，有时候也被称之为"检测和评估"，这是组织和运营面试官工作坊的重要组成部分。通过检测和评估，帮助工作坊组织者和教师了解是否符合学员的需求和口味，学员的学习热情如何。通过了解帮助教师和组织者及时调整后续的工作坊议程和讲授内容。课间茶歇、午间休息时间以及第一天工作坊结束后，都是收集学员反馈的极好机会。

在工作坊结束前，通过学员、教师和工作人员的访谈，了解大家的反馈。看看在工作坊的组织和运营中，哪些是有用的最佳方法，哪些是需要改进的，并形成一个总结报告。对今后开展和组织类似的工作坊，具有极好的参考意义。

五、课效调查问卷范例

培训结束后，我们通常会做一个课效调查。了解学员、老师和工作人员对工作坊的反映。调查可以采用纸质调查问卷的方式，也可以使用在线答题的方式。通过调查问卷，给予学员们分享他们意见和体会的机会，也给工作坊组织者了解如何在下一次工作坊的组织和运营中改进的机会。虽然倾听批评和意见是一件让人难堪的事，但是这是做好工作坊善后和提出改进计划和措施的唯一有效方法和途径。

范例一：

面试官工作坊评估表

您的评估和反馈对我们来说极其重要，非常感谢您能抽出几分钟的时间来分享您对本次面试官工作坊的看法和意见。以便我们能够提供更好的培训和服务。

请将此表格返还面试工作坊组织者（前台），谢谢。

工作坊名称：＿＿＿＿＿＿＿＿＿＿＿＿＿＿＿＿＿＿＿＿＿

开坊日期：＿＿＿＿＿＿＿＿＿＿　　结束日期：＿＿＿＿＿＿＿＿＿

教师姓名：＿＿＿＿＿＿＿＿＿＿＿＿＿＿＿＿＿＿＿＿＿

	强烈同意			强烈不同意	
1. 工作坊的内容和宣传的一致	1	2	3	4	5
2. 工作坊对我的工作有用	1	2	3	4	5
3. 我会将这个工作坊推荐给我的朋友	1	2	3	4	5
4. 工作坊的节奏把控和时间分配很好	1	2	3	4	5
5. 教师的沟通技巧较强	1	2	3	4	5
6. 工作坊的资料比较实用和齐全	1	2	3	4	5
7. 教师在面试技能和知识方面较权威	1	2	3	4	5
8. 我还会参加以后的工作坊	1	2	3	4	5

9. 面试官工作坊的时间长度　□a. 太短　□b. 正好　□c. 太长

10. 你认为本期工作坊的水平　□a. 入门　□b. 中级　□c. 高级

11. 请给以下打分

	极佳	很好	好	一般	差
a. 视觉效果	□	□	□	□	□
b. 音响效果	□	□	□	□	□
c. 场地空间	□	□	□	□	□
d. 资料和讲义	□	□	□	□	□
e. 整体情况	□	□	□	□	□

12. 本期工作坊什么事情是你最满意、最值得回忆、最开心的？有什么改进意见和建议？

13. 以前参加过我们的工作坊吗？　□a. 有　□b. 没有

14. 你现在的职业是什么？

□a. 招聘主管／经理　□b. 业务负责人　□c. HRD/HRVP

□d. 公司总经理／CEO　□e.HR实习生　□f. 应聘者　□g. 其他：＿＿＿

15. 你有多少年的面试官实践经验？ _____ 年

16. 请告知您所在的行业。

☐ a. 制造业 / 加工　☐ b. 互联网 / 高科技　☐ c. 政府 / 事业单位

☐ d. 农林畜牧业　☐ e. 快消 / 餐饮 / 酒店 / 服务业

☐ f. 能源 / 交通 / 公共事业　☐ g. 医疗 / 教育 / 科研

☐ h. 猎头 / 咨询业　☐ i. 其他: _____

17. 我希望面试官工作坊增加以下内容:

18. 我希望在未来的一年中，能够参加更多面试工作坊。

（1）关于以下主题:

a._____

b._____

（2）工作坊的水平层级在:

☐ a. 入门级　☐ b. 中级　☐ c. 高级进阶

（3）工作坊的形式为:

☐ a. 工作坊 / 研讨会 （时间为_____天）

☐ b. 自学，提供自学资料

☐ c. 在线学习（PC 端、手机端）

☐ d. 其他: _____

范例二:

面试官工作坊评估表

工作坊名称: _____

开坊日期: _____　结束日期: _____

教师姓名: _____

请回答以下问题:

（1）你对本次工作坊的整体评价如何？

（2）什么话题或活动最让你感觉非常有兴趣或者非常有用？

（3）你认为本次工作坊是否实现了预期的目标？（□是□否）如果答案为否，说明理由。

（4）从本次工作坊获得的收获如何？

和你的期望一致：　□是　□否　□不确定

对你的工作有帮助：□肯定　□大部分　□不确定　□没有

（5）你认为本次工作坊还有什么需要改进的地方？

（6）你认为这次工作坊组织得如何？

（7）你有什么建议和意见？

范例三：

面试官工作坊评估报告

工作坊名称：_____

开坊日期：_____　　结束日期：_____

教师姓名：_____

1. 工作坊整体评估

	非常同意	同意	一般	不同意	非常不同意
内容充实，切合实际，对我今后的面试工作有帮助					
知识性、实操性强					
授课形式好					
组织效果好					
教师给力					
我还想参加后续的工作坊					
我会向朋友推荐					

2. 工作坊组织和流程

	非常满意	满意	一般	不满意	非常不满意
场地安排					
时间长短					
参与人数					
资料准备					
茶歇餐饮					
组织服务					

3. 工作坊的内容

	非常同意	同意	没有意见	不同意	非常不同意
切合实际、干货多					
通俗易懂、实用性强					
对今后面试实操有指导有帮助					
练习互动有收获					

4. 对工作坊教师的评价

	非常满意	满意	一般	不满意	非常不满意
备课和活动准备					
讲解清晰，讲课技巧					
实操经验和方法					
专业知识和能力					
课堂控制能力					
课堂气氛					
解答学员问题					
启发和探讨能力					

5. 你认为本次面试官工作坊哪些做得不错，以及还有哪些需要改进的地方？

6. 成为一个优秀的面试官，你认为今后自己还需要学习哪些内容？提升自己哪些面试能力？

7. 你希望在今后的工作坊中引入哪些课程和内容？

第三节　面试官工作坊教案PPT实例

http://upload.m.crphdm.com/2020/0716/1594865867303.pptx

面试流程

为什么面试如此重要

通过面试才能确保录用的员工是高素质的

通过面试才能成功确定候选人的经验、能力与所
应聘的职位要求一致，是最合格的候选人

上海钧圆

面试概述

初步接触
1、沟通关于公司和岗位的信息
2、了解确认候选人的相关信息（工作经历、项目经验、专业资质），初步判断是否符合所招聘岗位的需求
3、采用的方式：由招聘专员进行电话沟通

业务面试
1、由用人单位对应聘者进行专业技术审视，通常由直线上级主持初试
2、审视内容包括：该位置的职责、应聘者的业务技能、专业经验、工作经历、以此确认是否与岗位需求匹配
3、也可以采取团队面试法

人力面试
1、由人力资源部主导，通常由招聘经理主持
2、审视重点：应聘者的价值观、职业道德、公司文化适应性、团队精神等
3、沟通信息：公司文化、规章、福利等，相关文件的需求
4、关于薪资、福利及工作条件的谈判

决策面试
1、由人力资源部主导，通常由HRD或者总经理主持
2、终试后不应存在其他形式的面试
3、终试合格，应当发出正式offer

上海钧圆

面试前的准备工作

做好充分准备，是一个优秀面试官的基本功。

- 安排一个适当的面试场所，舒适、肃静、隐秘、无干扰。
- 面试前仔细研究JD（职位说明书）。
- 准备好有针对性的面试问题，包括与招聘职位相关和候选人的具体情况一致。
- 给面试留出足够的时间。
- 面试中，做好面试笔记和注释
- 面试完成后，立即填写面试评估分析表，以防遗忘。

面试流程

1. 欢迎候选人
2. 介绍企业和职位（推介和宣传，吸引候选人）
3. 让候选人简要介绍自己
4. 面试提问，获取与招聘职位相关的信息
5. 询问和回答候选人的问题
6. 结束面试

面试开场白

- 面试一般以问候候选人开场，握手表示问候和感谢，感谢候选人来参加面试。让候选人感觉到他在这里受到欢迎感觉企业文化。

- 通过寒暄来建立与候选人的融洽关系。例如：讨论天气或者来面试路上的交通情况。消除候选人的紧张感，也避免使面试变得死板、过于正式或者过于随便。这将有助于让候选人感觉舒适。

- 面试官应该首先介绍一下公司的概况和有关部门的信息。

- 面试官解释面试的目的，目前的职位空缺或未来的考虑。

第四节 40个最新工作坊游戏，拿走不谢

1. 创作练习

教师请每个小组协商写出任意 3 个词语，并大声喊出来。当每个小组都写好并公开喊出来以后，教师要求每组用 10 分钟的时间用这 3 个词写一首诗。这个活动可以重复进行。也可以要求各小组将自己设计的 3 个词转给另一个小组，由其他小组来完成诗歌创作。

2. 姓名和形容词

以组为单位，每个人以自己名字中的一个字想到一个形容词或动词来描述他们是如何感觉或今天做了什么。动词或形容词必须含有他们名字相同或发音相同的字，例如，"我是苏宁，我度过了一个宁静的夜晚"。然后，也可以要求学员按照他们所说的，模仿描述形容词的动作。

3. 真相与谎言

每个人都在一张纸上写下自己的名字，以及 4 条关于自己的信息。例如，喜欢唱歌、写诗、有两个女儿、是个高管。然后，两人一组，相互交换纸张，让对方猜猜看，哪些是事实，哪些是谎言。

4. 配对

主持人选择一些熟知的短语，并将每个短语的一半写在一张纸上，而另一半写在另一张纸上。例如，一张纸上写"快乐"，另一张纸上写"生日"（纸张数量应与组中的参与人数相匹配）。将折叠的纸片放入一个盒子中。每个参与者从盒子里拿一张纸，以最快的时间找到拿着与该短语匹配的短语的另一个成员。

5. 个性与共同点

主持人事先准备一些参加工作坊的学员的特征，如"有一孩子""两个以上孩子""没有孩子"。分别进入不同的分组区域；然后再按照另外的特点分组，如"喜欢足球""不喜欢足球"等，又组成新的不同组别，

移动到指定的空间。这样几次下来，我们发现每个人都有自己的个性，也和他人有共性。我们应当兼容不同个性的人，给予大家共同的爱。

6. 谁是领导者

学员们围成一圈。选一位志愿者学员离开教室。志愿者离开后，其他人再选择一个"领导者"。领导者必须做一系列的动作，比如，鼓掌、敲脚等，整个团队跟着"领导者"来做。志愿者回到房间，站在中间，猜测是谁在领导整个行动。其他让你必须通过不看"领导者"的动作来保护领导。领导者必须定期改变行动，不要被抓到。当志愿者发现领导者时，志愿者回到队伍中，领导者离开教室做志愿者，团队选择新的领导者。依次反复进行。

7. 写名字

要求学员先用右手在空中写下他们的名字，然后用左手写下他们的名字。最后，让他们同时用双手将自己的名字写出来。

8. 大家庭

准备一些写有部门岗位职务身份的卡片。如总经理、总监、经理、主管、专员；根据学员人数准备相应的份数。但其中有几个职务是缺的。每个学员抽一张卡片，并要求大家在房间里走动。当你们喊出"部门集合"时，每个人都应该尽可能快地组成一个"部门"，走单的算输。

9. 我是谁

将不同名人的名字贴在每个学员的背后，他们自己看不到。然后让学员们在教室中走动，向其他人询问有关自己背后所贴名人的身份的问题，对方只能采用"是"和"不是"来回答。直到每个人知道他们背后名人是谁。

10. 雕像

请学员在教室里放松地走动，挥挥自己的手臂，轻轻地放松他们的头和脖子。当主持人喊出某一个词时，大家必须肃静不说话，并根据自己的理解，摆出一个造型来描述这个词。例如，主持人喊"和平"，所有的学员都必须立即不说话，摆出一个造型来说明自己对"和平"的理解。依次反复进行。

11．纸上舞蹈

主持人准备相同大小的报纸或布料若干。参与者分成两人一组，每一对都有一张报纸或布。学员两人一组在报纸或布料上随着主持人播放音乐或拍手时跳舞。当音乐或鼓掌停止时，每一对都必须站在报纸或布上。出格者淘汰。下一轮必须先将纸或布折叠一半后在上面跳舞。每一轮报纸或布料都会对折变小。不断淘汰选手，直到有最后获胜的一对。

12．潮涨／潮落

在地面上画一条线代表海岸线，每个学员均站在线后面。当主持人喊"潮涨"时，每个人都跳过来。当主持人喊出"潮落"时，每个人都跳回线内。跳错的被淘汰，退出游戏。

13．深情的告别

所有人站成一个圈子。主持人指定或抽签决定一位学员，首先说"我要去旅行，我和朋友握手告别"，并与右边的朋友握手。然后，那位学员必须说："我要去旅行，我要握手告别和拥抱"，然后与右边的朋友握手和拥抱。每个人重复前面学员已经说过的话，并且增加一个新的与告别相关的动作。直到每个人都完成告别动作。

14．集"物"

将所有学员分成几组（4组），每组选出一名代表上台。主持人要求每组代表回去寻找"某一样物品"（可能是一件蓝色的衬衫，钢笔，鞋子或其他东西），该学员代表必须回到本组去寻找到该物品。最快收集完成全部物品的小组获胜。

15．5个岛屿

在地板上用粉笔画5个足够大的圈，表示5个岛屿，并给每个岛取个名字。告诉每个学员：他们可以任意选择他们想要居住的岛屿。每个学员站到他们所选择的岛上后，警告每个学员，现在其中一个岛将很快沉入海中，岛上的学员将被迫转移到另一个岛。建立悬念，然后叫出正在沉没的岛屿的名字。该岛上的学员奔向其他 4 个岛。比赛继续，直到每个人都挤在一个岛上。

16．运送扑克

所有学员分成几个小组。每个小组站成一条线，并在他们的前面放一张扑克牌。小组的每个成员发一个吸管。游戏开始时，每个小组的第一人必须用吸管吸起扑克，然后传递给下一个队员，以此类推，最先将扑克运送到最后一名队员的小组获胜。如果某一小组的扑克牌掉落，必须重新开始。

17．排队

所有人起立，根据主持人要求的顺序和规则排队。主持人可能会要求按照年龄大小、生日顺序、职位、鞋子尺寸等。

18．狐狸和兔子

将所有学员分成 A、B 两组，A、B 组学员相间围成一个圆圈。准备两条围巾，一条称为"狐狸"，另一条称为"兔子"。"狐狸"必须用一个结围在脖子上。"兔子"用两个结系在脖子上。首先选择一对在圈子中彼此相对的学员。一个人系上"狐狸"围巾，另一个人系上"兔子"围巾。主持人说"开始"。有围巾的学员需要解开自己脖子上的围巾并且替右手边（或者左手边）学员围上围巾。围巾朝着同一个方向走。只有一个结的"狐狸"围巾比"兔子"围巾围得要快。围"兔子"围巾的人应当尽快试图越来越快地摆脱"狐狸"围巾。一圈内，看是否"兔子"能够摆脱"狐狸"的追杀。最后，主持人根据事先的约定（如 A 组代表兔子，B 组代表狐狸），决定哪一组获胜。

19．集体按摩

要求小组排成一纵列。让每个人他们面前的人按摩肩膀。然后再反转，反复。

20．运人

全体学员分两列面对面站立。每个人紧紧抓住对面的人的手臂。一名志愿者仰面躺在队伍开始两位的双臂上，双人抬起双臂，将志愿者轻轻移动到下一对。比赛继续进行，直到志愿者一路"运送"到最后。（此游戏有风险，需要采取相应的安全保护措施）

21．I Like You

所有学员通过抽签决定一个顺序围坐一圈。给每一个人需要对自己右边的朋友说："我喜欢你，因为……"。当然，事先不要告知他们游戏内容，以免尴尬。同时，也要给他们一点时间先考虑一下。

22．引路人

参加者分为两组。每一组前面均有若干障碍物。每队先选出一名志愿者充当指导者，其他队员逐一用布蒙住眼睛，靠指导者的指令通过障碍。障碍物会不停地变化移动。通过后的学员为下一个蒙眼的学员充当指导者，以此类推。最快完成的队获胜。如果触碰了障碍物，需要重新开始。

23．倒数

所有学员分成两组或三组（根据人数多少决定），每个小组形成一个圈子。每个组派出一名裁判到另一个小组。玩法是：每个小组从50开始倒数，当数到"7"或者"7的倍数"时用拍手替代，而不可以说"7"或者是7的倍数。如果有人说7或7的倍数，再次开始计数。先完成倒数的小组获胜。

24．辩论游戏

所有学员分为两组，排成相对两行，每个人都面对一个伙伴。主持人提出一个话题，第一行代表正方，必须尽可能以不同的方式去支持主持人的观点，第二行代表反方，必须尽可能地说"不"，以此来改变正方伙伴的观点。然后集中讨论，请双方谈谈感受。看是说服对方赞同容易，还是说服对方反对更容易。

25．猜副词

一名参与者离开教室，其他人选择一个副词，如"快速"或"困倦"。当离开的学员返回时，他可以不断要求和指挥大家表演这个词。例如，如果他要求大家"按这样的方式说话"，那么大家必须"快速"或"困倦"地说话。然后根据大家的表演，让离开的学员来猜出这个副词是什么。

26．购物清单

将所有学员分为几个小组，形成一个圈。一个人开始说"我要去市场买鱼。"下一个人说："我要去市场买鱼和土豆。"每个人重复前一个学员要买的物品名称，然后再添加一个物品。连续进行，看看大家是否能记住所有之前列出的购物项目。

27．字母搜索

所有学员分成几个小组。主持人让每个小组成员从本小组成员身上发现 A ～ Z 字母，并排列。规则是：根据发音或者英文单词，该物品的第一个字母。最先排列完成的小组获胜。

28．哈哈传导

所有学员分为两组围成圆圈，指定一位学员开始说"哈"，然后大家把"哈"传下去。规则是每个人都必须增加一个"哈"。例如，第一个人说"哈"，第二个人说"哈哈"，第三个人必须说"哈哈哈"。不能出错。最后，发现大家都"哈哈哈哈"。

29．撕纸

所有学员起立，每人一张 A4 纸。闭上眼睛，根据主持人的口令进行动作。例如，主持人要求将手中的纸对折、再对折，转九十度；现在撕下右上角；再对折并撕下左上角；再折一次，撕下纸的右下角。大家睁开眼睛，看看手中的纸张和其他人是否一致。

30．猎头

列出 10 个或更多的问题，每个人在工作坊的学员中发现符合条件回答"是"的学员，并让该学员在该问题后面签字。最先完成签字的获胜。问题可以是：

● 你去过欧洲吗？

- 你有骑过摩托车吗？
- 你有没有种过地？
- 你有没有登过山？
- 你有没有看过牙医？
- 你有没有一只狗？
- 你有没有参加过运动会？
- 你会说第二语言吗？
- 你玩过乐器吗？

31．纸飞机

每个人折叠一个纸飞机，写上他们的名字和两个问题。每个人将纸飞机扔向其他学员，每个学员找到捡到他飞机的另一个学员，并让他在飞机上写出问题的答案。

32．节拍器

所有学员围成一圈，主持人站在中央喊节奏。规则：第一拍上拍腿，第二拍上拍手，在第三拍上拍手，在第4拍上竖左手拇指。开始相对缓慢的节奏，越来越快。犯错的学员站到中间和主持人一起拍。

33．猜猜那是谁

如果是一个两天的工作坊，在工作坊第二天，要求每个人分享一个他们在前一天了解到的某个学员的某个有趣或有特点的事情，让小组的其他成员猜猜那是谁？

34．我的座右铭

要求每一个学员写一句自己的座右铭，并到前面去分享和解释座右铭的含义、来历。

35．懂你

每个学员去了解5个其他学员的姓名、来自哪里、教育背景、爱好兴趣、家乡特产、高中老师名字。

36．口袋里的故事

每个学员从自己的口袋里选 1～2 个物品做自我介绍，并讲述一个与选出的物品相关的关于自己的有趣故事。

37．鞋子配对

每个学员只能穿一只鞋进入教室，另一只鞋依次顺序放在门口，教师要求学员按照相反的顺序从门口穿上另一只并不属于自己的鞋。进入教室，快速发现穿着自己另一只鞋的伙伴，并相互介绍自己的姓名、家乡、学校名称等。

38．猜名人名城

每个学员进入教室，主持人在其背后贴有一张写着著名城市或者某个名人名字的卡片。他们询问别人任何问题，对方只能用"是"或者"不是"来回答。每个人根据别人的回答来猜猜自己背后的城市是哪个，或者名人是谁。

39．面试游戏

学员们两两一组进行相互模拟面试。试图发现对方的工作经历、业余爱好、家庭生活、教育背景等。

40．人结游戏

将学员分成 6～10 人一组，每个组面对面站着围成一个紧密的小圈子。每一个人伸出自己的左手去握住另一个人的左手（两两相握），然后再伸出自己的右手去握住另一个人的右手。此时，所有人的左右手相握形成了一个"结"。主持人一声口令：解开。迅速散开的小组为胜。

第五节　实操练习与点评，检验讲师实力

工作坊的实操练习是工作坊极为重要的一个环节。学员们通过在教师指导下的实操演练，既熟悉了面试流程和相关面试技术的使用，也可以锻

炼面试官的实操经验。通常面试技巧实操练习和演练可以按以下形式和方
法进行。

一、实操演练

形式一： 将所有学员分为"两人一组"，分别扮演"面试官"和"应聘者"
角色。在第一轮完成后，角色互换。教师巡回检查聆听，在学员们练习完成后，
由教师进行整体点评。

准备材料： 一份JD（含公司介绍、岗位职责、职责需求）；一份简历。

演练步骤：

步骤一　面试官和应聘者相互寒暄，欢迎。

步骤二　面试官简单介绍公司和所招聘职位的岗位职责。

步骤三　应聘者简单介绍自己。

步骤四　面试官提问，应聘者回答。

步骤五　面试官让应聘者提问，面试官回答。

步骤六　结束面试，相互感谢。

步骤七　面试官对应聘者的情况进行分析点评。

步骤八　集中点评，由教师点名抽几名面试官做公开点评。

步骤九　由教师集中点评面试官的表现和对面试官的判断和分析。

形式二： 选出2～4位志愿者，分别扮演"面试官"和"应聘者"，
其他学员充当观察者。每一轮演练后，其他学员发表意见和建议，最后由
教师发表点评意见。

准备材料： 一份JD（含公司介绍、岗位职责、职责需求）；一份简历。

演练步骤：

步骤一　面试官和应聘者相互寒暄，欢迎。

步骤二　面试官简单介绍公司和所招聘职位的岗位职责。

步骤三　应聘者简单介绍自己。

步骤四　面试官提问，应聘者回答。

步骤五　面试官让应聘者提问，面试官回答。

步骤六　结束面试，相互感谢。

步骤七　面试官对应聘者的情况进行分析点评。

步骤八　旁观学员对面试官的表现进行点评。

（1）面试官介绍公司和岗位职责的表现点评。

（2）面试官提问表现点评。

（3）面试官回答应聘者问题的表现点评。

（4）面试官对应聘者情况的分析的点评。

（5）面试官的肢体语言点评。

（6）面试官的整体表现点评。

步骤九　由教师集中点评面试官的表现、判断和分析，同时对旁观学员的评论进行点评和分析。

形式三：无领导小组面试演练。

将学员分成两组，一组扮演"应聘者"参加无领导小组面试，另一组充当"面试官"组织无领导小组面试。一轮演练结束后，进行角色互换。原先扮演"应聘者"的学员与扮演"面试官"的互换角色。每一轮演练后，扮演"面试官"的学员发表评价意见，扮演"应聘者"的其他学员对"面试官"的表现和评价意见发表意见和建议，最后由教师发表点评意见。

准备材料：一份 JD（含公司介绍、岗位职责、职责需求）；一份面试问题。

演练步骤：

步骤一　面试官欢迎所有应聘者，向应聘者介绍所有面试官。

步骤二　面试官简单小组面试法简单介绍流程，介绍公司和所招聘职位的岗位职责。

步骤三　每个应聘者简单自我介绍。

步骤四　面试官提出一系列面试问题，或引导应聘者完成某项任务。

（1）简要介绍你的工作经历。

（2）是什么原因吸引你申请该职位？

（3）你为什么认为你会适合这个角色？

（4）你将如何为公司做出贡献？

（5）在你的工作经历中，最让你骄傲的成就是哪一个？

步骤五　应聘者进行小组活动或讨论。面试官观察每个应聘者的言行。

步骤六　请每个应聘者简要写出对面试的体会，回答相关的问题。

（1）在活动中，你对团队的贡献是什么？

（2）你达到/没有达到团队目标的主要原因是什么？

（3）你的方法与其他人的方法有什么相同点和不同点？为什么？

（4）如果你有更多的时间或者资源，你会怎样做？

步骤七　结束面试。

步骤八　"面试官"对"应聘者"的面试表现进行点评。

步骤九　应聘者（或旁观者）对面试官的以下表现进行点评。

（1）面试官设计的面试问题或项目的有效性。

（2）面试官对"应聘者"面试表现的点评意见。

（3）面试官的整体表现。

步骤十　由教师点评面试官的表现、判断和分析，同时对旁观学员的评论进行点评和分析。

二、工作坊问题和答案解析

以下是面试官工作坊中面试实操演练中可以用到的一些面试问题和提问方法。不同的面试方法和面试技术应当有不同的面试问题。

1. 结构化面试演练问题

结构化面试是一个采用标准化程序和格式化问题来比较应聘者的一种面试方法。面试官设计一些与招聘职位所需技能和经验相关的标准化问题。每个应聘者都会以完全相同的顺序被问到完全相同的问题。一个结构化的面试有助于以苹果对苹果的方式比较应聘者。结构化面试的问题格式如下。

① 请简要地介绍一下你自己。

② 是什么吸引了你来应聘这个职位？提升的机会，还是你需要这份工作？

③ 告诉我，当遇到压力时你是如何处理的？

④ 告诉我，在你过去的经历中如何克服工作中的障碍？

⑤ 告诉我，你遇到过的最糟糕的老板或同事是怎样的？

⑥ 什么样的工作环境最适合你？

⑦ 你认为你有什么与众不同的优势让你有信心获得这份工作？

⑧ 讲述一件最近对自己表现特别自豪的事。

⑨ 告诉我，你在工作中犯错的时间。你是怎么处理这个情况的？结果是什么？

⑩ 当你必须处理团队成员之间冲突时，你采取了什么行动？结果是什么？

⑪ 你手头有一个非常重要的项目即将到期，这时又有一个可以马上完成的项目给到你，你将如何处理这种情况？

⑫ 你对这个机会有什么期望？

⑬ 你还希望我们知道些什么？

结构化面试完成后，面试官应当比较各个应聘者的答案。通过比较和考核每个应聘者对相同问题的回答，与所招聘职位的吻合度，来确定谁是最合适的人选。

2．行为面试演练问题

行为面试是一种通过应聘者过去的工作经历给出具体例子来展示应聘者的知识、技能和经验的面试方法。面试官想通过行为面试方法想了解的不是应聘者可以做什么，而是已经做到了什么。在面试之前，面试官需要确定该职位需要哪些能力？然后设计一系列的面试问题，发现应聘者是否具备履行这项工作的必要能力。在行为面试中，面试官通过应聘者过去的工作实操经历对应聘者未来表现进行预测。

在行为面试方法中，面试官通常会用到"STAR"和"SORAR"面试技术。"STAR"是面试官通过了解情形（Situation）、任务（Task）、行动（Action）、结果（Result），以收集有关工作所需具体能力的所有相关信息的一种面试技术；"SOARA"是一种与"STAR"技术类似的面试技术。"SOARA"来自 Situation（情形）、Objective（目标）、Action（行动）、

Result（结果）、Aftermath（后续）五个单词的首字母。

情形：让应聘者展示一个最近遇到的挑战和情形。

任务：你的任务目标是什么？

目标：询问应聘者实现了什么目标？

行动：询问应聘者你做了什么？为什么这样做？有没有后备行动方案？

结果：询问行动的结果怎样？是如何通过行动达到这样的结果的？有没有实现目标？

后续：询问应聘者从中学到了什么？在今后的工作中将如何应用这样的经验？

① 讲述一个你完成了工作职责之外的任务的例子。

② 你以前是如何使用分析技能来解决一个复杂问题的？

③ 讲述一个你向上级毛遂自荐的事例。你是怎样做的？

④ 描述你必须在压力下工作的情况。你是如何处理压力的？

⑤ 谈谈你在以往的经历中需要和个性与你截然不同的人紧密合作的例子。

⑥ 描述你犯过的一个错误。你是怎么解决的？

⑦ 描述你设定的最具有挑战性的目标是什么？它是如何实现的？

⑧ 举个例子，你在团队工作中遇到了冲突。你是怎么处理的？

⑨ 举个你必须与一个很难缠的客户打交道的例子。那是什么情况，你是怎么处理的？

⑩ 举一个你同时处理好几个不同职能的工作例子。你是怎么做的？

⑪ 告诉我这样的例子：当你看到一些问题的时候，你主动去解决而不是等别人去解决。

⑫ 讲述你在有人密切监督或无人监督下工作的情况，你是怎么做的？

3. 情景模拟面试问题

情景模拟面试是通过设计特定的实际工作场景、假设应聘者在其中担任某个特定职务角色，并以该角色处理情景中问题的一种面试方法。面试官通过情景模拟面试法观察应聘者在特定的场景下如何行使职责和如何解决问题。考察应聘者处理类似问题的经验和实操能力。在设计情景面试问题时应当考虑：一方面是挑战应聘者，另一方面也是日常可能发生的情形。

① 当你需要和一个难以相处的同事相处，你会怎样处理？

② 你正在向团队引入一项新政策，但遇到了一些反对。你会怎样解决？

③ 你的团队正在进行一个即将完成的非常重要的项目，而上级又交给你另一个非常重要的项目，你将如何设定它们的优先顺序？

④ 下属的表现有明显的下降。你将如何处理？

⑤ 年底很忙。但你的一位下属来告诉你，他计划休假一周。你会如何处理？

⑥ 如果团队中对同一项工作有两个完全不同的观点和方法，你怎样平衡和协调它们？

⑦ 如果我们的竞争对手 X 发布了一款新产品 Y，你会如何建议我们的团队做出回应？

⑧ 如果你发现你的主管违反了公司的行为准则，你会怎么做？

⑨ 如果你看到一个关键指标下降，你会怎么做？

在大多数情况下，情景面试问题有不止一个正确的答案，要关注那些给予不寻常答案的应聘者，这些不寻常答案显示出创造性的思维方式。另外，在情景面试中，除了听应聘者提出的解决方案之外，还要注意他们总体上解决问题的方法。他们的思维方式可以告诉你他们的工作风格。他们重视同事的反馈吗？他们是否有团队精神？合作协调能力如何？在不确定的时候是否愿意寻求帮助？等等。

一个情景面试问题可以为进一步讨论打开空间。例如，您可以从应聘者的答案中指出 1 ～ 2 个可疑的事项，或者在情形中增加一些新情况，进一步询问，你会有一些新发现。

4．对几种面试问题答案的分析

（1）离题答案。面试的一个重要目的就是通过分析和评估应聘者对面试问题的反应和回答情况，考察应聘者如何迅速思考并提出令人满意的解决方案。如果应聘者的回答似乎脱离了原来的主题，这说明有可能是他面试前接受了"专家们"的面试指导，并套用和背诵事先准备好的类似的面试问题答案，而不是灵机一动的思考来回答你的问题。

（2）标准答案。虽然情境面试问题很难预先准备好，但有些应聘者可能以前有过回答情境面试问题的经验，于是便使用"标准答案"。如果他们主要精力集中在给你"正确"的答案，或者你所期望的答案，那么你就不能真正判断他们的思维方式、真实能力和水平。

（3）非主流答案。可能是一个不切实际的答案。应聘者希望留下好印象并展示他们与众不同的思维方式和独特的技能，非主流不一定不正确，非主流暗示着他的个性和创新思维能力。当然，面试官需要关注，他们的答案是否"靠谱"和符合实际，注意他们是否考虑全面和答案有无局限性，对于局限性有无进一步的思考和解决方案。

（4）价值观。考察应聘者问题答案是否符合主流价值观似乎很容易被多数面试官所忽视。而这恰恰是极其重要的面试项目和内容。一个优秀的应聘者，除了有符合JD要求的知识、技能和资格之外，更应该具有良好的职业道德和正确的价值观。否则，有可能会对企业造成严重伤害。

（5）无答案。面试时候应聘者感到紧张是很正常的，特别是遇到一个极具挑战性的面试问题时，可能会有一些思考和迟疑回答。但如果应聘者压根儿不回答你的问题，或者回答"不知道"，那意味着他在这个问题上缺乏经验和实操，这个问题对他来说是个难题。但从另一方面看，至少这个应聘者是个诚实、不会胡诌、不会不懂装懂的人。

第十一章

校园招聘与新生代

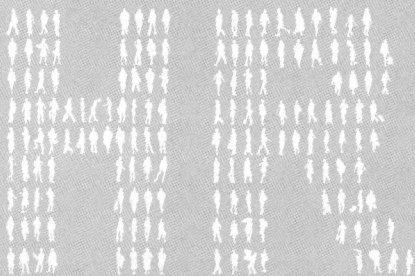

校招的抱怨

几位以前的下属向我抱怨：现在校招越来越难做了。

原先的员工关系经理说："老板希望用自己培养的人才。认为：从学校刚出来的学生好教化，就像我们这批人，任劳任怨，吃苦受累不抱怨，也不会去要涨工资争福利。可现在的年轻人不一样了，哪还有像我们这么傻的？"

"我是不赞成做校园招聘的。得不偿失！有没有算过：自己培养一个人才的成本有多大，和到市场上招一个的成本比较一下？培养十个走九个，那九个人的培养成本要算到那留下来的一个人身上，才是真实培训成本。绝对是赔本买卖，除非你不计成本！"培训经理如是说。

招聘总监插话："现在的年轻人真是没法说，高不成低不就，自己没有工作经验，这找工作的眼光却不低，待遇要求更不低。我去高校招聘根本不受待见！想当年我刚入职时吃的那些苦，他们根本不屑。问题是，没有吃苦的决心，谈什么发展！"

......

第一节　校园招聘的困境

对于校园招聘，我们可以听到各式各样的不同声音：

赞同的人说，还是自己培养的人忠诚度高，听话可靠。

不赞同的人说，白培养，留下的只是极少数，得不偿失。

中立的人说，适合知名度高、不考虑成本的著名大企业。

更多的人说，月亮走，我也走……

即便赞同的人也坦诚，校招真的不如以前那么容易了，越来越难……

一、校招现状，几家欢乐几家愁

根据大学生一站式求职网申平台"梧桐果"面向 2019 届毕业生所做的"2019 届校园招聘现状调查报告"显示：2019 届毕业生"慢就业"现象凸显，offer 签约率不足 1/3，仅为 32.12%，考研和出国留学深造的比例为 32.80%。

"梧桐果"的同一份调查报告显示：行政 / 事业编岗位竞争指数力压其他企业，为 41.89，这意味着平均 42 个毕业生竞争一个行政 / 事业编岗位；国企 / 央企岗位竞争指数为 14.84/16.06；民企岗位竞争指数仅为 4.69。

前程无忧发布的《2019 年应届生调研报告》与"梧桐果"角度不同，但趋势类似。数据显示，2019 年应届生的求职首选：

- 国企：35.1%（高于 2018 年的 32.4%）
- 民企：25.7%（低于 2018 年的 28.7%）
- 外企：18.9%（低于 2018 年的 19.3%）
- 公务员（含事业单位）：15.5%（高于 2018 年的 13.6%）

二、校招难，问题出在哪里

常常可以听到参加校招的 HR 同行们在抱怨：累死累活跑了一圈，本以为圆满完成校招任务。但回到公司，爽约的事接二连三，实在让人头疼。校招真的太难了。归纳起来，校招难，主要在于：

一是同学的参与度不高。以前去学校做校招，宣讲会场人山人海、咨询的人络绎不绝，简历能收回来一大沓。现在不同，宣讲会人数稀稀拉拉、参加的也是没精打采，明显兴趣不高，投简历的也不多。

二是同业竞争太激烈。参加校招的企业多但优秀的同学少，优秀的学生都被别的同行抢走了。特别是那些著名企业，名气大、福利待遇高，中小企业根本不是他们的对手。"二八法则"苦了大部分的普通企业。

三是爽约。好不容易招到几个比较理想的，offer 也接受了。但入职报到时不见人影，一些同学连个招呼都不打，直接"放鸽子"。就算如期入职了，一年不到，当初辛辛苦苦招聘来的学生已所剩无几。校园招聘本来是企业降低人力资源成本的一条捷径，结果却让人无力承负。

但当我到各大学讲课和同学们座谈时，同学们对校招也有很多抱怨。

"很多企业根本就不是为了来招人，他们把校招当成宣传雇主品牌了，投了简历也白投，石沉大海。"

"宣讲会就是领导做报告，无聊至极。要不是就业办老师威胁不去扣学分，我才不会去。"

"网申系统太烂！许多家公司用的网申系统是一模一样的，但是你休想填一份投六家。证明你愿意为这家公司付出宝贵青春的时刻到了，你必须雨露均沾！每家公司原样填一遍！每家公司！"。

"HR 根本不了解候选人！"一个计算机博士，AI 方向，在顶级期刊发文数篇，然而 HR 面试时却被问道，"是不是三好学生、有没有拿过数模大奖"这样的"小白"问题，当回答没有时，HR 回答："那你这情况一般般呀。"

同学们抱怨较多的还有：很多企业校招流程复杂、混乱，反馈太慢。

有的同学投了简历 3 个月之后才收到了第一封通知邮件，说心理测试没有通过，可是翻遍了邮箱、手机也没收到心理测试的通知啊。

有的给了口头 offer 后又迟迟没有回音，打电话给 HR 却被告知："不好意思把你给漏了，现在北京没有名额了，去东北你愿意吗？"……

三、校招小贴士

以下是我在一些企业开设"金牌校园招聘官"内训培训班时，给 HR 同仁们的一些建议，抄录于此，供参考。

（1）熟悉学校、熟悉环境、熟悉专业设置和专业范围。

（2）熟悉新生代同学们、熟悉他们的个性特点、熟悉他们的求职特征。

（3）熟悉企业、熟悉岗位、熟悉职位说明书。

（4）注意招聘信息发布和发布方式，必须有所设计（新颖搞怪），而非"通用模板"。

（5）"有效地"进行公司介绍与展示，不是各种"第一"的堆砌，也非离谱的待遇承诺。

（6）摆正自己的位置：不要摆出一副长者的自我感觉良好的姿态、不要居高临下。

（7）不要用20年前的标准来衡量和要求"新生代"。

（8）技术上注意细节：提前与应聘者确认面试时间地点等细节，每一次安排有通知、有确认、有跟进、有反馈。

（9）被放鸽子，也要电话回访。

（10）做好"校园人才库"的储备。

（11）开展先期投资性培训，让准员工成为"自己人"。

其中最重要的是，了解新生代同学们的个性特点和求职特征。

第二节　新生代画像

先给大家讲一个我在一家上市公司做人力资源副总裁时的真实故事。

新入职刚三天的培训经理告知我：她要辞职。我很吃惊，因为这是我非常看重的一位新人，极有培养潜能。我曾经专程驱车200千米去游说，她也非常认同我的管理风格和管理理念，认为在我手下能够学到东西。可入职仅仅三天为什么会突然提出离职呢？我问为什么，结果她的离职理由让我大吃一惊：早上起不来！我一下子被这个理由"雷到"了。

公司是有班车的，到她家附近大约7点20左右。按说，6点半起床，7点10分出门，应该是来得及的。她解释说：她过去都是9点半10点才起床的，她以前的公司是弹性工作制，自由些，而我们还是传统考勤制。而且，因为要她老公送，使她老公也睡不成懒觉。

我问："找到下家了吗？"她回答："没有。"我惊讶了，没有找到下家，你就辞职？她回答："先辞了，再慢慢找。"后来有一天，我在微信朋友圈看到一个段子，说的是一位"新生代"因为起不来床辞职的事。我乐了，看来还真的不是"个案"！

习惯上，我们把"新生代"用于特指那些出生于 20 世纪 80 年代开始实行"一孩政策"后的独生子女。并按出生年代分为：80 后、85 后、90 后、95 后、00 后、05 后等。事实上，现在 80 后、85 后已经步入中年，甚至连 90 后们也已被 00 后、10 后的"新生代"叫成"90 后阿姨"。所以，我提出"新生代 1.0"与"新生代 2.0"的分类。

一、新生代1.0与新生代2.0

过去我们说"新生代"通常特指 80 后、85 后。而现在 90 后已经成为职场主力，00 后也已经积攒了足够的社交"话语权"进入职场。我们似乎应当对"新生代"的定义进行必要的更新。根据他们在职场上的性格和表现，我把 80 后、85 后定义为"新生代 1.0"，而把 90 后、95 后、00 后定义为"新生代 2.0"。

"新生代 1.0"出生的时候正是多元化文化思潮涌入、互联网技术普及的时代，对他们人生观、价值观的形成产生巨大冲击。加上他们成长于改革开放、国家稳定、经济快速增长时期，家庭经济状况普遍较好。再加上独生子女的特殊性，他们的物质生活十分优越。他们不像 60 后、70 后那样肩负着沉重的生活压力和家庭负担，自我实现、自我成就欲望强烈。个性自我、张扬、不安于现状是他们的标签。这个曾被贴上诸如叛逆、自我、缺乏责任感等标签的群体已成为职场主力军，在不同的商业领域扮演着开放、创新、独立的角色，推动着商业和社会的发展和进步。

而"新生代 2.0"的 90 后、95 后、00 后有着和"新生代 1.0"明显的不同。他们出生于经济高速发展的改革开放的收获季。他们接触的东西比"新生代 1.0"的 80 后更丰富，获得的物质更充裕，成长环境受经济因素制约得更少。他们对经济窘迫毫无担心，因此，他们的眼界更开阔，思维更敏捷。而且，现在"新生代 1.0"的 80 后们已经"人到中年"，开始感受到"上有老人需要照顾，下有小孩需要养育"的中年压力，新生代的一些共性特征已经在"新生代 1.0"身上消失，而"新生代 2.0"更多了"新生代 1.0"所不具有的个性特质。

就人力资源而言，我们需要更多地关注和研究"新生代 2.0"的职场特征。

二、新生代的个性特征

"穿别人的鞋，走自己的路，让他们找去吧"这是新生代们在网络社交群里调侃的流行语。这一网络热词在相当程度上映射出了新生代的个性特征。

1. 追求快乐、追求自我

他们个性张扬、独立性强、自尊心强。他们更加注重个人兴趣目标和价值的实现，主张自我权利，藐视和淡化权威和权力，崇尚"做人要有个性"，讨厌规则和约束。同时，由于这一代人在"以表扬为主"的教育理念影响下成长，听惯了表扬，对他人的评判有着本能的抵抗。

他们对"享受快乐"有着天生的喜好，快乐是新生代人生观的重要部分。他们认为：活着就是要快乐。他们追求物质享受、追求感官刺激、追求情感和爱情享受，对审美和创新等精神享受有他们自己的理解。

2. 追求平等和尊严

由于家庭物质生活的丰富，新生代比较容易地跨越了马斯洛层次论中的生理需求和安全需求层级，直接上升第三层、第四层甚至第五层级。他们对社交、公平、平等、被尊重和自我实现需求意愿更强烈。他们热衷于社交、渴望友谊、希望付出爱、希望对社会有贡献，希望自己的能力和价值得到认可。

因此，在生活和工作中，他们喜爱友善的人际互动、喜爱平等自由的沟通，他们从心里藐视权利和权威、厌恶传统的说教、痛恨虚伪的人际关系。

3．勇于创新、敢于反传统

由于新生代出生于知识和科技爆炸的互联网时代，成长于社会创新的变革时期，他们一出生就被新事物所包围。因此，他们对新事物的敏感、接受新事物的能力，比其他任何一代人要更强。"勇于创新"深深地扎根在他们思维中，成了他们的下意识行为。他们喜欢创新，喜欢用自己认为对的方式做事。甚至他们总是在提倡团队精神的今天，并在其中努力体现自己与众不同的价值。对于农村新生代来说，他们经历了比城市孩子们艰苦的成长历程，因此改变命运的欲望更强烈。走出农村是他们的动力。他们深深地知道，他们没有依靠，除了努力和拼搏，别无他路。

4．敏感、情绪波动、稳定性弱、抗压能力差

独生子女的共性导致新生代比较敏感，情绪容易波动，而且情绪波动的反应比较强烈；他们内心脆弱、有非常强的孤独感，他们会感到自己的心灵和精神世界不能得到他人的理解，他们对社交的渴望应当来自于此。新生代的成长之路上少有挫折，作为人们口中的"温室中长大的一代"，新生代面对压力和挫折的心理承受能力相对较弱，抗压能力差。

三、新生代2.0个性特征

新生代2.0的生长环境与新生代1.0成长环境有所不同。新生代1.0出生在改革开放的初期，家庭条件并不富裕、物质生活相对简朴，父母们教育孩子用的完全是传统方式，因此，新生代1.0相对传统，理想化色彩相对浓厚；而新生代2.0则是开放成果的受益者，他们出生时家庭环境相对富裕，爷爷奶奶、外公外婆、爸爸妈妈众星捧月、疼爱有加。加上父母接触到了更多现代的教育理念和方法，对孩子的教育方法和成长要求比新生代1.0的父母更多更高。因此新生代2.0身上传统的东西相对较少，个性化的元素相对突出。但在老一代人看来，也更幼稚和孩子气，似乎还没长大。

一般说来，新生代2.0充满热情、爱冲动、爱冒险，任性、慷慨，也都会童心未泯。总结起来，大致有以下5点。

1. 追求个性，话语权要求高

新生代 2.0 追求个性，自我表现，对话语权的要求很高。他们希望能够平等对话，不让他们说出自己的观点，他们会觉得很残酷。这与他们的成长环境有关。新生代 2.0 们没有兄弟姊妹，从小与父母和大人们可以直接平行对话，中国传统教育中的"大人说话，小孩别插嘴"并不常见。因此，从小就培养起平行对话的潜意识。当他们进入职场后，这种潜意识便越发变成显意识。这种对话语权的要求，常常会被领导和周围的前辈同事所不能理解。

2. 现实感弱，恐惧现实社交

在沟通交往方面，新生代 2.0 有着相互矛盾的两面。一方面他们渴望着与他人交往，但另一方面，他们又害怕社交。他们可以熟人面前说个不停，但一遇到生人便变得一言不发。他们常常是"网友成为朋友，朋友成为网友"。在网上聊得很 High，一见面就各自玩各自的手机。聊不到三句便无话可说："我们还是上网聊吧"。新生代 2.0 比新生代 1.0 更宅、更喜欢一个人在家躲避现实；他们可以一直坐在电脑前；还有很多新生代 2.0 热衷于玩"手办"，把这些玩偶当成活人一样和他们玩、和他们交流，甚至产生感情，他们就这样沉溺于虚拟世界。最后反而在现实世界里有虚拟感，导致新生代 2.0 的现实感很弱。

3. 善良有爱，童心未泯

新生代 2.0 在充满爱的浸润的环境中长大。因此，他们善良、富有同情心、有爱心，爱自己也爱别人，但他们童心未泯。在商场的抓娃娃机旁，你一定能看到新生代 2.0 的身影。他们对一切事物充满好奇，总想尝试广告里的新产品。他们喜欢制订周密的计划，然后不执行。他们的两分钟经常这样安排：前一分钟是崇拜，后一分钟变成藐视。他们是长不大的孩子，自理能力非常弱。永远找不到自己的笔和袜子，永远不知道自己的钱花到哪儿去了，永远对自己的发型不满意。业余爱好必有一项是睡觉。

4．移动互联"原住民"和手机重度用户

新生代2.0是移动互联的"原住民"，手机的重度用户。他们忘了带钱包、身份证也绝不会忘了带手机，一有空闲就低头查看手机。他们很少打电话，经常发微信，所以发微信的速度很快；他们会用火星文，可以拼出每个字但不一定会写；他们通常不问问题，只查百度；电脑里总有一款聊天工具。

5．习惯"恶搞"

新生代2.0似乎对"恶搞"情有独钟。他们喜欢搞怪、调侃。你说，你没追赶上公交车，省了两块钱公交车钱，他会一本正经地胡说八道："你傻啊！为什么不追出租车，至少可以省个起步价。"这就是新生代2.0的"搞怪"。事实上，新生代2.0们去调侃，这也是他们释放压力的一种方式。

第三节　新生代职场特征

新生代的职场特征非常明显，干得开心继续干，不开心就"闪"，甚至招呼也不打一个。"放鸽子"现象更是新生代招聘中的"新常态"。我的人力资源的同行戏谑地把他们比喻成：就像即插即拔的"U盘"。具体有以下一些特点。

特点1　关注幸福感，看重发展空间

"幸福感"和"有前景"是新生代2.0求职的首要关注条件。他们求职的目的不再是找份工作，而是要找一份"企业有发展前景、个人有发展空间、工作环境很不错"的"好"工作。他们对于职业幸福感的理解，除了薪酬待遇外，还包括工作环境、团队默契、生活平衡、认同感和成就感等。他们认为："一定要选自己喜欢的工作，否则没有强大的内在动力把工作做得更出色，没法实现自我价值。"

追求工作幸福感的另一个表现就是，新生代2.0不愿意当"工作奴"。他们对"幸福感"的理解是：工作压力小、薪酬收入高；但他们不会接受"为增加收入而加班"。双休自然是要有的、带薪年假肯定不能少。为了工作、

损了身体，绝对是得不偿失！新生代对于"发展空间"的要求是：很快能够升职，当主管、当经理。

特点2 追求价值实现，忽视实现价值

成长环境决定了新生代2.0更加鲜明地突出自我价值，更趋向于寻找能实现自我价值的工作。他们对于个人价值的实现具有非常明显的倾向性。他们希望将来入职的单位能给予他们施展自我的平台，希望个人价值得到发挥并获得认可，甚至能在业内闯出点名气来。

他们对自己的目标定位通常很高，对自己的目标需求也很高。他们有较强的权力欲望，希望经常有外出参加各种业务活动的机会，他们渴望展示自我并受到别人的尊重。他们希望从事核心工作、不太愿意从事辅助性和基础性的工作。他们最常说的："人还是需要'野心'的"。但通常存在的问题是：新生代2.0们目标定位过高，而缺乏实现高目标的步骤。他们满足于制定目标，而忽视如何一步一步去实现这个目标，甚至不去想怎样实现。他们较多关注企业能够给他怎样的平台，却忽视他能给企业带来什么，他能实现什么价值，忽视他的付出与索求是否相匹配。

特点3 胸怀理想，更加务实

对于新生代2.0的求职表现，有一句话很形象：仰望星空、内心实际。他们心比天高：公司知名度要高、工作环境要好，要能学到新东西、要有发展前景和空间；但又很实际：薪资不高不干、领导脾性不搭不干、不顺心不干、工作太辛苦不干，最后能符合他们要求的工作岗位凤毛麟角。但他们对于找不到工作绝对不急："不开心，还不如不工作"。慢就业是新生代2.0们的共性表现。

在职场上，新生代2.0对薪酬、职位和升迁通常有超常欲望，但明显地"眼高手低"。他们一方面强调自身才能的发挥、不安于现状，另一方面又不愿踏实工作、不愿意吃苦耐劳。一旦实际与期望不一致，他们就会用频繁跳槽来对付。他们不会像60、70后那样对雇主有"忠诚度"，他们也决不听信"企业忠诚度"的说法。

新生代 2.0 的现实性，还表现在他们一边找工作、一边心里惦记着离职创业。他们找工作只是希望通过工作结识更多对他们有用的人，拓宽朋友圈，为未来自主创业打基础。现在，大学生求职者中隐藏着大量的"创客"已是不争的事实。

特点 4　追求平等、藐视权威、更少世故

新生代 2.0 是率真的一代，他们敢爱敢恨，追求个性。他们喜欢自由宽松、轻松和谐的工作环境，喜欢坦诚沟通、信息分享的氛围，喜欢人性化的管理模式。他们愿意跟随高智商、高颜值、有魅力、能力强的领导，不喜欢专制独裁的领导。他们强调"我的地盘我做主"，对粗暴的指令常常抵制，表现为"不顺从""不听话"。因此，"新生代难管"绝对是职场共识。

新生代 2.0 对世故有着天然的抵触。他们不谙人情世故、不会"深藏不露"和"表里不一"。他们讨厌做作、拒绝虚伪。他们厌恶马屁精也不惧有心机的人。他们不喜欢拐弯抹角，喜欢直截了当地表达看法和观点。无论是轻蔑或者不满，他们都会明明白白地表达出来。他们不懂得融会贯通，不太善于处理与同事和领导的人际关系，容易导致与同事或领导发生冲突。他们不清楚如何才能融入组织，难以忍受机械式的说教与训话。他们也不会自己主动去适应环境。

"敢说敢做"是新生代 2.0 明显的职场特点。他们很少有上下级的概念，是对老板最"不发怵"的一群人。他们追求平等公平的意识比任何一代人都强，他们敢于发表意见，追求平等对话，敢于挑战传统和权威。

特点 5　兴趣至上，抗压性差

新生代 2.0 更注重所做的工作是否是自己兴趣所在、是否有符合自己兴趣的发展空间。这种以兴趣为导向的工作目的导致新生代 2.0 职场表现的两重性：一方面，在他们感兴趣的工作中，爱学习、肯钻研、勇于探索和创新；另一方面，当他们的兴趣发生转移时，他们不再对曾经下过功夫的工作有兴趣，职业方向随之改变。工作表现和职业发展摇摆不定、缺乏持久性。

他们喜欢随性的工作环境，渴求在工作中有充分的自由和行为空间。渴望自己的工作内容能够时常变换，或者能够经常变换工作方式或工作地点。

讨厌受到过多制度规范的限制，不喜欢长期从事循规蹈矩的工作。当工作中遇到困难、遭遇压力，他们就会躲避、容易退却，表现出较弱的抗压性。不变的规章制度、不变的工作流程、不变的业务性质以及不变的领导方式等，都有可能影响他们的就业满意度。

他们也十分在意工作和生活的平衡，他们不会因工作牺牲他们对生活品位和质量的要求。他们讨厌加班、不喜欢工作占用业余时间。他们不希望因为工作而影响到他们打游戏和朋友相聚。

特点6　有更强的自信，缺乏更多的耐心

在职场上，新生代2.0表现出了强烈的自信心。他们个性张扬，非常善于表现自我，做事有激情，喜欢挑战，对什么都感兴趣，乐于接受新鲜事物。他们敢于尝试，也渴望尝试不同的职业领域和人生。他们希望企业能够提供职业发展机会，培养他们具有充分的竞争能力。

但他们缺少耐心、缺少责任心、缺乏持久度。一旦企业无法提供一定的施展空间和舞台，尤其受到打击时，就会找各种理由退缩，甚至义无反顾地离开。尤其是刚踏入社会工作的前三年，更是频繁跳槽。一份调查显示：新生代2.0一个月内跳槽的比例高达33%，一年以上没换过工作的仅为8%。而且他们往往说走就走，有人甚至会不辞而别，工作都懒得移交。

新生代2.0过分的"自信"导致他们的自我评价总是高于社会对他们的实际看法。理想和现实的落差会让他们在一次次的跳槽中有强烈的挫败感，而且更加迷茫，不知道如何找到自己的位置。与其说"裸辞"是一种洒脱，不如说是新生代内心空虚、无奈和迷茫的表现。

另外，新生代2.0在职场上有明显急功近利的倾向，不切实际地希望在短期内就能实现对于权力和地位的需求满足，而往往忽视了自身在专业技能、社会经验以及对企业忠诚度等方面的不足。

特点7　知道不要什么，不知道要什么

初入职场，新生代2.0清楚地知道自己不要什么，没有前景的不要、加班的不要、太累的不要、钱少的不要……表现出的是太多的挑剔；但他们对"他们要什么"并不是十分清晰。他们对自己的未来没有准确合理的定

位和规划，职业定位模糊，所谓"职业规划"最多是"几年内当总监，几年内当总裁"之类的粗线条式憧憬，而缺乏落地的具体目标和详细的实施计划。因此在"强烈自信"的背后伴随的是"害怕选错了方向""怕选的单位会让自己失望""怕工作不开心"等太多的迷茫和"惶恐"。

新生代 2.0 求职中的这种矛盾来源于他们的成长教育环境。与 60 后、70 后"前辈们"经历的"棒打出孝子"的教育理念不同，在他们成长中盛行着"以表扬为主的"的教育理念。虽然"捧""哄""奖"等教育方法对新生代"自信"的培养具有积极影响，但同时也带来了一些消极后果。例如，在新生代 2.0 身上存在着一定程度的"外强中干""抱着自家门框凶"的现象。表面上非常自信甚至自负，而当独立面对复杂环境时，却是"自信地"跟着感觉走。当独立面对压力时，吃不了苦、不抗压，容易因为受挫而气馁放弃。表现到职场上，就是缺乏对自身的全面审视，缺乏合理定位，不知道自己真正要什么，不清楚自己现在要的是否是自我职业规划中的一环，因而变得好高骛远。

特点8　行为自我，缺乏团队精神

新生代 2.0 的这种"自我"和"缺乏团队精神"，在职场上积极正面的表现是：工作有闯劲，有开拓精神，初生牛犊不怕虎。而带来的负面表现就是：什么都敢尝试，经常捅娄子。在职场抛开"团队"独立干，他们就会找不到做事的感觉，只会让领导和同事感觉新生代做事不让人放心。

特点9　喜欢被关注，好胜心强，重自我感受

新生代 2.0 喜欢被关注，希望别人羡慕自己的工作环境、工作性质、公司的知名度、公司福利等，而且好胜心强。这个特征在职场上的表现之一就是"攀比"。新生代喜欢在自己的朋友圈"晒"他的办公环境、午餐等。年会规模"晒"他的领导和同事的颜值。

特点10　世界那么大，我想去看看

曾经有一封"世界那么大，我想去看看"的辞职信走红，被认为是"史上最具情怀的辞职信"，也成为新生代模仿的样板。虽然这件事早已过去，

但它的影响依然可见踪影。

第四节　新生代招聘应对

2016 年，"papi 酱"凭借在网上发布原创短视频内容而走红，引爆了"网红"概念。一时间，"网红"成了热词，成了新生代追捧和模仿的对象。于是，很多公司纷纷利用"网红"概念来借势招聘，招聘的渠道也更多地通过微信、微博、招聘 App、社交招聘等新媒体方式来获取关注，借此招揽人才。以下是摘录于网络的 ×× 微创新营销招募网红的招聘启事：

×× 微创新营销招募网红的招聘启事

你最好是幽默搞笑的段子手，不爆话题不舒服！

你最好爱分享，爱热闹的白羊或射手座，活泼开朗！

你最好爱微博，爱泡吧，爱直播，并且还能写得一手好文章！

你最好会卖萌会搞笑，关注未来娱乐发展方向！

你最好脑容量爆表，存有大量段子、句、词，能随时调出来用！

如果你具备这些基本条件，快来报名吧！

"网红"概念以及社交风格被新生代 2.0 们广泛使用，走进了职场招聘。

一、新生代招聘渠道新特点

新生代 2.0 们的求职，不仅仅依赖于"老四样"的招聘网站、招聘会（校招）、人才市场、人才中介，而变得越来越多元化。微信、微博等渠道获得招聘信息呈现上升趋势。

（1）校园招聘是首选。新生代 2.0 们求职的首选渠道是校招。校园招聘会被认为是针对性最强的，而且能够和招聘单位的 HR 们直接面对面，让他们有充分展示自己能力的机会，而且，通常参加校园招聘会的单位较多，选择性较大。因此，比较受应聘者的喜欢。但近年来一些企业把校招当成了"宣传雇主品牌"的场所，并不是招聘的主战场，引起新生代们的反感，在一定程度上影响了校招的名声。

（2）在线渠道是主流。除了校园招聘会之外，新生代们求职的第二选择是在线媒体。由于校园双选会、宣讲会通常是不定期举行，相比较不如在线渠道方便，因此很多新生代依然会到各大招聘网站上去查看招聘信息，投放简历。但在线渠道中信息杂而乱、虚假信息多，在一定程度上影响了新生代们的关注和使用。

（3）移动社交平台较活跃。新生代 2.0 是"低头一族"，手机是他们最离不开的工具。调研数据显示，49% 的新生代 2.0 选择"手机"作为主要信息来源。常见的移动求职渠道网络包括：微信、微博、QQ 和各种社交App，HR 们开始用一些工具制作简单的 H5 招聘页面来传播，尤其是行业圈、朋友圈等。

（4）熟人推荐最靠谱。一方面，新生代 2.0 们的现实社交能力弱，导致父母亲朋插手帮助找工作成为家长的必修课；另一方面，新生代 2.0 们也会加入各种社交群组，向学长咨询如何寻找工作和实习机会，并征求学长的帮助推荐。此外，现在越来越多的企业接受内推方式，并对内部员工推荐候选人提供奖励。数据显示：新生代 2.0 求职中，熟人和家庭介绍的占 12.6%。

（5）传统渠道是补充。虽然招聘会、人才市场、人才中介这些传统招聘渠道在新生代求职心目中的地位和作用远不如在 70 后、80 后心目中那样强大，但依然被新生代作为求职辅助渠道所使用。特别是技能类的人员求职，使用第三方劳务中介的比例占有相当大的比重。

无论如何，企业 HR 们应当更多地研究不断变化着的新生代们的求职特点，在招聘方式方法上多创新，以适应新生代的求职特点和喜好。

二、新生代招聘形式新路数

新生代 2.0 大军压境进入职场后，应对这些小鲜肉们的招聘模式有了新的发展。一些新颖的符合新生代 2.0 们的招聘广告粉墨登场：

【换工作就是换对象】&【招聘就是相亲】

《前任》电视剧热播，于是就有了下面的招聘广告。

寻找下一任，爱过，伤感过，只因为你的上一任说过……

自媒体运营：你上一任说过，TA 对于每天粉丝无增长，习以为常。"不激情请绕行"。

产品经理：你上一任说过，TA 懂用户体验，就是没做过好产品。"不尖叫，请走掉"。

推广总监：你上一任说过，TA 烧钱，也没法让产品人尽皆知。"不牛，请离开"。

BD 总监：你上一任说过，TA 即使想破脑袋，也换不来上万个用户。"不强悍，请走开"。

走向职场的新生代 2.0 是互联网时代的宠儿、经济高速发展的受益者，他们拥有更鲜明的个性、更新锐的价值取向。企业招聘部门只有掌握了他们的求职特点，并设计出符合其性格特征和价值观取向的"花式"招聘广告，只有采用他们喜欢的招聘形式，才能吸引到更多求职者，也才能为企业赢得更多、更优秀的新生代。如果没有花样百出的招数，拿什么吸引"新人"？

三、应对新生代招聘秘诀

虽然新生代有很多让我们招聘主管头疼的地方，但我们必须看到：新生代 2.0 进入职场，将很快成为职场主导力量。作为招聘者，我们不能一味地批评新生代的种种不是，而是应当积极面对新生代的求职新特点，采取积极有效的方式适应、引导和帮助新生代顺利进入职场，帮助他们度过职场适应期，充分激发他们的潜力，让他们在职场上发挥更大的作用。

1. 知道他们在想什么，同频率共振

知道他们在想什么，才有沟通的基础；用他们的语言和他们沟通，才是赢得他们的关键。新生代有他们的思维特点、有自己的语言特色，熟悉他们的思维特点，和他们在同一个语系中沟通，和他们"同频率"，就有通畅沟通的基础，就能够增进彼此的信任。想招到他的人，必然要先懂他的心。

怎样才能知道他们想什么呢？关注他的微信、留意他的朋友圈。你就很容易了解到他在想什么、知道他正在为什么而"吐槽"。

一些公司（特别是互联网公司）也开始引进美国硅谷式管理模式，采用弹性工作制、合伙人制等被新生代所喜欢的管理模式，倡导"努力工作、尽情娱乐"的企业文化，尊重新生代的个性、自由和个人价值的发挥。很多互联网企业在办公楼里设有咖啡厅、酒吧角、健身房、游戏区，让新生代在工作的同时，可以随时放松娱乐，很受新生代欢迎。

2．娱乐至上，玩出花样

单调、刻板的生活和工作方式绝对不是新生代的追求，自由、快乐的氛围才为他们所钟情。在招聘中融入多方元素、增加用户体验、玩出花样是吸引新生代的另一个有效的方法。

有时候新生代很像一个长不大的孩子，他们思维活跃，玩心重，单一老套的招聘模式让他们感到乏味。因此，我们可以试着将"有趣、娱乐、休验、分享"等元素加入招聘之中。让整个招聘过程充满乐趣、让新生代在充满娱乐的招聘过程中体验实际工作内容和实况，和他们分享工作中的经验、乐趣和困难。用新颖的方法、丰富的体验，拉近和他们的距离。例如：过去校招基本上是推广、宣讲、面试"三段式"。现在，更多的企业利用新媒体打"招聘组合拳"：新媒体创意营销、空中宣讲、把产品展示会和体验与招聘联动起来，在招聘活动中融入户外拓展、生日会、阅读分享会，让新生代们提前了解和体验公司文化氛围和工作氛围。

BAT、华为、小米、网易、滴滴等也采用新生代们习惯使用的网络热词和风格，举办诸如鹅厂WO谈会、洗脑神曲会、鬼畜视频等形式。围观人数以万计，反响强烈。

3．不仅仅关注"钱景"，更看重自我实现

前面讲到，在职场上的新生代对薪资的看重远不如他们对职业发展空间、工作环境、自我价值实现的关注。因此，仅仅靠"薪资策略"是无法吸引和留住新生代的。

既然新生代比较看重自我展示、自我发展、自我价值实现，那么我们在招聘中就应当通过不同的方法和途径比较多地介绍相关信息。强调企业的发展前景，强调企业自由宽松的企业文化，强调企业中员工的职业发展

路径和员工职业发展的案例，强调企业激发员工发挥聪明才智的平台，以及企业帮助员工实现价值、提升实力的环境等。以此吸引新生代，让他们感到这是他们喜欢的、想要的和可以施展身手的平台。

4．招聘细节决定成败

首先是招聘信息要真实，切忌夸大其词。无论是利用新媒体招聘，还是运用新生代语言吸引眼球，都不能夸大或有信息虚假。否则，即使招到了人，入职后，新人发现和当初宣传或承诺的不一致，也会拂袖而去。

对细节的关注，还必须贯穿整个招聘流程。从招聘信息发布、渠道推广和传播、初试复试、背调和发放 offer 一直到入职，招聘过程中有无数细节需要招聘主管用心关注。例如，新生代更关心自我的内心感受、关心是否得到应有的尊重、反馈是否及时、有无信息误导等，因此在这些关键点的细节上就必须更加严格注意。

另外，在面对新生代的招聘中，我们招聘人员的态度应当做一些调整。过去，招聘人员的潜意识中总有一种"你来找工作，我给你工作"的优越感。因此，或多或少地有一些"居高临下"的姿态。这种"高高在上"对于70后、80后来说也许并不当一回事，但对于90后的新生代来说，可能接受不了，需要加以注意。招聘中，招聘主管应当从内心尊重对方，礼貌平等待人。如果忽视了这些细节，你可能面临的就是：新生代应聘者毫不犹豫地转身离去。

5．严格筛选，选择适应企业文化的候选人

虽然，表面上看起来新生代的思维方式和特质，和我们传统企业的企业文化的兼容性有一定的差距。但我们必须看到，我们需要的是能够适应现有企业文化的职业员工。彻底改变企业文化以适应新生代的思维特点，对于绝大多数传统行业的企业而言，可能性很小！如果我们在文化的适应性方面做太大的让步，最终可能的结果还是耽误时间、浪费资源。对企业文化的适应性判断，请参考本书第四章"面试，从菜鸟到专家"、第八章"招聘心经，HR 帝教你"以及其他章节的相关内容。

当然，入职后的引导和新员工培训，对于新生代候选人了解、熟悉、适应本企业文化有极其重要的作用，千万不可忽视。很多企业为了做好企业文化宣导，会编辑《员工手册》《工作指导手册》等，介绍公司内部规章制度、员工福利、工作流程、工作内容和方法等。让新员工迅速了解和熟悉企业文化和工作风格。并通过组织各种活动和培训，增强新员工对公司的了解和认识，增进企业的凝聚力，帮助新员工度过"文化适应期"。

6. 不仅仅是迎合，更重要的引导和帮助

对于新生代的优点要给予鼓励，同时对于他们身上的不足，不能一味地"惯"、一味地"宠"。企业招聘也要发挥社会教育的功能，对新生代在求职过程中和职业发展中给予一定的指引和教育，帮助他们提升、帮助他们变得更加成熟。

出于招聘压力大、找人难，招聘人员有时候会降低录用标准来录用一些不太合格的候选人。有时候出于对新生代个性特点理解的误区，导致招聘主管对新生代求职者放弃原则、一味迎合，最终一定会影响到公司人员的稳定和效率的提升。

其实，我们在关注和理解新生代个性特征的同时，也应当知道，在新生代身上还有很多需要改变和磨炼的地方，我们不能一味地宠他们、把他们惯坏。未来的企业需要的不是万人迷的"网红"，也不是任性随性的"小皇帝"，更不是长不大的"乖宝宝"。企业需要的是能够创造、能够建设的一代新人。而这个任务的实现自然而然地落到了新生代身上。这需要他们更加成熟、更加有创造性、更加坚韧、更加有价值观。因此，招聘也可以在一定程度上担负起教育、引导和帮助新生代的责任。

第十二章

数字化时代：可能招了阿尔法狗

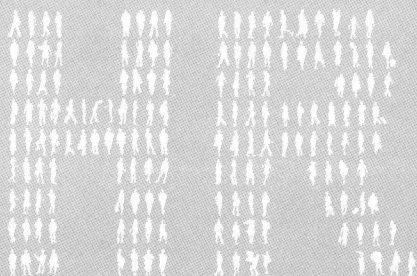

Colin的天方夜谭

每次出差，上小学的儿子Colin总是会询问：是去面试人吗？是去讲课吗？我带他参加过几次高端论坛和公益讲课，他总是分不清高端论坛上的演讲和讲课的区别，但他绝对知道"面试"这个词。他是真心不愿意我出差的，因为这意味着至少有几天他看不到我，意味着他妈妈批评他的时候，他没有"救兵"。

有一次，我出差去北京面试一位高管候选人。临出门，儿子突然说：要是能在家里面试不去北京就好了，就像玩游戏一样。我乐了，童真总是我们"创新"的源泉……

这一切，在数字化时代绝不是"梦"，AI技术正在向我们走来……

人工智能（AI）、工业4.0、工业互联网等概念是近年来的热词。自2013年德国政府首次提出"工业4.0"的概念，紧接着美国提出了"工业互联网"，2015年5月国务院正式印发《中国制造2025》。虽然名称不同，但实质和发展方向基本一致。这意味着，在未来10年的时间内，全球经济将围绕着这一主题发展。自然，新的工业革命一方面将给招聘带来新的挑战，同时也将带来新的发展机会。

工业自动化、人工智能是我本科的专业，加上从事HR之前我做过几年技术，因此，对此我情有独钟。本章将重点和大家讨论工业4.0和AI将给招聘带来怎样的挑战和机遇，招聘在数字化时代应当如何应对，以及我的一些思考。

第一节　什么是数字化时代

近一年来，HR 业界比较时髦谈"数字化时代"。大咖云集的高端论坛一定要冠上"数字化"的前缀，邮箱里硬塞过来的"培训公开课"广告，一半与"数字化"有关。大有不谈"数字化"都不好意思说还在 HR 领域"混"的架势。但仔细一看，似乎更多的还是在谈人均利润率、人员流动率之类的传统人力资源数据管理，而非 AI、工业 4.0 相关的"数字技术"。我更愿意将前者命名为"数据化"，把后者定义为"数字化"。

一、源自德国的"工业4.0"

所谓工业 4.0，其实是相对于工业 1.0（工业革命）、工业 2.0（规模化生产）、工业 3.0（计算机和信息化）而言的。工业 4.0 则是通过信息通信技术和网络空间虚拟系统（Cyber-Physical System）和人工智能（AI）制造为主导的第四次工业革命。这是由德国政府在 2013 年 4 月的汉诺威工业博览会上首次提出的。

"工业 4.0"包含三大主题："智能工厂""智能生产"和"智能物流"。"智能工厂"重点研究智能化生产系统及过程，以及网络化分布式生产设施的实现。"智能生产"主要涉及整个企业的生产物流管理，人机互动以及 3D 技术在工业生产过程中的应用。"智能物流"则是通过互联网、物联网、物流网等虚拟系统，整合物流资源，快速服务匹配，提升现有物流资源效率。工业 4.0 标志着由大数据、人工智能（AI）和物联网（IoT）等尖端技术带来的制造业自动化发展的新浪潮。根据国际机器人联合会（IFR）最新发布的《2019 年世界机器人报告》，2018 年全球工业机器人安装量增长 6%，达到 422 271 台，并以每年 40 万台的速度增加；全球专业服务类机器人的总销量超过 271 000 台（增长 61%），销售额达到 92 亿美元（增长 32%）。亚洲是世界上最大的工业机器人市场。

在美国，与"工业4.0"概念相对应的是"工业互联网"。工业互联网是一种将虚拟网络与实体连接，形成更有效率的生产系统，强调实践性。2014年，IBM、思科、英特尔和AT&T等五家行业龙头企业联手组建了工业互联网联盟（IIC）。IIC致力于在工业领域建立起能与外界实现互联互通的智能网络系统，支持大数据在传统工业领域的应用。通过促进传统工业领域和互联网领域的融合，发展一个"通用蓝图"，打破技术孤立壁垒。该蓝图的标准涉及Internet网络协议、IT系统中数据的存储容量、互联和非互联设备的功率大小、数据流量控制等指标。这些标准一旦建立，将有助于硬件和软件开发商创建与物联网完全兼容的产品，最终结果可能是实现传感器、网络、计算机、云计算系统、大型企业和数以百计其他类型的实体得以全面整合，从而推动整个工业产业链的效率全面提升。

2015年5月，国务院正式提出了中国版的"工业4.0"，即"中国制造2025"战略，并提出建设制造强国的"三步走"，第一步，到2025年迈入制造强国行列；第二步，到2035年我国制造业整体达到世界制造强国阵营中等水平；第三步，到新中国成立一百年时，我国制造业大国地位更加巩固，综合实力进入世界制造强国前列。"中国制造2025"面临着的严峻任务包括：从资源驱动转变为创新驱动，从低成本竞争优势转变为质量效益竞争优势，从资源消耗大、污染物排放多的粗放制造转变为绿色制造，从生产型制造转变为服务型制造。

二、AI（人工智能），不只是我们已知的

AI是基于软件和硬件的人类能力的智能模拟，如学习、推理、自我纠正等，由美国计算机科学家约翰·麦卡锡（John McCarthy）于1956年在达特茅斯大会上创造。人工智能（AI）包含四大核心部分：知识工程、机器学习、机器感知处理、智能机器人。一些人错误地认为，人工智能属于计算机科学。事实上，在专业领域，人工智能是工业自动化的一个分支。

人工智能通常分为三大类：弱AI（Weak AI）、强AI（Strong AI）和超级AI（Artificial Super Intelligence，简称ASI）。

（1）弱 AI 也被称为窄 AI（Narrow Artificial Intelligence），是一种为特定任务设计和训练的人工智能系统。当下我们所看到的人工智能应用基本上都是弱 AI，例如 SIRI、AlphaGo 和自动驾驶汽车都是弱 AI 的典型应用。弱 AI 还不能算是真正意义上的人工智能，因为它被设计用于执行一个狭窄的任务。

（2）相对于弱 AI 而言的是强 AI（Strong Artificial Intelligence，简称 SAI）或广 AI（Artificial General Intelligence，简称 AGI）。这是一种具有广泛的人类认知能力的人工智能系统。弱 AI 只能在执行特定任务（如下棋或解方程）时超越人类，而强 AI 能够将智能应用于解决任何问题，而不仅仅是一个特定问题。强 AI 至少可以与典型人类一样聪明，甚至会超越人类。也就是说，强 AI 可以像人类一样思考。这是人工智能研究人员的长期目标。强 AI 也称为真正的人工智能（True AI），当人们提出不熟悉的任务时，强 AI 就有足够的智能来找到解决方案。

超级 AI（ASI）是一种目前处于假设阶段的人工智能。超级人工智能远远超过了最聪明、最有天赋的人类智慧。它比 AGI 更强大，能够不断自我改进、自我完善，在遇到新问题时能够制定出解决方案。许多专家都怀疑它可以存在。同时也有一大批著名人物强烈抵制 ASI 的研究，呼吁抵制智能机器人。他们认为 ASI 将会给人类带来毁灭性的灾难。英国剑桥大学物理学家史蒂芬·霍金（Stephen Hawking）认为：AI 可能会导致重大技术灾难，在未来 1 000 年到 10 000 年间威胁人类生存。SpaceX 老板伊隆·马斯克（Elon Musk）更将发展人工智能比作"召唤恶魔"。

当下，人工智能（AI）在现实生活中的应用随处可见。在制造领域，工业机器人应用在生产和制造过程中执行某个单一任务，将高风险工作与工人分离，提高工作效率；在教育领域，人工智能可以评估学生并根据他们的需求提供额外的支持，如改变学生学习的地点和方式，甚至可能取代一些教师；在财务和金融上，人工智能更为广泛地应用在个人理财、收集客户数据、提供财务建议、购房按揭等方面。有人预测，不久的将来，华尔街将被智能机器人所占领。

三、数字化时代的"高大上"技术

人工智能（AI）是工业4.0的关键技术，也是工业4.0智能制造的核心推动力。它将颠覆传统工作流程、供应链、价值创造和制造业务模式。因此，对现有技术的改进和推动将是革命性的。这一点，我们不难从波士顿咨询公司发布的"工业4.0时代的九大技术趋势"报告中清晰地看出。

（1）大数据及分析。大数据的优势在于利用来自不同系统的海量数据来优化产品质量、优化制造管理、节约能源、提高效能。在工业4.0背景下，将对来自开发系统、生产系统、企业与客户管理系统等不同来源的数据进行全面的整合评估。通过对制造设备数据、产品数据、订单数据以及生产过程中产生的数据的采集、组织、分析和利用，有效地为产品全生命周期和企业生产经营各环节提供有价值的决策参考，使生产控制更加及时准确、生产制造的协同度和柔性化水平更加强大，提高生产率，实现真正的智能制造。

（2）智能机器人。机器人现在已经被广泛使用与生产制造业。但在工业4.0时代，机器人将变得更加自主灵活，而且与人自主交往的功能将强化，甚至在某种程度上超越人类，迫使人类向智能化的机器人学习。智能机器人的价格也将进一步降低，使用范围也将更广泛。

（3）仿真模拟技术。仿真系统是一种对系统问题求数值解的计算技术。它是依据实际系统映象的系统模型以及相应的"人造"环境来进行的一种人为的试验手段。当系统无法通过建立数学模型求解时，仿真可以比较真实地描述系统的运行、演变及其发展过程。工业4.0时代，仿真模拟将更获得更广泛的应用。

（4）IT系统集成技术。现在大部分IT系统都没有被完全整合。公司、供应商和客户之间不同的IT系统互不兼容、即便在同一个企业从生产制造系统、到办公自动化、到销售客户管理系统缺乏完全集成。随着工业4.0时代的到来，IT系统的横向和纵向集成将使整个制造价值链体系的关联性更强，以使工业制造实现真正的自动化、智能化。

（5）物联网技术。物联网的应用有三个层次，一个是识别传感系统。以二维码、RFID、传感器为主，让每一个物品都具有身份识别和传感系统，实现"物"的识别；二是传输网络，即通过互联网、广电网、通信网或下一代互联网，实现"物"的数据的传输和计算；三是应用网络，即输入输出控制终端，包括手机等。物联网技术让更多的设备甚至更多的未成品将使用标准技术连接，可以进行现场通信，提供实时响应，大大提高工业自动化的控制水平。

（6）网络安全技术。工业4.0时代，连接性增强，网络安全威胁也急剧增加。因此，对于网络安全性的要求将越来越高。这种高要求将倒逼网络安全技术的发展，反过来会促进网络安全技术的革命性进步。

（7）云计算。按照美国国家标准与技术研究院（NIST）定义：云计算是一种按使用量付费的模式，这种模式提供可用的、便捷的、按需的网络访问，进入可配置的计算资源共享池（资源包括网络，服务器，存储，应用软件，服务），这些资源能够被快速提供，只需投入很少的管理工作，或与服务供应商进行很少的交互。在工业4.0时代，跨站点和跨企业的数据共享大幅度增加，对云计算的需求也会大规模增加，例如：设备数据将存在云端、生产过程的监测和控制处理数据将存入云端、产品的身份特征也将存入云端。而且，云技术的性能将大幅提高，反应速度将被控制到几毫秒内。

（8）增材制造技术。增材制造技术是一种有别于传统减量制造技术（切、削、刨、磨等）而言的、基于离散—堆积原理，由零件三维数据驱动直接制造零件的科学技术体系。3D打印是典型的增材技术应用。包括材料单元的控制技术、设备的再涂层技术和高效制造技术。工业4.0时代，增材制造方法广泛应用于小批量、定制化产品的生产。一来满足客户的个性化需求，二来可以催生更多复杂而轻巧的造型设计。

（9）增强现实技术（简称AR）。是一种实时地在屏幕上将真实世界信息和虚拟世界信息"无缝"集成并进行互动的新技术。它是把原本在现实世界的一定时间空间范围内很难体验到的实体信息（视觉信息、声音、味道、触觉等），通过电脑模拟仿真后再叠加，让我们在现实世界中能够感知，从而达到超越现实的感官体验。在工业4.0时代，企业将更加广泛地使用增强现实技术为工人提供实时信息，改进决策和工作程序。比如，你可以在仓库里挑选部件，并通过移动设备向有关对象发送维修指令。

第二节　AI招聘，告别996

人们对"人工智能将会影响未来的就业和招聘"这一点是有共识的，分歧在于如何影响？我们不难找到关于人工智能（AI）将会对职场产生影响的悲观预测。人工智能是否会抢了你的工作尚无定论。有观点认为：机器人将会取代人类占据我们的工作岗位，而另一部分结论似乎又是不同的。但无论如何，AI对我们的职业生涯和招聘将产生革命性的影响应该是没有争议的。

一、数字化时代，改变我们职业生涯

2017年第四季度，由中国香港的汉森机器人技术公司（Hanson Robotics）开发的类人机器人索菲亚（Sophia）因为被沙特阿拉伯授予公民身份，作为史上首个获得公民身份的机器人，而成了"网红"。强大的超级计算机通过大量数据来辨识模式并自主学习，这让人们产生了无尽的担忧：人类到底会不会失业？李开复认为："50%的人类工作将被人工智能取代。"麦肯锡咨询公司预测，到2030年，全球可能有8亿个工作岗位将随着自动化的实现而消失。据科学新闻网站ZEM Science报道，牛津大学教授卡尔·贝内迪克特博士发布了一份报告，称人类90%的工作有可能被人工智能取代。那么，在工业4.0时代，哪些职位是高风险职位，将被AI替代呢？有一点是清晰的，未来被智能机器人替代的职位主要在于：单调重复性的有规律的、简单判断的工作。

在制造业，制造流水线上动作单一的操作工、搬运工、仪器仪表监视员等，将会轻而易举地被机器人取代；在服务业，宾馆清洁工（House Keeper）、餐厅服务员、收款员、店铺销售员、前台接待生、保安员等绝对是被替代的高风险岗位；即使那些现在看起来非常鲜亮风光的白领职位，也会毫无保留地受到智能机器人的冲击。比如：金融和期货交易员、会计、出纳、精算师、人力资源薪酬主管、培训主管、档案保管员、信贷员、秘书、行政助理，等等。

根据加拿大多伦多瑞尔森大学（Toronto's Ryerson University）的布鲁克菲尔德创新创业研究所（The Brookfield Institute for Innovation + Entrepreneurship）。一份研究报告，面临 AI 高度风险的前五大职业（以就业人数）分别是：零售服务员、行政助理、食品柜台服务员、出纳和卡车司机。而受人工智能冲击较弱的职业是那些高技能、高收入、与情感相关和不确定性因素较多的职位，如科学、技术、工程和管理等。根据就业情况，前五位的低风险职业是：零售和批发贸易经理、注册护士、小学和幼儿园老师、幼儿教育工作者和助理、中学教师。

还有一个非常有意思的现象，当人们担心人工智能抢了饭碗的同时，人工智能却又创造出来更多的职业机会。LinkedIn 提供的统计数据显示，中国在人工智能技术人才方面，处于"极端短缺"状态。90% 与人工智能相关的岗位招聘不到人。而未来，人工智能相关的如机器学习、智能芯片及程序编写相关岗位人才的需求将持续增长。全球风险评估咨询公司韬睿惠悦公司认为：人工智能平均增长率将达到 20%；而工信部则预测，中国对人工智能领域的人才需求在未来几年可能猛增至 500 万。

德勤咨询公司在一份名为《未来的制造业》的研究报告中称："雇用高素质员工将成为未来公司实现成功和赢利的单一决定因素。"这并不是在夸大其词，未来的智能工厂里，传统蓝领的工作不再重要，单一技能的员工可能会被淘汰出局；员工的职责将从简单的操作和执行层面转为更加复杂而重要的控制、操作和规划等多个层面，即拥有综合技能的工人技师将会获得空前的关注度。由此可见，企业对高端专业技术人才的迫切需求将导致在很长一段时间内高技能人才的短缺。根据一项调查，高端专业技术人才短缺对日本企业的影响最大，81% 的企业难以找到合格的员工。在美国 40% 和欧洲 12% 的雇主难以找到具备所需技能的人。

各国面临核心技能人才短缺情况

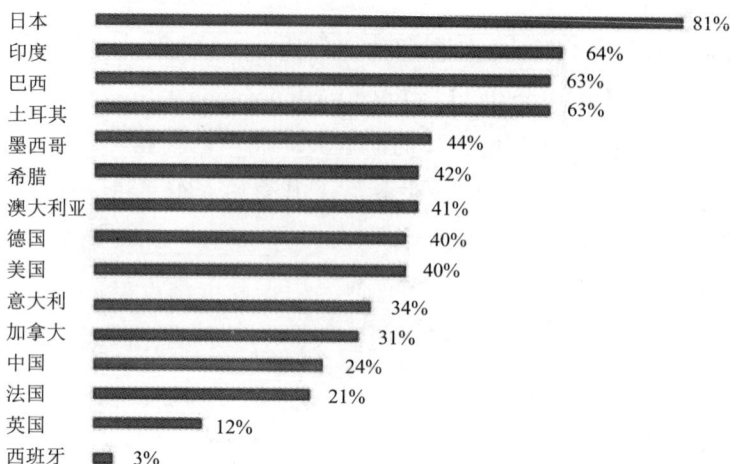

日本	81%
印度	64%
巴西	63%
土耳其	63%
墨西哥	44%
希腊	42%
澳大利亚	41%
德国	40%
美国	40%
意大利	34%
加拿大	31%
中国	24%
法国	21%
英国	12%
西班牙	3%

虽然不必过分夸大人工智能对我们就业的影响。但我们依然必须考虑：人工智能来了，我们怎么办？

二、AI对传统招聘

说心里话，我们 HR 对人工智能是充满矛盾的。一方面，我们盼望着智能机器人替我们做更多的事，让我们从烦琐的招聘流程中解放出来；另一方面，我们也担心 AI 夺了我们的饭碗，让我们失业。事实证明，这种担心和盼望一样，并非没有依据。

由于国内人工智能在招聘领域的运用还不太广泛，因此 AI 对招聘官的威胁似乎还不太明显。但在国外，招聘官已经确确实实感受到了人工智能对他们招聘工作的改变。根据 Jobvite 2017 的一份报告，13% 的招聘人员认为 AI 已经以某种方式影响了他们的工作。例如，面试安排、背景调查以及猎头。而且他们认为：AI 在招聘领域的应用将会越来越多。

但不必担心，情况看起来并没有我们想象的那么糟糕。虽然人工智能技术的推进，机器人将取代我们的工作，但我们应当看到 AI 的发展对招聘也会产生相当的积极影响。

现在能够看到的 AI 在招聘领域的应用包括：简历的自动筛选（特别是在简历初筛、简历细选阶段）、候选人资格自动预审（简历精读阶段）和智能机器人面试（初试）、背景调查、入职手续办理等一系列方面。简历自动智能筛选把招聘人员从烦琐的审阅简历中解放出来。有了 AI（人工智能），招聘官可能就不再需要我在本书第三章中介绍的一些技巧，也用不着"一天看 2 000 份简历"了，智能机器人帮你完成这一繁重工作。智能机器人还能通过在线"数据挖掘"，在海量数据中挖掘与候选人相关的信息对其进行背景调查。智能面试允许人工智能参与面试过程，记录面试和评估应聘者对话语、面部表情和言语模式的使用情况。

无论如何，人工智能运用于招聘具有正面的、积极的意义。至少以下五点值得关注。

一是让人才竞争趋于公平。大型公司在吸引新技术的人才方面将不再拥有传统上所享有的优势，小公司甚至是初创公司的招聘可能不会像现在这么难和受气。工业 4.0 时代，谁拥有颠覆性的技术创新，谁就有赢得人才的"青睐"，在就业市场上赢得主动权。同时，弹性工作制、Work-at-Home 模式和工作 Uber 化等新的工作方式的形成，将形成公平和自由的招聘竞争环境，有助于大、小公司在同一个竞争平台上赢得人才战。

二是对人工智能相关（工业自动化、IT、工程技术等）的专业人才的需求大幅增加，可能造成人才短缺。有些最需要的专业在五年或十年前可能还不存在。这意味着招聘人员需要越来越精通他们的招聘方式。他们需要全面了解这个新的市场，密切关注技能发展的变化。生产一线的操作工也将从单纯劳务操作型转化为综合技术型。因此，"专业技术型操作工人"将会是"工业 4.0"时代招聘的主要目标之一。

三是 Slash 人才（国内称为斜杠青年、跨界人才）越来越吃香。工业 4.0 融合着物联网（IoT）、人工智能（AI）、大数据（IT）等多个领域，对人才的需求将从传统的单一专家向"多技能、灵活跨界"人才转变。候选人不仅需要技能高度熟练，而且还需要能够灵活多变，随时可以在发展的不同阶段转换角色接受不同的项目和任务。

四是招聘中的歧视大幅度减少。现在招聘中的年龄歧视、性别歧视、区域歧视等屡见不鲜。由于工业 4.0 时代工作模式的变化，对高新技术人才的需求激增，以及相关人才短缺现象，在寻找潜在的候选人时，招聘者和雇主都会明智地打破传统范围，把人才选择的视野放宽。

五是有很多技能并不能被机器人替代，对具有这些技能的人才需求依然存在。例如，面试官、教师、员工心理疏导、谈判专家、创意设计师等。即便在工业 4.0 甚至工业 5.0 时代，人工智能发展到较高水平，再聪明的机器人依然无法取代对情感、温暖感有需要的工作岗位。

三、AI也是招聘的机遇和动力

人工智能的发展和工业 4.0 时代给招聘带来冲击的同时，也给招聘的智能化发展带来更多的鼓励和可能，让招聘工作插上飞翔的翅膀。传统招聘和互联网招聘形式都已经式微，新模式还在模糊、混沌的摸索中。但毫无疑义，在工业 4.0 时代，智能化技术将在招聘领域获得进一步的应用。自动识别系统、自动匹配系统和人才自动跟踪系统将让招聘变得更简单、更可靠、更高效。

1. 使用在线工具，让求职者和招聘公司信息对称、增加信息透明度

过去招聘过程中，通常存在信息不对称状态。这种信息不对称不单单是应聘者获得的信息和招聘单位获得的信息不对称，而是双方都同时存在信息不对称难题。招聘单位无法找到更全面的有关应聘者的信息，而招聘者希望发现更多的关于招聘单位工资、工作环境、企业文化等信息也是非常困难，信息总是缺乏透明性。

现在已经出现了类似 Glassdoor 的平台，可以在一定程度上解决这种信息的不对称难题。但这种平台在现阶段能够发挥的功能还相当有限。在工业 4.0 时代，在大数据的支持下，类似平台的功能会更强大。如果你想查找一家公司的工作满意度情况，那么类似 Glassdoor 的平台将会调动海量的数据进行分析，筛选出你需要的有用信息；如果招聘人员需要更多地了解求

职者的工作方式、个性特质、领导风格和价值观，也可以通过相关的平台或者海量数据支持。

2．新的招聘技术将使招聘和求职过程更加人性化

科技将从本质上改变人们求职过程中的交流方式。过去远程求职意味着只能通过电话和邮件，现在已经能实现用网络视频的方式面试。如有人从 LinkedIn 上给你发了一个工作链接，你会发现发信的名字旁边有一张照片，这让人感觉到招聘官仿佛就在身边；新创的基于 Facebook 的职业交际应用 BranchOut 公司让用户可以边社交边找工作；更近一步，智能聊天机器人可以在线和你做深入的职位和简历沟通，让你感觉自己是在跟一个真实的人互动。这些人性化的招聘求职工具还仅仅是在向工业 4.0 时代前进中的应用。相信当工业 4.0 时代真正到来的时候，功能更强大、更便捷、更人性化的招聘求职技术和工具将会诞生，必定会给人们带来生动而活泼的体验。

3．大数据将促进招聘的革命性进步

大数据让简历精准匹配、招聘定向"猎"人成为可能。大数据下的招聘游戏规则将会被改变。招聘大数据平台通过分析用户的属性数据、行为数据、社交数据、关系网络、行为网络，为用户贴上实时性标签，从而实现人才与岗位的精准挖掘和精准匹配，并且在企业和个人之间进行双向推送，大大提高招聘的精准度。在工业 4.0 时代，整个招聘过程会更多地向数据驱动的模型转化，而且会更加真实、透明和人性化。虽然候选人的数量在飞速增长，但是有了网络科技的帮忙，公司可以更好地专注在数据上，从一种全新的角度和方式，来帮助人们建立跨越网络与现实的联系。也许这样的情景不久就会实现：当企业发出职位需求时，在线招聘平台会自动定位并推送方圆 50 千米的合适候选人；当求职者希望在某一个区域求职，打开招聘平台，系统便会自动弹出方圆 100 千米适合的企业招聘信息。大数据正在为招聘开启一个美好的前景。招聘对大数据的运用和理解能力，也正在成为招聘的核心竞争力之一。

如果你从世界名校或者中国名校毕业，不要担心招聘公司无人知晓，

大数据包里有你的所有信息，但也不要以为你因此就具有绝对优势。因为工业 4.0 时代的招聘方更看重的是如何将已有的技能应用到现实世界，而不是只会纸上谈兵。如果你是程序员，如果你有几个像样的项目，你就可以通过类似 TrueAbility 发布的技能评价平台，显示自己的实际技能。而网络爬虫的信息抓取技术，能够方便快捷地将这些独立分离的信息汇总到招聘主管的计算机桌面上。

4. 物联网技术为招聘提供更便利的支持

物联网的快速发展将改变我们的生活和工作方式，生活更加快节奏，也使得碎片化时间的利用成为可能。进而让求职招聘自然而然地同步进入了移动时代。通过移动端 App 推送新职位、应聘岗位、了解或通知最新进展等。更有意思的是，工业 4.0 时代物联网技术的成熟，让这些变得更加刺激。比如，当你迁移到一个新城市，物联网根据你的手机定位系统分析出你的居住地点，并寻找筛选出你居住点附近的符合你求职要求和你个人特质的招聘信息，并自动综合出你的所有与招聘岗位 JD 相匹配的相关信息和文件，发送到招聘主管的桌面。如果你是招聘主管，当你走到某个城市，物联网系统也会自动精准地筛选出符合你招聘岗位需求，而且愿意到岗位工作地点的合适候选人给你，询问你是否愿意面试或者约谈他？

5. AI 应用有助于提高招聘效率减少人为因素

人工智能的应用有助于减少招聘中的人为因素。在传统招聘中，候选人是否成功往往与面试官的个人偏好有关，这是一个难以克服的不正常现象。AI 可以通过编程忽略对候选人的人为偏见。例如，谷歌的 QDroid 的内部招聘软件可以根据候选人所应聘的职位，智能地从题库中向面试官推荐靠谱的与职位相关而与候选人背景个性无关的面试问题，避免了面试官可能因为个人喜好而倾向性地选择面试题。另一个招聘软件 GapJumpers，在虚拟环境下模拟候选人实际工作中可能遇到的挑战，利用人工智能来进行数字"盲试"，招聘官看不到求职者的简历，仅仅看到求职者的姓名、照片和测试结果。理论上，这个过程将把雇主的关注重点从简历转移到候选人的技能上。

人工智能还能有效地提高招聘效率，提高候选人评估的效率和洞察力。AI 将智能运用到招聘流程的各个阶段。AI 通过收集更多的每个候选人的各项数据，并使用复杂的算法来对应聘者的技能组合进行评估。此外，AI 还能充当虚拟个人助理，自动安排面试会议进程、自动编写和发送电子邮件或即时消息、回复常见问题，自动化员工入职培训等，减少 HR 部门的工作量，提高招聘效率。

第三节　数字化时代，招聘的诗和远方

工业 4.0 时代的招聘怎么玩？其实大家都在"梦"中。至少有一点毫无疑问：变！工业 4.0 时代的招聘将会有革命性的变革。除了现有的 SaaS 招聘解决方案变得更完善，现行的在线简历分析工具功能变得更强大，在线搜寻简历变得更容易之外。肯定还有别的，让我们来畅想、预测一下。

在工业 4.0 时代，让桃树上长西瓜，不只是简单嫁接！可能是组织基因的改变，或者人才基因的变化，招聘基因的革命。工业 4.0 时代让一切成为可能！而这种基因变革对招聘提出要求，同时也促进招聘的革命。

一、只有想不到没有做不到

我们先来看一则真实的招聘案例。

罗塞特加入谷歌之前，是效力于网络租赁平台 Apartment List 的一名数据科学家。有一天，罗塞特遇到了一个工作中令人挠头的艰深难题，随后他进入了谷歌搜索引擎，输入了他程序语言中遇到的关键词"python lambda function list comprehension"。在搜索结果中出现了一个奇怪的内容，上面写着："你在说我们的语言，想接受一次挑战吗？"

罗塞特点击链接，进入了一个谷歌专用的测试技术人才应聘者的网站。是一项关于开发的技术难题考试，他顺利通过了考试，随后看到了谷歌人力资源部门的表格。他输入了自己的信息。

三个月之后，谷歌人力资源部门联系了罗塞特，向他提供了一个岗位。

　　罗塞特虽然没有向谷歌申请职位或是提交个人简历，谷歌却利用技术人才的搜索关键词精准定位了招聘对象。在此过程中，谷歌也体现了对技术人才的尊重，以及对对方隐私的保护。这家充满工程师文化的公司，通过个性十足的招聘手段，来招募全世界最优秀的技术开发人才。我们能够想象出，在不久的未来，所有的公司都能采用这种或类似的技术和工具来招募员工。

　　在工业4.0下，在求职端，候选人的简历不再是一张纸、一段文字，而是整个经历，是候选人在线和离线表现的网络全景汇总。招聘主管获得的不仅仅是候选人的教育背景、工作经历、项目经验，还有跨界、Slash。不再只是候选人的骨骼，而是丰富的、有血有肉的"全景"。他的价值观走势可以通过参加的活动、发表的短文、对他人观点发表的看法获得，他的诚信指数可以通过个人信用数据库查询调用获得。

　　而且，候选人的简历不再是静态的，而是动态的，具有跟踪功能，随着候选人的职位变化而丰富。他参与的活动、在其中扮演的角色、履行的职责、实现的结果等将会自动积累到候选人不同的特质和经验技巧中，新的独特算法将这些特质和技巧自动与岗位需求匹配。甚至将这些定性因素模拟量化成匹配度，以实现智能化的人才筛选和匹配。

　　在工业4.0时代的"用户体验"将会被"极致化"。24小时客户服务中心的PC端和移动端客服专员可能被能够识别方言和多语种的智能机器人所代替，通过SaaS系统"秒速"响应着客户的任何需求。利用IQRA大数据的力量，比对胜任力模型实现精准推荐各层级岗位的人才、兆级数据处理、行业深度分析、根据客户需求勾勒出精准的人才画像……

　　其实还远远不止这些。在工业4.0时代，求职和招聘过程用户体验更加人性化，功能更强大。在企业端，招聘启事和JD通过私有云系统发送到企业的每个员工的可穿戴设备，而与物联网相连的可穿戴设备通过与公有云的交互和联系，自动并智能地搜寻筛选着云端的匹配候选人。而在求职者端，他的所有信息通过他接触的含有识别芯片以及传输芯片的物体，在云端记录和存储着他的喜好、他的习惯、他的观点、他的风格以及项目经历、成就、经验，包括他所在的地址等。当候选人在个人隐私设定中做出"看机会找工作"的选择后，这些信息将自动被触发，在云端自动搜寻、筛选和匹配"工作机会"信息。当企业端的"招聘信息"与求职者端的"求职信息"被智能机器人识别、匹配后，将会分别送到双方的终端设备。提示匹配情况和对方的相关信息，征求双方态度，提供联系途径。

也许这样的场景变成常态，公司招聘总监到某市出差，中午在饭店就餐，突然手机 App 发出信息：本市 ×× 上市公司 CFO 合同期满，正在看机会，并愿意迁徙到公司所在的地区。招聘总监点开信息，看到了智能机器人综合的所有相关个人信息。候选人参与的项目背景、规模、特点，以及候选人参与的深度、采取的特色方法、实现的项目成果；以及候选人价值观、领导风格信息等，并提示出与公司岗位需求的匹配度。询问：是否有兴趣约见？一起喝茶？他现在的物理位置距离你只有 821 米。他经常选择在 ×× 茶馆和客人会面，他喜欢喝不加糖的英式红茶……

这就是充满神奇和诱惑的工业 4.0 时代的招聘体验！

二、阿尔法狗（AlphaGo）还是索菲亚（Sophia）

阿尔法狗（AlphaGo）是由谷歌（Google）旗下 DeepMind 公司戴密斯·哈萨比斯团队开发的一款围棋人工智能程序。阿尔法狗（AlphaGo）先后战胜过李世石、柯洁等围棋世界冠军。是第一个击败人类职业围棋选手、第一个战胜围棋世界冠军的人工智能程序。阿尔法狗（AlphaGo）和 1997 年战胜国际象棋世界冠军卡斯帕罗夫的国际大师的"深蓝"不同，"深蓝"输入了 100 年来所有国际特级大师开局和残局的下法，通过快速运算，在数据中寻找获胜概率最大的走步。而阿尔法狗开始有了自学能力和"深度学习"。阿尔法狗（AlphaGo）是通过两个不同神经网络"大脑"合作来改进下棋：落子选择器（Move Picker）和棋局评估器（Position Evaluator）。阿尔法狗通过第一大脑"监督学习的策略网络（Policy Network）"，观察棋盘布局，预测下一步的最佳概率，找到最佳的下一步。第二个大脑"局面评估器"就是"价值网络（Value Network）"给定棋子位置情况下，预测每一个棋手赢棋的概率。通过整体局面判断来辅助落子选择器。阿尔法狗的特征就是大数据、大计算、大决策"三位一体"，其智慧正在接近人类。2017年1月，谷歌DeepMind公司CEO哈萨比斯在德国慕尼黑DLD（数字、生活、设计）创新大会上宣布，即将推出阿尔法狗2.0版本。其特点是摈弃了人类棋谱，只靠深度学习的方式成长起来挑战围棋的极限。

索菲亚（Sophia）是由中国香港的汉森机器人技术公司（Hanson Robotics）开发的、历史上首个获得公民身份的机器人。索菲亚看起来就像人类女性，拥有橡胶皮肤，能够使用很多自然的面部表情。索菲亚"大脑"中的计算机算法能够识别面部，并与人进行眼神接触和交流。此外，索菲亚还能理解语言和记住与人类的互动。随着时间推移，她会变得越来越聪明。索菲亚（Sophia）的"父亲"汉森说："她的目标就是像任何人类那样，拥有同样的意识、创造性和其他能力。"

与AlphaGo和索菲亚（Sophia）技术相类似的人工智能在招聘领域的应用已经起步。现如今，几乎在招聘漏斗的每个部分都有一个基于AI的解决方案。从以下AI在招聘中的五种应用场景，我们不难判断，在工业4.0时代更智慧的人工智能将会广泛应用于招聘领域。

1. 人工智能简历筛选

简历筛选是招聘中最耗时、效率最低的活，也是招聘的最大瓶颈。人工智能为简历筛选自动化提供了可能。

智能简历筛选软件通过与ATS（Advanced Technical Support，高级技术支持）整合，可以了解该岗位的工作职责和要求，然后根据以前同类型岗位成功的招聘决策，勾画出合格候选人的样子。再通过调用该岗位现实的绩效和任职员工的历史数据，了解现有员工的经验，技能和其他素质，并将这些知识应用于评价候选人。再根据候选人的既往表现、任职期限和离职率，找出成为合格员工概率最大的那些候选人，自动对最强候选人进行排名、评分和入围。

智能简历筛选软件还可以通过调取该候选人以前的雇主情况、职业经历和社交媒体档案的公共数据源来丰富简历。并将所学知识（自学或深度学习）应用于候选人的经验、技能和其他资格的鉴定、判别、评价，以自动筛选新的候选人。

智能简历筛选软件对招聘官来说是一个福音，它可以把招聘官从大部分烦琐、单调、重复、大多数招聘主管不愿意做的低附加值的工作中解放出来，让他们有更多的时间重点关注有更高价值的优先事项上，如与候选人沟通以评估他们的个性和文化适合性。

2. 人工智能资格预审

聊天机器人已经极其常见了，在各种微信群、网页服务端，很多闪动着的头像客服，其实很可能只是一个值班的聊天机器人（Chatbots）。在国外，一些大公司已经将聊天机器人用于和候选人的初步沟通，以确认候选人是否对该位置有兴趣，是否符合该岗位 JD 的相关要求。

以下是一个智能机器人和候选人沟通的场景。

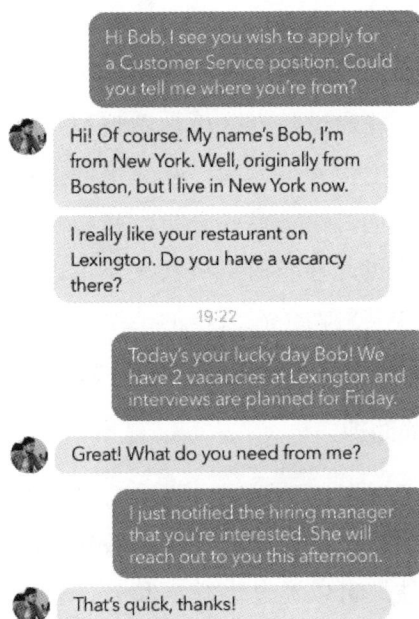

智能机器人通过自动执行重复性任务，例如，回答与工作和岗位相关的常见问题，询问候选人与职位 JD 相关的资格预审等问题，并提供反馈、更新和下一步建议，帮助招聘人员在招聘资格预审阶段更高效地工作。

3．人工智能招聘助理

人工智能可以更多地在招聘的每个阶段充当招聘助理角色，自动完成招聘流程中的烦琐部分。如向潜在候选人发送工作机会、收集信息、筛选候选人、创建候选人简介和List、安排面试时间、实时向候选人反馈应聘进展等。

智能机器人驻留在发短信和聊天的集中平台上。它记录所有与招聘相关信息、各种活动记录、与候选人沟通等。它由机器学习提供支持，并使用自然语言处理（NLP）来获取对话中出现的细节。如果聊天机器人（Chatbots）不知道候选人问题的答案，它会将候选人对话发送给招聘人员，由相关招聘人员做出人工回答。

智能机器人也会自学。它通过聆听人工对一些问题的回答，汲取细微差别并学习，下次遇到同样的问题时，它就知道该如何回应。智能机器人还会通过自学法律，知道在禁止发送垃圾邮件的国家，如何向潜在的候选人推送招聘信息。

智能招聘机器人也能通过数据分析，调整和修改不同平台上的招聘广告。比如，一个在"新生代为主体的"社交平台上的招聘广告获得的反响平平，智能招聘机器人通过语言模式分析，将招聘广告的遣词用句修改成更符合新生代的语言特点。智能招聘机器人还可以通过机器学习，了解和预测哪些语言模式导致某些帖子在怎样的情况下更容易成功。随着分析文档数量的增加，预测的准确性也会提高。越来越接近完美的工作广告。

4．人工智能面试助理

数字化面试技术可以在招聘面试过程中对候选人的词汇选择、言语模式和面部表情等因素进行记录分析评估，判断和预测候选人可能适合特定角色的程度。人工智能还可以通过大数据和云计算，根据候选人的职业生涯的历史数据、在情景模拟面试和行为面试中相关数据分析，提供候选人在所应聘岗位实战预测和对公司文化适应性的预判，以提高面试质量。

人工智能面试助理还可以用于视频面试。与保持更新的动态面试题库、专家评估系统、记录访谈、视频会议和语音和人脸识别等系统对接，使用机器学习来协助候选人的视频面试。人工智能面试助理还会判断视频面试中是否有任何奇怪的行为发生。比如，系统可以检测候选人是否经常远离屏幕（这意味着可能候选人在使用面试问题提示卡），或者录音中有另一个声音（这表示候选人可能通过电话向朋友寻求帮助）。

不过，面试官应当是工业 4.0 时代最不可能被人工智能取代的职业。在面试候选人环节，人工智能只能充当面试官的助理角色，而无法替代人类面试官。

5．与候选人建立关系

在招聘实践中，求职者的用户体验对招聘能否成功有极其重要的作用。特别是对于一些优秀的候选人，好的用户体验增加他们接受工作的机会。反之，则不然。一项海外的调查数据显示：如果求职者能够及时获得招聘进展的更新，那么 67% 的求职者会对公司产生积极的印象。

比如，现实招聘实践中，候选人最感不快的就是"信息沟通和反馈不及时，很多时候犹如石沉大海"。一些优秀候选人可能因此会转向接受其他公司的 offer。要实现向求职者及时提供求职进展，这对于智能招聘机器人来说是一件比较容易的事。可以通过自然语言处理，确保申请人定期获得有关其申请状态的最新信息，并随时回答问题。如果使用得当，人工智能可以对候选人的体验产生积极影响。

一些专门处理客户关系的聊天机器人，除了通过网络、各种移动平台和社交媒体与候选人互动外，还可以主动与潜在候选人建立关系。什么是"主动与被动候选人建立关系"呢？这种聊天机器人可以通过机器学习，确定优先（潜在）候选人，并且主动在最佳时间与优先候选人接触，与候选人建立更亲和、更人性化的关系，像顾客一样对待潜在候选人，让候选人有极好的求职应聘的用户体验。

行业专家认为，随着人工智能在招聘中的应用增加，招聘人员的角色也将发生变化。行业专家预测，通过减少填补时间和提高招聘质量，技术将使招聘人员花更多时间在主动招聘和工作场所规划上变得更具战略性。

三、区块链在招聘环节的应用设想

区块链（Blockchain）本质上是一个去中心化的数据库，这个数据库可以记录交易数据，并复制到多台计算机上，以便记录不会被追溯更改，审计起来也很容易。用纯技术的说法来定义，区块链是一种按照时间顺序将数据区块以顺序相连的方式组合成的一种链式数据结构，并以密码学方式保证的不可篡改和不可伪造的分布式账本。简单说，区块链是"一种允许互不相识的人信任一个事件的共享记录的技术"。

首先，区块链的主要作用是存储信息。任何需要保存的信息，都可以写入区块链，也可以从里面读取，所以它是数据库。其次，任何人都可以架设服务器，加入区块链网络，成为一个节点。区块链的世界里面，没有中心节点，每个节点都是平等的，都保存着整个数据库。你可以向任何一个节点，写入/读取数据，所有节点最后都会同步，保证区块链一致。区块链的最大特点就是"无中心化"，区块链没有管理员，没有中心服务器，它是彻底无中心的。如果有人想对区块链添加审核，也实现不了，因为它的设计目标就是防止出现居于中心地位的管理当局。正是因为无法管理，区块链才能做到无法被控制。但是，没有了管理员，人人都可以往里面写入数据，怎么才能保证数据是可信的呢？这就是区块链奇妙的地方。

区块链由一个个区块（Block）组成。区块很像数据库的记录，每次写入数据，就是创建一个区块。每个区块包含两个部分：区块头（Head）和区块体（Body）。区块头（Head）记录当前区块的元信息（生成时间、实际数据即区块体的 Hash、上一个区块的 Hash 等）；区块体（Body）记录实际数据。区块与 Hash 是一一对应的，Hash 具有不可修改性。

那么，区块链怎么能够运用到招聘领域呢，这是一个既有趣又刺激的话题。

据《经济学人》杂志报道，第二代区块链技术可以存储个人的"持续性数字身份和人物角色"，并通过"潜在改变财富分配方式"，让人们"将自己的信息货币化"，并提供确保创造者获得知识产权补偿的能力。这就为区块链在人力资源方面的应用提供了技术支持。

区块链技术在招聘上的一个典型应用是：利用区块链技术，创建一个分散的全球生态系统。这个生态系统可以帮公司找到最好的员工，帮助求职者找到最理想的工作职位、还可以将职位推荐给朋友。还可以建立一个分散的员工生态系统，让员工通过提升技能赚钱，为员工提供额外的发展动力。

区块链在招聘上的另一个可能的应用就是：用于对候选人的背景调查。分布式员工技能核查系统。通过使用分布式技能验证系统，能够让员工通过技能核定获得奖励、让招聘官了解候选人的实际技能和真实经历、使用分散的声誉构建系统来确认真实情况。并通过建立一个透明的验证系统，在公司之间建立信任。它是分散的、全覆盖的、透明的。分布式技能验证系统将招聘官提供一份候选人的工作经历、实操技能的信息清单。

毫无疑义，区块链和 AI 是当今最热门的两个技术领域，虽然在一般人看来，这两大技术似乎没有什么交叉的地方，因为区块链和 AI 分别属于是技术谱系的两个极端：一个是在封闭数据平台上培育中心化的智能，另一个则是在开放数据环境下促进去中心化的应用。但毫无疑问，区块链和 AI 必将是工业 4.0 时代甚至工业 5.0 时代不可或缺的基础技术。在工业 4.0 时代的招聘领域必将获得更广泛更有效的应用，这是我们所期待的。

读者意见反馈表

亲爱的读者：

感谢您对中国铁道出版社有限公司的支持，您的建议是我们不断改进工作的信息来源，您的需求是我们不断开拓创新的基础。为了更好地服务读者，出版更多的精品图书，希望您能在百忙之中抽出时间填写这份意见反馈表发给我们。随书纸制表格请在填好后剪下寄到：北京市西城区右安门西街8号中国铁道出版社有限公司大众出版中心 王佩 收（邮编：100054）。或者采用传真（010-63549458）方式发送。此外，读者也可以直接通过电子邮件把意见反馈给我们，E-mail地址是：1958793918@qq.com。我们将选出意见中肯的热心读者，赠送本社的其他图书作为奖励。同时，我们将充分考您的意见和建议，并尽可能地给您满意的答复。谢谢！

- -

所购书名：_____

个人资料：

姓名：_____ 性别：_____ 年龄：_____ 文化程度：_____

职业：_____ 电话：_____ E-mail：_____

通信地址：_____ 邮编：_____

- -

您是如何得知本书的：

□书店宣传 □网络宣传 □展会促销 □出版社图书目录 □老师指定 □杂志、报纸等的介绍 □别人推荐
□其他（请指明）

您从何处得到本书的：

□书店 □邮购 □商场、超市等卖场 □图书销售的网站 □培训学校 □其他

影响您购买本书的因素（可多选）：

□内容实用 □价格合理 □装帧设计精美 □带多媒体教学光盘 □优惠促销 □书评广告 □出版社知名度
□作者名气 □工作、生活和学习的需要 □其他

您对本书封面设计的满意程度：

□很满意 □比较满意 □ 一 般 □不满意 □改进建议

您对本书的总体满意程度：

从文字的角度 □很满意 □比较满意 □一般 □不满意
从技术的角度 □很满意 □比较满意 □一般 □不满意

您希望书中图的比例是多少：

□少量的图片辅以大量的文字 □图文比例相当 □大量的图片辅以少量的文字

您希望本书的定价是多少：

本书最令您满意的是：

1.
2.

您在使用本书时遇到哪些困难：

1.
2.

您希望本书在哪些方面进行改进：

1.
2.

您需要购买哪些方面的图书？对我社现有图书有什么好的建议？

您更喜欢阅读哪些类型和层次的书籍（可多选）？

□入门类 □精通类 □综合类 □问答类 □图解类 □查询手册类

您在学习计算机的过程中有什么困难？

您的其他要求：